新文科背景下经管类专业系列教材

U0586017

国际物流
与商务运作

▶主　编◎陈　皓　周　敏
　　　　　陈延礼　杨　波
▶副主编◎吕春兰　李　生

西南财经大学出版社
中国·成都

图书在版编目(CIP)数据

国际物流与商务运作/陈皓等主编;吕春兰,李生副主编.—成都:西南财经大学出版社,2023.1
ISBN 978-7-5504-5661-7

Ⅰ.①国… Ⅱ.①陈…②吕…③李… Ⅲ.①国际物流②国际商务
Ⅳ.①F259.1②F740

中国版本图书馆 CIP 数据核字(2022)第 224891 号

国际物流与商务运作

GUOJI WULIU YU SHANGWU YUNZUO

主　编　陈　皓　周　敏　陈延礼　杨　波
副主编　吕春兰　李　生

策划编辑:陈何真璐
责任编辑:石晓东
责任校对:陈何真璐
封面设计:墨创文化
责任印制:朱曼丽

出版发行	西南财经大学出版社(四川省成都市光华村街 55 号)
网　　址	http://cbs.swufe.edu.cn
电子邮件	bookcj@swufe.edu.cn
邮政编码	610074
电　　话	028-87353785
照　　排	四川胜翔数码印务设计有限公司
印　　刷	郫县犀浦印刷厂
成品尺寸	185mm×260mm
印　　张	13.75
字　　数	327 千字
版　　次	2023 年 1 月第 1 版
印　　次	2023 年 1 月第 1 次印刷
书　　号	ISBN 978-7-5504-5661-7
定　　价	39.80 元

▶▶ 前言

20世纪50年代以来，随着第一次全球化浪潮的兴起，现代国际商务作为一门学科逐渐形成并得到蓬勃发展。随着"一带一路"倡议、自由贸易试验区建设、内陆地区南向开放与东盟经贸合作的推进，我国经济对复合型的高素质、国际化商务人才的需求越来越大，尤其在国际物流与供应链管理、跨境电子商务、国际金融等领域，具备相关管理经验与知识的复合型人才已成为我国经济发展的紧缺人才。

国际商务涵盖两国或多国之间的所有商业交易，是跨越国界的经济活动；在"跨境"与"跨国"的经济活动中，国际物流是现代物流全球化发展的结果。在日益加剧的全球市场竞争中，跨国企业要想获得竞争优势，就必须在全球范围内分配和利用资源，合理安排国际物流与商务运作的各个环节，整合全球供应链中的物流与商务运作，使之成为全球供应链中有效率的一环。

本教材涵盖国际物流运输、国际货运代理、国际商务合同、国际物流风险与保险、通关与保税政策等主要内容。本教材由宜宾学院国际物流与供应链管理学科团队组织编写，各章执笔人分别是：第一章、第八章，周敏；第二章、第三章，陈延礼；第四章、第五章、第六章，陈皓；第七章，杨波；第九章，李生；第十章、第十一章，吕春兰。鉴于作者水平所限，书中或有疏漏之处，恳请各位同仁指正。

▶▶ 目录

第一章

绪论

■**学习目标**

了解全球化与国际物流、国际商务的基本概念；

理解全球化与国际物流、国际商务之间的相互影响；

理解国际物流与商务的特点。

第一节　国际物流与商务的全球化背景

一、全球化的形成与发展

全球化是指全世界不同国家、不同地区间相互依赖的加强。本书中的全球化主要是指经济全球化，即指全球范围内经济的融合。全球化，可以合理配置生产要素，改善国家间的劳动分工，提高效率，促进经济增长。

全球化的明显标志是生产全球化、市场全球化。跨国贸易的增加、国际金融的迅速发展，使得世界各国经济的相互依赖性增强。各国、各地区通过密切的经济交往，在经济上形成相互联系、相互依存、相互渗透、相互扩张、相互竞争、相互制约的关系。从资源配置、生产、流通到消费的多层次和多形式的交织和融合，使得全球经济成为一个不可分割的有机整体。

回顾历史，经济全球化始于 15 世纪的地理大发现。15 世纪，科学技术的发展使新航路的开辟具备了客观条件；造船业实现了高速发展；地圆学说使人们深信环球航海的可行性；欧洲各国商品经济不断发展；资本主义萌芽开始出现。随着新大陆的发现，新航路的开辟加强了世界各地的联系，也引起了殖民侵略。16 世纪到 19 世纪这个阶段是资本的原始积累阶段，西欧国家的世界贸易逐渐增多，世界性贸易市场初步形成。19 世纪中期，工业资本家逐渐取代商业资本家。英国率先完成工业革命，并扩展至美、法、德、俄等国。资本主义得到进一步发展，各国对市场和原料的需求进一步增加。这促使欧美资本主义工业国抢占商品市场和原料来源地，亚、非、拉许多殖民地与半殖民地被卷入资本主义世界市场体系。在第二次工业革命的推动下，垄断组织跨出国界，形成国际垄断集团，亚、非、拉绝大多数国家和地区在经济上都成为资本主义世界经济体系的一部分，资本主义世界市场最终形成。第二次世界大战后，以美、英为首的发达国家陆续签订了《国际货币基金协定》《国际复兴开发银行协定》《关税与贸易总协定》等协定，通过了一系列稳定汇率、降低关税和非关税壁垒的措施，促进了世界经济向经济区域化、集团化和一体化的方向发展，涌现出一大批实力雄厚、垄断全球的跨国公司。20 世纪 80 年代，市场经济制度在全球范围内得到普遍的认可，这为经济全球化奠定了制度性基础。随着世界军事和政治局势日趋缓和，国际竞争的重点逐渐转向了经济和科技。信息技术的高速发展，让各个国家和地区纷纷推进区域经济合作，打破国界限制、消除贸易和投资障碍，形成了欧盟、北美自由贸易区和亚太经合组织三大经济板块，经济全球化进入新的发展阶段。

从上述发展历程我们可以看出，推动全球化的主要因素如下：

（1）科学技术的发展是经济全球化的根本动力和物质基础。首先，科学技术能促进生产力的发展，推动市场经济的发展，形成全球的贸易与投资格局；其次，新交通和通信方式为经济全球化提供了基本的技术手段。

（2）国际贸易组织与国际条约，消除了贸易和投资的障碍和壁垒，为商品和生产要素的全球流通提供了便利，为经济全球化提供了制度保证。

（3）跨国公司实现蓬勃发展，成为全球化的活动主体，也不断推动经济全球化深入发展。

二、全球供应链的形成

在全球经济一体化的背景下，跨国企业要想获得竞争优势，就必须在全球范围内分配和利用资源，通过采购、生产、营销等方面的全球化，实现资源的最佳利用和规模效益最大化。因此，全球供应链由此而生，信息技术的发展也不断改变着全球供应链的层次和结构。

大量信息的快速传递、企业和供应商的物流运作及商务流程的集成，才能让企业降低采购成本，提高效益。另外，在此供应链中，企业都具有双重身份，既是客户，又是供应商。企业必须在提高客户服务水平的同时努力降低营运成本，必须在提高市场响应速度的同时给予客户更多的选择，特别是要满足客户的个性化定制需要，巩固与客户的关系。企业的形态与边界发生了根本性的改变，企业可以实现交互式、透明化的协同工作。在经济全球化趋势进一步加强的社会里，供应链管理也必须是全球化的。

企业必须对全球供应链管理的复杂性做出评估，并把注意力集中于国内作业与国际作业的区别上。第一，全球市场的异质性或多样性，决定了企业需要在充分了解不同国家市场需求差异的基础上，通过差别化的产品和服务来满足不同顾客群体的需求；第二，当企业服务于全球市场时，物流系统会变得更复杂，导致前置时间延长和库存水平上升。因此，企业在开展国际物流活动时必须处理好集中化与分散化物流的关系，否则将很难获得全球化的竞争优势。

面对日益加剧的全球市场竞争，企业需要整合全球供应链中的物流与商务运作，充分发挥全球供应链系统化组织、专业化分工、协同化合作和敏捷化调整的优势。企业需要合理安排国际物流与商务运作的各个环节，使之成为全球供应链中有效率的一环。

第二节　国际物流

一、国际物流的基本概念

国际物流（international logistics）是指生产和消费分别在两个或两个以上的国家（或地区）独立进行时，为克服生产和消费之间的空间距离和时间距离，对物资进行物理性移动，从而达到国际商品交易的最终目的的一项国际商品交易或交流活动。

国际物流是现代物流全球化发展的结果，是随着国际贸易和跨国经营的发展而不断发展起来的。国际物流是跨越不同国家（地区）之间的物流活动。广义的国际物流范围包括国际贸易物流、非贸易物流、国际物流投资、国际物流合作、国际物流交流等领域。其中，国际贸易物流主要是指货物在国家间的合理流动；非贸易物流是指国际展览与展品物流、国际邮政物流等；国际物流合作是指不同国别的企业完成重大的国际经济技术项目的国际物流；国际物流投资是指不同国家物流企业共同投资建设国际物流企业；国际物流交流则主要是指物流科学、技术、教育、培训和管理方面的国际交流。狭义的国际物流主要是指为达到国际商品交易的最终目的而进行的物流活动，包括货物包装、仓储运输、分配拨送、装卸搬运、流通加工以及报关、商检、国际货运保险和国际物流单证制作。

国际物流的实质是按国际分工协作的原则，依照国际惯例，利用国际化的物流网络、物流设施和物流技术，实现货物在国际间的流动与交换，以促进区域经济的发展和世界资源的优化配置。国际物流的总目标是为国际贸易和跨国经营服务的，即通过选择最佳的方式与路径，以最低的费用和最小的风险，保质、保量、适时地将货物从某国（供方）运送到另一国（需方）。

二、国际物流的特点

国际物流使各国物流系统相互"接轨"。与国内物流系统相比，国际物流具有一定的国际性、复杂性和风险性。

国际性是指国际物流系统涉及多个国家，包括的地理范围大。这一特点又被称为国际物流系统的地理特征。国际物流跨越不同地区和国家，跨越海洋和大陆，运输距离长，运输方式多，这就需要合理选择运输路线和运输方式，尽量缩短运输距离和货物的在途时间，加快货物的周转并降低物流成本。在国际经济活动中，生产、流通和消费三个环节之间存在着密切的联系。各国社会制度、自然环境、经营管理方法以及生产习惯不同，一些因素变动较大，因此，货物从生产到消费的国际流动是一个非常复杂的流程。国际物流的复杂性主要包括国际物流通信系统设置的复杂性、法规环境的差异性和商业现状的差异性等。国际物流的风险性主要包括政治风险、经济风险和自然风险。政治风险主要指，所经过国家的政局动荡（如罢工、战争等）使货物可能受到损害或灭失；经济风险又可分为汇率风险和利率风险，主要指从事国际物流必然要发生的资金流动，导致产生汇率风险和利率风险；自然风险则指在物流过程中，可能因自然因素（如台风、暴雨等）而引起的风险。

具体而言，与国内物流相比，国际物流有以下几个方面的特点：

1. 物流环境差异大

世界各国物流环境存在较大差异，尤其是物流软环境的差异。各个国家的物流适用法律不尽相同，这使国际物流的复杂性远高于国内物流的复杂性，甚至会阻断国际物流；各国经济和科技发展水平的差异会造成国际物流处于不同科技水平下，甚至有些地区根本无法应用某些技术而迫使国际物流系统水平不断下降；不同的物流标准也使得国际"接轨"十分困难，国际物流系统难以建立；不同国家的风俗习惯也使国际物流受到很大局限。物流环境的差异迫使国际物流系统需要在几个具有不同法律、习俗、语言、科技、设施的环境下运行，这无疑会大大增加物流的难度并提高系统的复杂性。

2. 物流系统范围广

国际物流涉及多个国家，这使得国际物流的难度和复杂性增加，风险增大。企业物流是将企业作为一个系统，研究原材料从进厂到加工，并将产品输送到市场上的物流全过程；城市物流研究的对象是城市系统，它是一个庞大的社会系统；而国际物流研究的领域大大地超过了企业物流和城市物流的范畴，其研究对象是国际贸易中的物流现象及其规律。正因如此，国际物流一旦融入现代化系统技术，其效果会更显著。例如，开通某个"大陆桥"运输后，国际物流速度会成倍提高，效益会显著增加。

3. 国际物流运输具有复杂性

在国内物流中，运输线路相对较短，运输频率较高，主要的运输方式是铁路运输和公路运输。而在国际物流中，货物运送线路长、环节多、气候条件复杂，对货物运输途中的保管、存放要求高，因此海洋运输、航空运输尤其是国际多式联运是其主要运输方式，具有一定的复杂性。

4. 国际物流需要国际化信息系统的支持

国际化信息系统是国际物流中非常重要的支持手段。建立国际物流信息系统的一个主要办法是通过各国海关公共信息系统及时掌握各港口、机场和联运线路、站场的实际状况，为供应或销售等物流决策提供支持。国际物流是最早发展电子数据交换（EDI）的领域之一。但是，国际化信息系统管理困难、投资巨大。世界上不同区域间信息水平的不均衡，使国际化信息系统的建立更为困难。

5. 国际物流标准化要求较高

要使国际物流畅通，统一标准是非常重要的，包括物流工具、设施设备和信息的标准化等。例如，托盘的尺寸、集装箱的统一规格、条形码技术等，可以大大降低物流费用，降低转运难度。在物流信息的标准化方面，统一标准可以使各国之间的信息交流更简单、有效。

第三节 国际商务

一、国际商务的基本概念

国际商务涵盖两国或多国之间的所有商业交易。国际商务的内容十分广泛,是跨越国界的所有形式的经济活动,其主要表现形式包括:国际贸易、国际直接投资和国际合作安排等。其中,国际贸易可以分为货物(有形)贸易和服务(无形)贸易;国际投资可以分为国际直接投资和国际间接投资;国际合作安排包括特许经营、合资经营、工程承包等其他形式的对外经济活动。本书将主要阐述国际贸易的相关内容。

从微观企业视角来看,国际商务业务是涵盖制造、贸易以及服务业务的综合经营活动。因此,国际商务企业可以是分散业务的制造商、贸易商、服务商、承包商,或者是集多重角色于一体的大型综合性企业。从国别上划分,国际商务的主体可以是本土企业和外国直接投资企业。从主体业务经营的范畴与领域来看,本土企业从事的国际商务活动包括货物进出口、跨境交付的服务贸易,以及与货物进出口和对外直接投资等有关联的各类活动;而外国直接投资企业从事的国际商务活动,除了涵盖本国企业从事的那些国际商务活动以外,还包括其他以商业形式存在的国际服务贸易活动。

二、贸易视角的国际商务活动

从贸易视角来看,企业围绕商品贸易展开的跨国商务活动主要有间接出口、直接出口、对销贸易等模式。此外,企业也可以以契约方式进入国际市场,这些方式包括:许可证经营、特许经营、管理合同、交钥匙工程、国际 BOT 等方式。

1. 间接出口

间接出口是指企业通过中间商或其他国内代理机构来经营商品出口业务。在间接出口的情况下,企业与国外市场无直接的联系,也不涉及国外业务活动。间接出口方式常被一些缺乏足够力量的中小型生产企业所采用。

2. 直接出口

直接出口是指企业不通过国内中间商(机构),直接将产品销售给国外客户或最终客户。从严格意义上说,直接出口才是国际经营的起点。

3. 对销贸易

对销贸易方式包含的内容很多,主要有易货贸易、回购贸易、互购贸易与转手贸易等。

4. 许可证经营

许可证经营是企业有条件地允许另一家企业使用其特定形式的知识产权。许可证授予企业所拥有的受专利、商标和版权保护的所有知识产权几乎都可以许可给许可证接受商。对于那些拥有大量知识产权的企业,许可证经营是一种非常有效的盈利方法,如软件企业和生物技术企业。特许经营是许可证贸易的一种变体,是指特许权人与被特许人之间达成的一种合同关系。

5. 管理合同

根据管理合同的规定，一家公司要在一段特定的时期内向另一家公司提供管理上的专业知识，专业知识的提供者通常是以一次性付费或根据销售量多次付费的形式获取报酬。这种合同一般出现在发达市场和新兴市场中的公共事业部门。

6. 交钥匙工程

交钥匙工程是指按合同要求，工程建设过程中的工程方案选择、规划设计、施工、设备安装、调试、试生产与员工培训等一揽子活动均交由承包企业负责，待初步操作顺利运转后，即将该工厂或项目所有权和管理权的"钥匙"依合同完整地"交"给对方，由对方开始经营。交钥匙工程也可以看成是一种特殊形式的管理合同。

7. 国际 BOT

国际 BOT 的英文全称为 build-operate-transfer，即建设-经营-转让。国际 BOT 方式是国际经济技术合作发展到一定阶段的产物，是一种新型经济技术合作方式。通过国际 BOT 方式，一国可以利用外资引进大型工业技术，进行大型基础设施建设。20 世纪 80 年代中期以来，该方式逐渐为国际社会（特别是发展中国家）重视并被广泛采用，是一种项目融资和技术引进相结合的混合型技术贸易方式。

课后思考

1. 经济全球化的影响因素是什么？
2. 经济全球化对国际物流与商务带来了什么样的影响？
3. 国际物流有哪些特点？
4. 你了解的跨国商务活动有哪些？

第二章

国际物流业务

■**学习目标**

了解国际物流业务的基本内容与形式；

了解国际物流业务组织的基本过程；

掌握国际物流的各种业务组织的要求和方法。

国际物流是一个复杂而巨大的系统，它包含一般物流系统的功能要素，如商品的采购、包装、仓储、流通加工、装卸搬运、运输、配送和物流信息，也涉及与货物跨境移动相关的物流问题，如商检、通关和国际支付等。国际物流运输和国际货物报关报检将在单独章节进行论述，本章只重点分析国际货物的采购、包装、储存保管、装卸搬运、流通加工和配送业务流程的内容及其功能。

第一节　国际采购业务

采购是指企业在了解生产经营物资需求的基础上，寻找并选择合理的供应商，就价格和服务等相关条款进行谈判和实施，以确保满足生产需求的活动过程，是物流供应链中的重要一环。国际采购则是利用全球的资源，在世界范围内寻找质量好、价格合理的产品。随着经济全球化进程的加快，国际采购已成为各国企业充分利用全球资源、降低生产成本、增强核心竞争力、获取最大利润的重要手段。

一、国际采购的策略

全球经济一体化的加速发展对各国的经济、生活都产生了重要影响，特别是对传统的资源配置方式、产业的组织形式和竞争模式以及发展中国家的发展模式都产生了重大的影响，也使得国际采购策略发生了显著的变化。这主要表现在以下三个方面：

（一）资源配置的变化

经济发展从过去单纯依赖本国的生产资料、人力资源、基础设施和国内商品市场，转向了世界各国的资源市场，因此，世界各国也开始采取开放型竞争战略和比较优势战略。这使得资源配置方式超出了单个国家的地理边界，而在全球范围内重新配置资源，以追求最佳的配置效果。

（二）产业组织的变化

产业组织从过去单一的在一个国家内部的组织安排转向了全球的组织安排，而国际采购面临的则是全球化的市场。以往的产业组织以国内企业为主进行分工合作，而在全球经济一体化的趋势下，跨国公司和国际企业利用它们的全球发展战略在全世界范围内实现投资、开发、生产、采购和销售的最优化，并且形成了以这些企业为核心和先导的全球化的供应链。这种产业组织方式形成了以这些企业为核心，把上下游企业联系在一起，分工合理、运作有序、管理严密的企业网络。

（三）竞争方式的变化

在经济全球化的背景下，竞争已从单体竞争转向为企业之间的网络竞争和供应链竞争，竞争的范围也从国内市场转向区域市场乃至全球市场。

二、国际采购的主要运作模式

在全球经济一体化的背景下，国际采购的运作模式主要有以下三种：

（一）以生产者驱动

这种模式主要体现在资本和技术密集型的行业中，如汽车、飞机、信息产品和重型设备等行业。在这些领域中，以制造能力强大而突出的大型跨国公司为全球采购网络的核心，这些大型跨国公司在全世界范围内进行最佳的采购活动，从而使得供应链形成。

（二）以购买者驱动

这种模式以批发商、零售商和贸易公司为核心进行全球采购活动，并由此形成全球采购供应网络。这种运作模式的一个非常突出的特点就是这些批发商、零售商和贸易公司通过所掌握的市场需求信息提出对商品（包括样式、规格、质量、标准等方面）的要求，然后在全球范围内寻找最好的生产者或者供应商，最后销售到全球市场中。沃尔玛、家乐福等国际著名的零售企业纷纷在中国进行大规模的采购活动，表明全球采购网络正在加速向中国市场延伸。

（三）专业化的国际采购组织

全世界众多的中小企业同样希望能合理地利用全球资源以获取更大的利润。如果这些企业自己进行全球化采购，则会存在成本过高、缺乏充分的信息和专业人才等问题。因此，面对这样的需求，在国际贸易领域中，一些专业性的采购组织和采购经纪人应运而生，成为面向中小企业的采购供应商。

三、主要采购模式

随着信息技术的发展，采购的理念发生了一系列的变化，新的采购模式不断地涌现出来。在线采购（跨境电商进口或采购）、准时采购、协同采购等模式成为目前主要的采购模式。

（一）在线采购

在线采购，是指利用网络和信息技术为采购人员提供工具和平台，使得采购人员能够通过互联网在全球范围内实时地与供应商进行通信和交易，它也被称为跨境电商进口或采购。在线采购为企业降低采购成本提供了机会。目前，在线采购模式主要有三种，分别是卖方系统、买方系统和第三方系统。

1. 卖方系统（sell-side systems）

卖方系统是供应商为了增加市场份额，以计算机网络作为销售渠道而实施的电子商务系统。这一系统的优点是访问容易、能接触更多的供应商，买方企业无须做任何投资，而缺点则是难以跟踪和控制采购开支。该系统是企业采购人员开展电子商务而又不担风险的理想工具。

2. 买方系统（buy-side systems）

买方系统是企业自己控制的电子商务系统，通常连接到企业的内部网络或企业与其贸易伙伴形成的企业外部网络。一些特别强大的企业已经为自己开发了电子商务市场网络，如通用电气公司（GE）塑胶全球供应商网络、美国三大汽车公司联合开发的全球汽车零配件供应商网络。该系统的优点是能够进行大量购买、实现快速的客户响应、节省采购时间并能够对采购开支进行控制和跟踪，而缺点则是需要大量资金投入和系统维护成本。

3. 第三方系统/门户（third-party systems/portals）

门户（portals）是用来描述互联网上形成的各种市场的术语，建立买/卖门户的目的是提高市场中买卖交易的效率。互联网上有两类基本门户：垂直门户（vertical portals）和水平门户（horizontal portals）。垂直门户是经营专门产品的市场，如钢材市场、化工市场、能源市场等。而水平门户通常集中了种类众多的产品以供不同行业的买主采购，其主要经营领域包括维修和生产用的零配件、办公用品等。

（二）准时采购

1. 准时采购的概念

准时采购也叫JIT（just in time）采购，是一种先进的采购模式。它的基本思想是在恰当的时间、恰当的地点，以恰当的数量和恰当的质量提供恰当的物品。其目标是实现生产过程中的几个"零"化管理：零缺陷、零库存、零交货期、零故障、零（无）纸文书、零废料、零事故、零人力资源浪费。它从准时生产发展而来，为了消除库存和不必要的浪费而进行持续性改进。准时化生产必须有准时的供应，因此准时采购是准时化生产管理模式的必然要求。

2. 准时采购的特点以及实施要点

准时采购模式和传统的采购模式在质量控制、供需关系、供应商的数目、交货期的管理等方面有许多不同。其中，供应商的选择（数量与关系）、质量控制是其核心内容。准时采购模式和传统采购模式有着十分显著的差别。企业要实施准时采购，以下三点是十分重要的：

（1）选择最佳供应商。对供应商进行有效管理是准时采购成功的基础。

（2）供应商与用户的紧密合作是准时采购成功的钥匙。

（3）采购过程卓有成效的质量控制是准时采购成功的保证。

（三）协同采购

传统采购往往把重点放在如何与供应商进行商业交易的活动上，比较重视交易过程中供应商的价格比较，通过供应商的多方竞争，选择价格最低者作为合作者。这种采购模式常常因为采供双方相互的不信任、信息不能有效地共享等原因导致采购过程中存在许多不确定的因素，从而使质量和交货期都不能得到有效控制，也会使企业应变能力不足。而协同采购则可以较好地解决这些问题。"协同"包括企业内部协同与企业外部协同两个方面的内容。

1. 企业内部协同

采购归根到底还是为企业各部门服务的，因此企业进行高效的采购需要各部门的协同合作。采购的主要内容包括正确的物料、合适的数量、正确的交付（时间和地点）、合适的货源以及合适的价格。正确的物料、合适的数量和正确的交付等信息的获得需要销售部门、设计部门、生产部门、采购部门的协同。

2. 企业外部协同

企业外部协同是指企业和供应商在共享库存、需求等方面信息的基础上，根据供应链的供应情况实时地调整自己的计划和执行交付的过程。同时，供应商根据企业实时的库存、计划等信息实时调整自己的计划，可以在不降低服务水平的基础上降低库存水平。

第二节　国际货物包装业务

在国际货物买卖中，包装是货物说明的重要组成部分，包装条件是买卖合同中的一项重要条件。按照某些国家的法律规定，如果卖方交付的货物未按约定的条件进行包装，或货物的包装与行业习惯不符，则买方有权拒收货物。如果货物虽按约定的方式包装，但与其他货物混杂在一起，则买方也可以拒收违反规定包装的那部分货物，甚至可以拒收整批货物。可见，包装在国际物流中有着重要意义。

一、包装概述

（一）包装的含义

包装是指在物流过程中为保护产品、方便储运、促进销售，按一定技术方法采用容器、材料以及辅助物等物品包封并予以适当的封装标志的工作总称。简言之，包装是包装物与包装操作的总称。

（二）与其他功能要素的关系

1. 包装与运输

运输工具的类型、运输距离的长短以及线路等情况都对包装有较大的影响。国际运输形式多种多样，远洋运输、国际铁路运输、国际航空运输、国际多式联运等不同的运输形式都对包装有着不同的要求和影响。

2. 包装与装卸搬运

对包装产生重大影响的第一因素是装卸，不同的装卸方法决定着不同的包装。若采用人工装卸，则包装的外形和尺寸就要适合于人工操作。另外，装卸人员素质低、作业不规范等也会直接引发商品的损失。因此，改进装卸技术、提高装卸人员的素质、规范装卸作业标准等都会相应地促进包装的合理化。

3. 包装与储存保管

在确定包装时，应根据不同的储存条件和储存保管方式来采用与之相适应的包装强度。

（三）在国际物流中的作用

1. 保护商品

保护商品不受损坏是包装的主要目的。在国际物流中，运输环节多、路线长、各国装卸条件不同，再加上地区间气候差异较大，使进出口商品更容易因外力作用、环境变化、生物侵入、化学物质的腐蚀等因素而受到破坏。因此，国际物流对包装的要求会更加严格。

2. 方便作业

货物的包装应便于对货物进行储存、装卸、运输等作业。

3. 保障国际运输安全

包装应适应不同运输方式的特点，保障货物在运输中的安全性。危险货物具有易燃、易爆、有毒、放射性等特点，若包装不当，容易使人员、货物和环境受到危害。

4. 利于商品进入国际市场

不同国家对进口商品的包装有不一样的规定，凡不符合包装要求的商品均不准进口或进口后亦不准投入市场销售。例如，美国、新西兰、加拿大等国禁止使用稻草等作为包装材料，以防止某些植物的病虫害传播；伊朗、沙特阿拉伯等国则规定进口货物必须使用集装箱运输包装，否则不准进口卸货。

5. 促进销售

调查表明，63%的消费者将根据产品的包装来选购商品，这就是著名的杜邦定律。因此，除了重视商品内在的质量外，还必须重视商品的外包装。

二、运输包装的合理化

国际货物运输包装的合理化主要包括以下几个方面：

（一）满足国际贸易要求

国际贸易对商品运输包装的要求比国内贸易更高，它需要满足下列要求：

（1）必须适应商品的特性。

（2）必须适应各种不同运输方式的要求。

（3）必须考虑相关国家的法律规定和客户的要求。

（4）在国际贸易中，由于各国的国情和文化差异，对商品的包装材料、结构、图案及文字标识等要求也不同。

（二）最优包装

产品从出厂到最终销售目的地所经过的流通环节条件，如装卸条件、运输条件、储存条件、气候条件、设备条件、化学和生物条件等，都对包装提出了相应的要求。从现代物流的观点来看，包装的合理化不单是指包装本身的合理化，而是指整个物流过程合理化前提下的包装合理化。

（三）绿色包装

绿色包装是指不会造成环境污染或使环境恶化的商品包装。当前，世界各国的环保意识正日渐增强，特别是一些经济发达国家出于对环保的重视，对包装材料的要求更加严格，将容易造成环境污染的包装放入限制进口之列，进而使其成为非关税壁垒的手段之一。

三、货物运输包装标志

包装标志是为了便于交接货物、防止错发错运、便于识别、运输、仓储以及便于海关等有关部门进行检验，也便于收货人提取货物，而在货物的外包装上标明的记号。包装标志主要包括运输标志、"指示标志"和警告标志（危险货物标志）等。

（一）运输标志

运输标志是贸易合同、发货单据中有关标志事项的基本部分。它一般由一个简单的集合图形以及字母、数字等组成。其内容主要包括以下几个方面：

（1）目的地名称或代号。

（2）收货人（发货人）的代用简称或代号。

（3）件号（每件标明该批货物的总件数）。

（4）体积（长×宽×高）。

（5）重量（毛重、净重、皮重）。

（6）对于进口货物，商务部规定统一向国外订货的代号（又称为收货人唛头）。

（二）指示标志

包装储运指示标志，简称"指示标志"。按国内或国际的规定，它以特定的图案或简短说明文字表示。其作用是反映货件特点，提醒人们在装卸、保管等过程中应注意的事项，以确保货物的安全，故又称为注意标志。"指示标志"应按有关规定（如包装要求）使用。

（三）警告标志

对于危险物品，如易燃品、有毒品或者易爆炸物品等，在外包装上必须醒目标明警告标志，以示警告。如遇特大或特小的运输包装件，标志的尺寸可按规定适当扩大或缩小。

第三节　国际货物储存保管业务

货物的储存是国际物流系统中不可缺少的一个环节，是商品在离开生产领域后、进入消费领域之前的必要储备，是缓解生产集中性与消费分散性、生产季节性与消费常年性等矛盾的重要手段。

一、对外贸易仓库的类型

在物流过程中，仓库一般是指对货物进行收进、整理、储存、保管和分拨等作业的场所，对外贸易仓库在国际物流系统中主要承担储存、保管功能，是国际物流网络中以储存为主要功能的节点。从现代国际物流的观点来看，大型的、多功能的对外贸易仓库通常是国际货物分拨的基地，是国际物流运作的中心。由于功能和储存对象不同，以及经营主体和方式的不同，对外贸易仓库有不同的特征和类型。

（一）按使用功能分类

按使用功能划分，对外贸易仓库可以分为储存型仓库、流通型仓库、加工型仓库和物流中心型仓库。

（1）储存型仓库是以储存为主要功能的仓库。其主要职能是储存待销的出口商品、援外的储备物资、进口待分拨和出口业务需要的物资等。

（2）流通型仓库是以发货、配送、流通加工为主要功能的仓库。其业务范围包括拣选、配货、检验、分类等作业，并具有多品种、小批量、多批次收货配送功能以及贴标签、包装等流通加工功能。这类仓库能实现货物的迅速发送，因此日益受到人们的重视。

（3）加工型仓库是以流通加工为主要功能的仓库。一般的加工型仓库具有加工厂和仓库双重功能，能将商品的加工业务和储存业务结合起来。

（4）物流中心型仓库是兼有上述仓库所具有的存储、保管、发货、分拨、配送、流通加工等功能的仓库，是现代国际物流仓库的最高级形式。这类仓库也叫国际物流中心，大多是由政府部门和物流企业共同筹建的具有现代化仓库、先进的分拨管理系统和计算机信息处理系统的外向型物流集散地。

（二）按储存物作业性质分类

按储存物作业性质划分，对外贸易仓库可以分为口岸仓库、中转仓库和运输转换仓库。

（1）口岸仓库主要储存口岸和内地对外贸易出口待运商品以及进口待分拨商品，其特点是商品储存期短、周转快、仓库规模大，因此又称为周转仓库。口岸仓库大多设在商品集中发运出口的沿海港口城市。

（2）中转仓库的主要职能是按照商品的合理流向、收储、转运经过口岸出口的商品。其大都设在生产集中的地区和出运港口之间（如铁路车站、公路车站）或设在商品生产集中的大中城市和商品集中分运的交通枢纽地带。大型中转仓库一般都设有铁路专用线，能将商品的储存、转运业务紧密结合起来。

（3）运输转换仓库是为了保证不同运输方式的高效衔接，减少运输工具的装卸停留时间而设置的仓库，具有大进大出的特点。

（三）按管理体制分类

按管理体制划分，对外贸易仓库可以分为自用仓库、公用仓库、专营仓库和保税仓库。

（1）自用仓库是为了本企业物流业务需要而建立的仓库。

（2）公用仓库是由国家某个主管都门或公共团体为公共利益而修建的为社会物流

业务服务的仓库。我国铁路车站和公共汽车站场的货栈仓库、港口码头仓库等大都属于这一类。

（3）专营仓库是专门为经营仓储业务而修建的仓库，面向社会提供仓储服务。

（4）保税仓库是经海关批准设立的专门存放保税货物以及其他未办结海关手续货物的仓库。

二、保税仓库

国际贸易和跨国经营中的商品从生产厂家或供应部门被集中运送到装运港口时，或许需要临时存放一段时间，再装运出口，这是一个"集"和"散"的过程，主要是在各国的保税仓库和保税区进行的。

（一）保税仓库的定义

保税仓库（bonded warehouse）是保税制度中应用最广泛的一种形式，是经海关批准设立的专门存放保税货物以及其他未办结海关手续货物的仓库。

"保税"是指海关保留对货物征税的权利。根据《中华人民共和国海关法》，"保税货物"是指经海关批准未办理纳税手续进境，在境内储存、加工、装配后复运出境的货物。随着国际贸易的不断发展，贸易方式也日益多样化，出现了进口原材料、配件加工装配后复出口、补偿贸易、转口贸易、期货贸易等灵活的贸易方式。在进口时征收关税，在复出口时再申请退税，会加大货物的成本，不利于发展对外贸易。建立保税仓库，可以大大地降低进口货物的风险，有利于鼓励进口、鼓励外国企业在本国投资。

（二）保税仓库的类型

保税仓库按照使用对象的不同可分为公用型保税仓库和自用型保税仓库。

公用型保税仓库由主营仓储业务的中国境内独立企业法人经营，专门向社会提供保税仓储服务。自用型保税仓库由特定的中国境内独立企业法人经营，仅存储供本企业自用的保税货物。

（三）允许存放的货物类型

在我国的海关监管制度中，保税仓库制度是主要的组成部分。保税仓库也由海关批准设立并由海关监管。下列货物经海关批准可以存入保税仓库：

（1）加工贸易进口货物。

（2）转口货物。

（3）供应国际航行船和航空器的油料、物料和维修用零部件。

（4）供维修外国产品所进口寄售的零配件。

（5）外商暂存货物。

（6）未办结海关手续的一般贸易货物。

（7）经海关批准的其他未办结海关手续的货物。

（四）保税仓业务

保税仓业务范围包括：①货物的存储、装卸、中转、分发、包装、贴标签；②办理货物的各种海关手续；③货物收发和集疏运输手续；④为进口客商选择进口货物的场所和新的交易管道；⑤为出口客商提供产品在国际市场上的展示窗口和新的贸易途径，为待售货物提供安全的存储服务，提供有效的质量检验证书，及时安排进出货物的发运；⑥提供经营管理服务；⑦进行机械零部件组装、货物修复、分改包装。

保税仓的业务运作主要指：①保税仓库货物进口；②保税仓库货物入库，货物入库操作流程可分直接报关进区和先进区再报关出口；③储存保管，货物入库后，便进入了储存保管阶段，它是仓储业务的重要环节，其主要内容包括货物的存放、保管检查与盘点等；④货物的出库，进口货物存入保税仓库后，其出库的流向较为复杂，一般可分为储存后原状复出口、加工贸易提取后加工成品出口、向国内销售或使用三种情况；⑤出库的复核；⑥保税仓库货物的核销，保税仓库货物应按月报送主管海关办理核销。

（五）保税仓监管

保税仓与一般仓库最大的不同点在于：保税仓及所有的货物受海关的监督管理，未经海关批准，货物不得入库和出库。保税仓的经营者既要向货主负责、又要向海关负责。我国海关对保税仓的监管主要包括以下几个方面的内容：

1. 货物的存放

海关要求保税仓库必须独立设置，专库专用，保税货物不得与非保税货物混放。保税仓对所存货物应有专人负责管理。海关认为必要时，可会同保税仓库的经理人共同加锁。海关可随时派员进入保税仓检查货物储存情况，查阅有关仓库账册，必要时可派员驻库监管。同时，仓库必须于每月前5天内将上月所存货物的收、付、存等情况列表报送当地海关核查。

2. 货物的加工

海关规定在保税仓中不得对所存货物进行加工。如果需要对货物进行改变包装、加刷唛码等整理工作，应向海关申请核准并在海关监管下进行。

3. 货物的使用

保税仓所存货物，属于海关监督的保税货物，未经海关核准并按规定办理有关手续，任何人不得将这些货物出售、提取、交付、调换、抵押、转让或移作它用。

4. 货物的提取

公共保税仓库的保税货物，一般不得跨关区提取和转库存取，只能供应本关区内的加工贸易企业按规定提取使用。必须跨关区提取的，加工贸易企业需要事先向海关办理加工贸易合同登记备案，领取加工贸易登记手册，并在该手册限定的原材料进口期限内，向主管海关办理分批从保税仓库提取货物的手续。海关对提取用于来料加工、进料加工的进口货物，按来料加工、进料加工的规定进行管理并按实际加工出口情况确定免税或补税。

5. 货物储存期限

保税仓所存放货物的储存期限通常为1年，如遇特殊情况可向海关申请延期，但延长期限不得超过1年。保税货物储存期满既不复运出口又未转为进口的，由海关将货物变卖，所得价款按照《中华人民共和国海关法》的规定处理。

6. 保税仓责任监管

保税仓所存放货物在储存期间发生短少，除因不可抗力的原因外，其短少部分应当由保税仓库经理人负责交纳税款的责任，并由海关按有关规定处理。保税仓库经理人如有违反海关上述规定的，要按照《中华人民共和国海关法》的有关规定处理。海关代表国家监督管理保税仓及所存的保税货物，执行行政管理职能。保税仓的经营者负责经营、管理保税货物的服务工作。因此，海关和经营者实际上共同管理保税仓。

三、国际仓储活动

如果一个公司涉及出口业务，那么它可以在国内存储物品，在收到订单后再运送物品。然而，随着跨境电商的发展，为了让用户有更好的购物体验，让用户在下单后尽快收到货物，跨境出口电商通常可采用海外仓模式来实现。

如果有分销商或其他中间商，存货就必须存储在其他地方。制造商或供应商使存货沿配送管道流动的能力会因为市场的不同而不同，取决于管道中间商的规模、客户库存政策、最终消费者对产品的需求、存储成本以及必需的用户服务水平。

第四节　国际货物装卸搬运业务

在国际物流中，货物须经过长途运输，途中可能有多次中转和换装，装卸搬运活动会不断出现和反复进行，其频率高于其他物流活动。同时，装卸搬运作业复杂，花费的时间较长，费用在物流成本中所占比例较高，装卸搬运过程极易造成货物破损、损耗、混合等损失，对货物影响较大。因此，装卸搬运活动是影响物流效率、物流成本和物流质量的重要因素，在物流中有着重要作用。

一、装卸搬运的分类

按装卸搬运的主要运动形式，装卸搬运可分为垂直装卸和水平装卸两种。按装卸搬运设备的作业方式，装卸搬运可分为"吊上吊下"方式、"叉上叉下"方式和"滚上滚下"方式等。按作业对象的包装形态，装卸搬运可分为散装货物装卸、单件货物装卸和集装货物装卸等。

二、装卸搬运合理化

在国际物流业务流程中，从进货、入库开始，到储存保管、分拣、流通加工、出库、装载，直到将货物运送到国外客户手中，装卸搬运作业所占比重非常大。因此，国际物流的合理化必须先从装卸搬运的合理化开始，并采用合理化措施。

（一）防止和消除无效作业

无效作业是指在装卸搬运作业中超出必要的装卸搬运量的作业。防止和消除无效作业对提高装卸搬运的经济效益有着重要作用。

（二）提高活性指数

活性是指对货物进行装卸搬运作业的难易程度。货物所处的状态不同，其装卸搬运的难易程度也不同。我们可将装卸搬运的难易程度分为不同的级别，即活性指数。活性指数越大，越易于搬运。例如，装于容器内或置于托盘中的物品较散放于地面的物品更易于装卸搬运。

（三）合理利用重力的作用

利用重力将货物从高处向低处移动，有利于节约能源。例如，物品在倾斜的辊子输送机上利用重力作用向下移动，这样能减少人的上下运动，避免反复从地面搬起货物，特别是避免人力抬运或搬运笨重的物品，有利于创造良好的工作环境。

（四）采用机械化作业

采用机械化作业不仅能装卸搬运量大、人力难以操作的超重物品，而且可以提高生产率、安全性和作业的适应性，把作业人员从繁重的体力劳动中解放出来。

（五）集装单元化原则

将散放的物品或单件物品归整为统一规格的集装单元，可大大提高装卸搬运的效率，实现标准化作业，同时可减少物品破损，更好地保护被装卸搬运物品。

第五节　国际货物流通加工

国际货物流通加工是指物品从生产地到使用地的过程中，根据需要进行包装、分隔、计量、组装、价格贴付、商品检验等一系列简单作业的总称。

一、货物流通加工具体内容

国际货物流通加工是为了促进销售、提高物流效率，以及为保证商品的质量而采取的能使物资或商品发生一定的物理、化学、形状变化的加工过程，它可以确保进出口商品的质量达到要求。同时，进出口商品加工也是充分利用本国劳动力和部分加工能力来增加就业机会的重要途径。

进出口商品流通加工的具体内容包括：①装袋、贴标签、配装、挑选、混装、刷标记（刷唛）等出口贸易商品服务；②生产性外延加工，如剪断、平整、套裁、打孔、折弯、拉拔、组装、改装、服装的检验和烫熨等。生产性外延加工，不仅能最大限度地满足客户的多元化需求，而且可以实现货物的增值。

二、国际货物加工的种类

（一）对外加工装配业务

对外加工装配业务是我国企业开展来料加工和来件转配业务的总称，它是指由外商提供一定的原材料、零部件、元器件，由我方的工厂按照对方的要求进行加工装配，将成品交给对方处置，我方按照约定收取工缴费作为报酬。

对于承接方来说，对外加工装配业务的作用包括：①克服本国生产能力有余而原材料不足的矛盾，为国家增加外汇收入；②开发劳动力资源，增加就业机会，繁荣地方经济；③有利于引进国外先进的技术和管理经验，促进外向型经济的发展。

对于委托方来说，对外加工装配业务可以降低产品的成本，可以增强产品在国际市场上的竞争力；有利于委托方所在国的产业结构调整。

（二）进料（来料）加工业务

进料加工是指企业自行进口原材料、零部件、元器件，根据国际市场的需求或自己的销售意图，加工或制造好成品，销往国外市场，赚取销售成品与进口原料之间的差价，以增加外汇收入。

来料加工的特点是外商投资企业或内资企业根据生产需要，进口原材料，加工制造出口产品并销售到国际市场。进出口货物由海关保税监管，享受减免进口环节和免除进出口许可证配额等进出口管制的有关便利措施。

进料加工和来料加工的区别如下：

1. 所有权不同

来料加工是由外商提供原材料、零部件、元器件，并要按照外商的要求进行加工装配。生产出来的产品所有权归外商所有，由外商支配。而进料加工，是用自己的外汇收入进口原材料、零部件，并将生产加工出来的产品出口，即"以进养出"，外贸企业对原（辅）料以及加工出来的成品拥有所有权，可以完全根据自己的意图对外销售。

2. 关系、地位不同

在来料加工贸易业务中，外商与我国承接来料加工的企业是委托与被委托关系。而在进料加工业务中，我国的企业完全自主经营，与销售料件的外商和购买成品的外商均是买卖关系。

3. 贸易性质不同

对外承接的来料加工业务就是为提供料件的国外客商加工装配产品，纯属加工贸易性质。而进料加工则是外贸企业独立的对外进口和出口业务，属于一般国际贸易的性质。

4. 销售方式不同

在来料加工业务中，加工出来的产品由外商负责运到我国境外自行销售，销售的好坏与我方加工企业毫无关系。而在进料加工业务中，进口原料的我方企业在产品生产出来后，要自己负责对外推销，产品销售的好坏与自己的利益直接相关。

第六节　国际货物配送

国际货物的配送活动就是在国际经济合理区域范围内，根据客户要求，对国际物品进行拣选、加工、包装、分割、组配等作业，并按时送达指定地点的物流活动。研究跨国公司的国际货物全球配送体系具有重要的意义。

一、配送的定义

配送（distribution），从字面来理解有分配和送达的意思。不同的文献对配送的解释不尽相同，有的文献强调送货，有的文献强调运送范围。而我国 GB/T 18354—2021《物流术语》对配送的定义是"根据客户要求，对物品进行分类、拣选、集货、包装、组配等作业，并按时送达指定地点的物流活动"。

二、配送的性质

通过对配送定义的理解，我们可以看出配送具有以下性质：

（1）规模性。配送利用有效的分拣、配货、理货工作，使各种货物都达到一定的存量，从而使选货量达到一定的规模，有利于整车运输，减少拆箱、拼箱的次数。

（2）经济性。配送活动的目的是通过整合与协调各种资源，利用规模优势取得较低的送货成本，从而促进物流资源的合理配置，降低物流成本，取得最大的经济效益。

（3）组织性。配送的实质是送货，但有一种固定的形态，是一种有确定组织和管道、有一套装备及一定管理力量和技术力量、有一套制度的体制形式，是"配"和"送"有机结合的组织形式。

（4）时效性。从配送的定义可知，配送强调"按时送达"。只有根据客户的需求，把客户需要的货物按时送达地点，才能为客户的生产或销售活动提供支持。

（5）分销性。配送有着很好的分销功能，实现了从整点运输到散点运输的转换，使各种资源都得到了合理的利用。

三、配送的特点

配送不同于普通送货，有以下几个特点：

（一）配送是从物流据点到客户的一种送货形式

这正体现了配送和送货在概念上的区别。配送不是指一般意义上的送货，也不是生产企业推销产品时直接从事的销售性送货，而是从物流据点到客户的一种特殊送货形式。因此，配送是一项个性化的物流活动。

（二）配送是和其他活动共同构成的组合体

配送中所包含的那一部分运输活动在整个输送过程中处于"二次输送""支线输送""末端输送"的位置。对物品进行的拣选、加工、包装、分销、组配工作也是配送过程的重要组成部分。配送是物流的缩影，是小范围内物流活动的综合体现。因此，配送具有综合性和复杂性。

（三）配送是供货者送货到客户的服务性供应

从配送的定义可以看出，配送强调"根据客户要求"，这就说明配送是从客户的利益出发，按客户要求进行的一种活动。因此，我们必须在观念上明确"客户第一""质量第一"，力求最大限度地提高客户满意度。

（四）配送是一种强调准确性的物流活动

按照客户需求，准时、准确地将货物送达是配送的要求。这就需要有完整的物流信息系统、现代化的技术设备和先进的管理理念来为客户降低运作成本。

（五）配送的存在完善了供应链的缺陷

供应链的上下游企业之间如果只使用传统的运输模式，将产生很大的消耗和浪费。而配送所提供的点对点的精确运输，使得供应链更加精细化，可以减少资源消耗。可以说，在供应链的上下游企业之间如果有完整的配送体系，供应链的整体竞争力将大大提高。

四、配送的几种模式

按配送组织者、配送时间及数量、配送主体多样性分类，配送可以分为多种模式。

（一）按配送组织者分类

1. 配送中心配送

配送中心是从事配送业务的物流场所或组织。它主要为特定的用户服务，规模较大、配送功能健全、储存量也较大。配送中心专业性强，有完善的信息网络，但其辐射范围受限于它的合理经济区域。配送中心配送是配送的重要模式。

2. 商店配送

商店配送的组织者是商业或物资的门市网点。在日常零售业务之外，商店可以根据客户的需求将经营的商品和代客户订购的一部分平时不经营的商品一起配齐送给客户。商店网点数量较多，配送半径较短，因此更为灵活机动。它们对配送系统的完善起着十分重要的作用。这种配送模式是配送中心配送的辅助及补充模式。

（二）按配送时间及数量分类

1. 定时配送

定时配送是指按规定的时间间隔进行配送，如几天一次、几小时一次等。每次配送的品种及数量可以由相关方事先拟定长期计划。

2. 定量配送

定量配送是指按规定的批量进行配送。定量配送不严格确定时间，只是规定在一个指定的时间范围内配送。这种模式的配送效率较高且可以较好地利用运力。

3. 定时定量配送

定时定量配送是指按规定的准确配送时间和固定配送数量进行配送。这种模式在用户较为固定且有长期的稳定计划时采用会有较大优势。

4. 定时、定路线配送

定时、定路线配送是指在确定的运行路线上按时间表进行配送。用户既可在规定路线及规定时间接货，也可按规定路线及时间表提出配送要求，进行合理选择。但这种模式的应用领域是有限的，它不是一种可普遍采用的模式。

5. 实时配送

实时配送是完全按用户要求的时间、数量进行配送的模式。它以完成某天的任务为目标，在充分掌握了这一天的需要地、需要量及种类的前提下，实时安排最优的配送路线和相应的配送车辆，实施配送。

（三）按配送主体多样性分类

1. 共同配送

共同配送是指几个配送中心联合起来，共同制订计划，针对某地区用户共同使用配送车辆的配送。

2. 厂商配送（加工配送）

厂商配送即由厂商在配送中心生产加工后直接配送至各门店或商场。

课后思考

1. 国际货物采购和国内采购有哪些差异？
2. 国际货物包装需要注意哪些环节？
3. 货物装卸中应该注意什么问题？
4. 包装标志的分类有哪些？
5. 在国际物流中，应如何做好各作业环节之间的协调工作？

第三章

国际商务运作

■**学习目标**

了解国际商务的经营模式；

熟悉国际贸易术语；

熟悉国际贸易结算及信用证。

第一节　国际商务经营模式

出口与进口是国际商务中最为普遍的经营模式，尤其是在小型企业中。下面对进出口业务流程以及各种类型的进出口经营模式进行讨论。

一、进出口业务流程

进出口业务流程主要通过各种业务单证的流转来完成，业务单证是参与方的业务交接、责任划分、风险承担以及费用结算的凭证和法律依据。因此，在进出口业务过程中，单证起着十分重要的作用。进出口业务中的基本单证主要包括：销售合同（sales contract）、提单（海运的 bill of lading 或空运的 airway bill）、商业发票（commercial voice）、信用证（letter of credit）、保险单（insurance policy）、装箱单（packing list）。此外，业务单证还包括报关单、商检证书、原产地证书等单据。

一个典型的进出口业务通常涉及以下几个参与方：

（一）发货人（shipper）

进出口业务中的发货人是指进出口业务的出口商，既可能是生产的厂家或贸易公司，也可能是货运代理公司。

（二）国际货运代理（forwarder）

国际货运代理是随着国际贸易的发展、运输业务的日益复杂以及承运人（船公司或航空公司）的业务不断专门化而新发展出来的。货运代理是介于货主与承运人之间的中间商，它一方面代货主进行租船订舱，另一方面又代承运人揽货，从中获取差价或收取佣金。对于承运人而言，货运代理相当于货主（发货人或收货人）；对于货主而言，货运代理又相当于承运人。国际货运代理的出现，使得整个国际货运行业日趋专业化。

（三）承运人（carrier）

承运人是承担运输的主体，在国际贸易运输中主要是指船公司或航空公司。虽然有的承运人也直接面对货主，但大多数情况下货主并不直接与承运人打交道。

（四）报关行（customs broker）

虽然各国对进出口货物的管制政策有所不同，但基本上都要求进出口货物进行申报。有些货主有自己的报关人员，这就不需要报关行的介入。此外，许多货运代理也有报关资格，同样不需要单独的报关行介入。报关行或货运代理的报关服务都需要货主提供必要的证据（主要包括进口报关单、提单、商业发票、原产地证书、进口许可证或进口配额证书、质证书和卫生检验证书等），然后再到海关进行申报。有的报关行还可以提供代为商检等服务工作。

（五）收货人（consignee）

提单上的收货人情况通常较为复杂。一般来说，收货人应该是货物的进口人。但有时因为进口管制等原因，最终的收货人通常并不体现在提单上，提单上的收货人往往是进口代理商，而在"通知人（notify party）"上显示的可能才是真正的收货人。另外，在使用主提单与分提单的情况下，分提单上的收货人通常才是真正的收货人，而主提单上的收货人则是货运代理公司。

二、货物出口与进口

货物出口（merchandise export）是指将有形产品或货物输出到国外；而货物进口（merchandise import）是指将商品带入国内。因为我们能够真实地看到这些货物的输出与输入，所以有时它们也被称为有形出口与进口。将运动鞋从印度尼西亚的工厂输送到美国，对印度尼西亚而言就是出口，对美国而言就是进口。对大多数国家而言，货物的出口与进口构成了国际收入和支出的主要内容。

三、服务出口与进口

对于非货物类国际贸易，我们用服务出口（service export）和服务进口（service import）两个术语表示无形商品的出口与进口。服务提供方与款项收取方所做的是服务出口，而服务接受方与款项支付方所做的是服务进口。服务贸易在国际贸易中是增长最快的构成部分，其形式多种多样。本书主要讨论其中最重要的几种形式：旅游与运输、管理服务和资产运用。

（一）旅游与运输

本书以美国网球球迷搭乘法国航空公司的航班从美国飞到巴黎观看法国网球公开赛为例。这些球迷搭乘法国航空公司的飞机以及旅途花费就是法国的服务出口和美国的服务进口。显然，旅游和运输是航空公司、航运公司、旅行社和酒店的重要收入来源。有些国家的经济极端依赖于这方面的收入。例如，希腊和挪威的大部分外汇收入就来自其航空公司运送外国货物所取得的收入。

（二）管理服务

有些服务，如银行服务、保险服务、租赁服务、工程服务、管理服务等，以费用形式获取净收益。例如，企业按照国际标准为工程服务付费。这里的工程服务就是所谓的交钥匙工程（turnkey operation），即将可运行的建设项目按照合同规定移交给项目所有者。美国贝克特尔公司（Bechtel）目前在许多国家都有交钥匙合同，如智利的铜加工扩建项目、英国的通勤铁路建造项目以及加蓬的公共住房建设项目。企业同样也要为管理合同（management contract）付款，即一家企业为另一家企业安排人员来履行一般性或特殊管理职能，如迪士尼负责管理日本和法国的主题公园。

（三）资产运用

如果一家企业允许另一家企业按合同使用商标、专利、版权或专业技术之类的资产，那么这种合同就是许可协议（licensing agreement），企业因此所获得的收入被称为"特许使用费"（royalty）。例如，阿迪达斯为在其销售的夹克上使用了皇家马德里足球队的标志而支付的费用就是特许使用费。特许使用费也来自特许经营合同，特许经营（franchising）中的特许方允许被特许方将其商标作为被特许方经营中的重要资产。按照规则，特许方（如麦当劳）会以供应方、服务管理方或技术拥有方的身份持续参与被特许方的经营。

四、投资

对外国投资支付的股息和利息也按服务出口与进口统计，毕竟它们代表的是资产（资本）的运用。然而，在国民统计中，投资本身单独按服务出口与进口进行处理。需要注意的是，对外国投资表示通过拥有外国财产的所有权来取得经济回报，如利息和股息。投资的形式可分为两种：直接投资和证券投资。

（一）直接投资

国外直接投资（foreign direct investment，FDI）简称"直接投资"，是指投资者在外国企业中拥有控制权。例如，如果美国投资者买下了利物浦足球俱乐部，那么这位投资者就是美国在英国的外国直接投资者。控股并不需要拥有100%甚至50%的股权。如果一个外国投资者拥有少数股权，而剩余的股权非常分散，那么任何其他所有者都无法有效反对该外国投资者的决策。

（二）证券投资

证券投资（portfolio investment）是指对另一实体拥有非控制的金融权益。证券投资主要有两种常见形式：公司股票或对公司（或国家）的借款，这里的借款包括债券、账单或票据。对于拥有广泛的国际业务的企业而言，它们都十分重要。出于短期利益考虑，这类投资资金通常在不同国家之间流动。

国际商务主要是指在国际贸易和国际投资过程中产生的跨国经营活动，涉及范围广，接下来的内容只针对国际贸易业务进行讨论。

第二节　国际贸易概述

一、国际贸易的概念

国际贸易（international trade）是指世界各国（地区）之间商品、服务和技术的交换活动，包括出口和进口两个方面。从国家的角度看，这种交换活动称为该国的对外贸易（foreign trade）。从全球范围来看，世界各国对外贸易的总和就构成了国际贸易，也称世界贸易（world trade）。

二、国际贸易的种类

国际贸易的分类方法有很多，在国际物流中，最常用的分类方法是按照国际贸易商品的流向进行区分。国际贸易一般可分为进口贸易、出口贸易、过境贸易和转口贸易。

（一）进口贸易

进口贸易（import trade）是指外国生产或加工的产品因购入而输入国内，又称输入贸易。如果不是因购买而输入国内的商品，则不能称为进口贸易，也不列入进口贸易的统计。例如，外国领事馆运进供自用的货物、旅客携带进入国内的个人使用物品等。

（二）出口贸易

出口贸易（export trade）是指本国生产或加工的产品因外销而输往国外，又称输出贸易。同样地，如果不是因外销而输往国外的商品，则不计入出口贸易的统计之中。

（三）过境贸易

过境贸易（transit trade）是指甲国向乙国运送商品，由于地理位置的原因，必须经过第三国。对第三国来说，虽然它没有直接参与此项交易，但商品要进出该国的国境或关境，且要经过海关统计，从而构成了该国进出口贸易的一部分。过境贸易包括直接过境贸易和间接过境贸易。

（四）转口贸易

转口贸易（entrepot trade）是指货物消费国和货物生产国通过第三国（或地区）进行的贸易活动，是对第三国（或地区）而言的。货物的生产国把货物卖给第三国（或地区）的商人，然后第三国（或地区）的商人再把货物卖给真正的货物消费国。这种贸易对货物生产国和消费国来说是间接贸易（indirect trade），对第三国（或地区）来说则是转口贸易。

三、国际贸易方式

贸易方式是指为形成特定的贸易关系而在国际贸易中所采用的方式。不同的贸易方式将形成不同的贸易关系，因此贸易双方的国际物流服务过程及风险都是不同的。随着国际贸易的发展，贸易方式逐渐多样化，国际贸易除利用逐笔售定的方式外，还可以利用包销、代理、寄售、招标与投标、拍卖、期货交易等方式。

（一）包销

包销（exclusive sale）是国际贸易中习惯采用的方式之一，是指出口人（委托人）通过协议把某一种商品或某一类商品在某一个地区和一定期限内的经营权给予国外某个客户或公司的贸易方式。包销与通常的单边逐笔出口不同，它除了要求当事人双方签有买卖合同外，还要求事先签有包销协议。

（二）代理

代理（agency）是指代理人按照委托人的授权，代委托人同第三者订立合同或行使其他法律行为的贸易方式。由此产生的权利与义务直接对委托人产生效力。委托人与代理人之间不是买卖关系，而是委托和被委托的关系。代理人在代理业务中，只是代表委托人行为，如招揽客户、招揽订单、代表委托人签订买卖合同、处理委托人的货物、收受货款等。代理人并不作为合同的一方参与交易。在代理人和出口企业之间，没有货物所有权的转移。代理人不承担经营风险，也不负担盈亏，只收取协议规定的佣金。

（三）寄售

寄售（consignment）既是一种委托代售的贸易方式，也是国际贸易中经常采用的方式之一。在我国进出口业务中，寄售方式的运用并不普遍，但在某些商品的交易中，为促进交易、扩大出口，也可以灵活、适当地运用寄售方式。

（四）招标与投标

招标（invitation to tender）是指招标人（买方）通过招标机构发出招标公告，提出准备购买商品的品种、数量和有关买卖条件，或提出发包工程的具体要求，邀请投标人（卖方或承包商）报出愿意成交的交易条件的行为。

投标（submission of tender）是指投标人应招标人的邀请，根据招标公告的规定条件，在规定的时间内向招标人递盘的行为。

（五）拍卖

拍卖（auction）是指拍卖行接受货主的委托，在规定的地点和时间，按照一定的章程和规则，以公开叫价竞购的方法，把货物卖给出价最高的买主的一种交易方式。拍卖一般由从事拍卖业务的专门组织，在一定的拍卖中心、一定的时间内按照当地法律和规章程序进行。

（六）期货交易

期货交易（futures transaction）是指在商品交易所内按照一定的交易规则，买卖双方经过讨价还价，签订购买标准期货合同的一种贸易方式。

期货交易不同于商品现货交易。众所周知，在现货交易的情况下，卖方必须交付货物，买方必须支付货款。而期货交易则是在一定时间内，在特定期货市场（在商品交易所内），按照交易所指定的"标准期货合同"进行的期货买卖。

第三节　国际贸易术语

在国际贸易中，买卖双方采用不同的贸易术语，会对国际物流的运作和流程产生较大的影响。因此，我们必须要了解国际贸易术语。

一、国际贸易术语概述

在国际贸易中，买卖双方交接货物地点的确定、货物运输中风险范围的划分、货物运输手续、保险手续、进出口手续以及申领有关批准档的手续由谁办理、在办理各种手续中所支出的费用由谁负担等问题，都需要买卖双方在签订合同时加以明确。为了简化手续，在长期的贸易实践中，逐渐形成了一些简短的概念或外文缩写字母，以说明买卖双方有关风险、责任和费用的划分，确定双方应尽的义务。这种简短的概念或外文缩写字母被称作贸易术语（trade term）或价格术语（price term）。

19 世纪初，人们在国际贸易中已开始使用贸易术语。但是，人们最初对各种贸易术语并没有统一的解释。在各国的进出口贸易中，贸易商们对某种贸易术语的理解或解释往往会发生争议和纠纷，这使贸易术语的推广、使用产生了困难。于是，某些商业团体、国际组织为了解决这一问题，试图对贸易术语进行统一的解释。一些有关贸易术语的解释规则陆续出现，这些规则后来被越来越多的国家和地区接受和使用。其中，国际商会于 1936 年制定的《1936 年国际贸易术语解释通则》（*International Rules for the Interpretation of Trade Terms* 1936）在世界上应用最为广泛。该通则自 1980 年以来，每 10 年修订一次，最新的修订本是《2010 年国际贸易术语解释通则》于 2011 年 1 月 1 日正式生效。

二、国际贸易术语分类

《2000 年国际贸易术语解释通则》按不同类型将 13 种贸易术语划分为下列四个组别：

（一）E 组

E 组为启运（department）组术语。按这组贸易术语成交时，卖方应在自己的处所将货物提供给买方指定的承运人。本组中只有 EXW（ex works）一个术语，意为工厂交货。

（二）F 组

F 组为主运费未付（main carriage unpaid）组术语，按这组贸易术语成交时，卖方必须将货物交至买方所指定的承运人。这一组有以下三个术语：

（1）FCA（free carrier），即货交承运人。

（2）FAS（free alongside ship），即船边交货。

（3）FOB（free on board），即装运港船上交货。

（三）C 组

C 组为主运费已付（main carriage paid）组术语。按这组贸易术语成交时，卖方必须订立将货物运往指定目的港或目的地的运输契约，并把货物装上运输工具或交给承运人。但对于货物中途灭失或损坏的风险和发运后产生的额外费用，卖方不承担责任。这一组有以下四个贸易术语：

（1）CFR（cost and freight），即成本加运费。

（2）CIF（cost, insurance and freight），即成本加保险费，加运费。

（3）CPT（carriage paid to），即运费付至（指定目的地）。

（4）CIP（carriage and insurance paid to），即运费、保险费付至（指定目的地）。

（四）D 组

D 组为到达组术语，按这组贸易术语成交时，卖方必须承担货物交至目的地国家指定地点所需的一切费用和风险。这一组有以下五个贸易术语：

（1）DAF（delivered at frontier），即边境交货。

（2）DES（delivered ex ship），即目的港船上交货。

（3）DEQ（delivered ex quay），即目的港码头交货。

（4）DDU（delivered duty unpaid），即未完税交货。

（5）DDP（delivered duty paid），即完税后交货。

《2010 年国际贸易术语解释通则》有 11 个贸易术语，分为只适于水运和适于各种运输方式两类；将《2000 年国际贸易术语解释通则》中 D 组的五个贸易术语修订为三个贸易术语，即 DAP、DAT、DDP。

（1）DAP（delivered at place），即目的地交货。

（2）DAT（delivered at terminal），即终点站交货。

（3）DDP（delivered duty paid），即完税后交货。

《2010 年国际贸易术语解释通则》中用 DAP 替代了《2000 年国际贸易术语解释通则》中的 DAF、DES、DDU 术语，用 DAT 替代了 DEQ，使贸易术语由 13 个减少为 11 个。

三、常用国际贸易术语解释

常用的国际贸易术语主要是指 FOB、CIF 和 CFR 三个适用于海上货物运输的贸易术语，同时包括与之相对应的可用于包括多式联运在内的各种运输方式的 FCA、CPT、CIP 三个贸易术语。这些贸易术语下的合同一般多采用信用证方式支付。

（一）FOB（free on board），装运港船上交货

这一术语后要接装运港名称。该术语通常被译为装运港船上交货。采用 FOB 术语成交时，卖方承担的基本义务是在合同规定的装运港和规定的期限内，将货物装上买方指定的船只，并及时通知买方。货物在装运港装上买方所派的船后，风险即由卖方转至买方。卖方要自负风险和费用领取出口许可证或其他官方证件，并负责办理出口手续。卖方还要自费提供已按规定完成交货义务的证件。在买方要求下，并由买方承担风险和费用的情况下，卖方应该给予一切协助，以取得提单或其他运输单据。买方要负责租船定舱、支付运费，并及时通知卖方船期、船名。货物在装运港装船时越过船舷后的其他责任、费用也都由买方负责，即包括获取进口许可证或其他官方证件，以及办理货物入境的手续和费用。

（二）CIF（cost, insurance and freight），成本加保险费，加运费

该术语后要接目的港的名称。采用这一术语时，卖方的基本义务是负责按通常的条件租船定舱，支付到目的港的运费，并在规定的收运港和装运期内将货物装上船，装船后及时通知买方。同时，卖方应负责办理从装运港到目的港的海运货物保险、支付保险费。货物装上船之后的风险，概由买方承担。在货物装上船之后，自装运港到目的港的通常运费和保险费以外的费用，也要由买方负担。买方还要自负风险和费用以取得进口许可证和其他官方证件，办理进口手续并按合同规定支付货款。在交单义务方面，卖方需要提交商业发票或与之相等的电子单证。卖方在必要时需要提供证明所交货物与合同规定相符的证件，提供通常的运输单据，以使买方在目的地受领货物，或通过转让单据出售在途货物。

（三）CFR（cost and freight），成本加运费

该术语后要接目的港的名称。与 FOB 不同的是，在 CFR 条件下，与船方订立运输契约的责任由卖方承担。卖方要负责租船定舱，支付到指定目的港的运费，包括在订立运输合同时规定的由定期班轮可能收取的货物装到船上和在卸货港卸货的费用。但从装运港至目的地的货运保险仍由买方负责，保险费也由买方负担。

以 CFR 术语成交时，需要特别注意的是，卖方在货物装船后一定要及时向买方发出装船通知，以便买方办理投保手续。

（四）FCA（free carrier），货交承运人

该术语后要接交货地的名称。在该术语条件下，卖方必须在合同规定的交货期内在指定地点将经出口清关的货物交给买方指定的承运人监管，并负担货物被交由承运人监管为止的一切费用和货物灭失或损坏的风险。而买方要自费订立从指定地点起运的运输契约，并及时通知卖方。这里所说的承运人，既包括实际履行运输义务的承运人，也包括代为签订运输合同的运输代理人。FCA 术语适用于包括多式联运在内的各种运输方式。

（五）CPT（carriage paid to），运费付至

该术语后要接目的地的名称。采用该术语成交时，卖方要自付费用以订立将货物运往目的地指定地点的运输契约，且负责按合同规定的时间将货物交给承运人，即完成交货义务。卖方在交货后要及时通知买方，买方自货物交付承运人处置时承担货物灭失或损坏的一切风险。CPT 适用于一切运输方式。

（六）CIP（carriage and insurance paid to），运费、保险费付至

该术语后要接目的地的名称。采用该术语成交时，卖方需要支付货物运至目的地的运费，并对货物在运输途中灭失或损坏的风险进行投保，支付保险费。在货物交由承运人保管时，货物灭失或损坏的风险，以及在货物交给承运人后发生的事件引起的额外费用，从卖方转移至买方。CIP 与 CPT 的不同之处在于，在 CIP 条件下交货时，卖方增加了保险的责任和费用。

第四节 国际贸易结算

国际贸易货款的结算，关系买卖双方基本的权利和义务。国际贸易货款的结算主要涉及支付的货币、支付工具、支付方式以及付款的时间和地点等问题。这些问题都直接关系买卖双方的利益、双方资金的周转和融通，以及各种金融风险和费用的负担。在磋商交易时，买卖双方必须取得一致的意见，并在合同中将这些事项加以确定。

一、国际贸易的支付工具

在国际贸易中，支付工具主要是货币和票据。货币用于计价、结算和支付。国际贸易货款的收付，采用现金结算的较少，大多使用非现金结算，即使用信贷工具代替现金作为流通手段和支付手段来结算国际债权债务。票据是国际通行的结算和信贷工具，是可以流通转让的债权凭证。国际贸易中使用的票据主要有汇票、本票和支票，并以汇票为主。

（一）汇票

1. 汇票的含义和基本内容

汇票是一个人向另一个人签发的，要求在见票时，在将来的固定时间或在可以确定的时间，对某人指定的人或持票人支付一定金额的无条件的书面支付命令。

各国票据法对汇票内容的规定也有所不同。汇票一般应包括下列基本内容：①"汇票"字样；②无条件支付命令；③一定金额；④付款期限；⑤付款地点；⑥受票人，又称付款人；⑦受款人；⑧出票日期；⑨出票地点；⑩出票人签字。

2. 汇票的种类

汇票从不同的角度可分为以下几种：

（1）按照出票人的不同，汇票可分为银行汇票和商业汇票。银行汇票是指出票人是银行，受票人也是银行的汇票；商业汇票是指出票人是商号或个人，付款人可以是商号、个人，也可以是银行的汇票。

（2）按照有无随附商业单据，汇票可分为光票和跟单汇票。光票是指不附带商业单据的汇票，银行汇票多是光票。跟单汇票是指附带有商业单据的汇票，商业汇票一般为跟单汇票。

（3）按照付款时间的不同，汇票可分为即期汇票和远期汇票。即期汇票是指在提示或见票时立即付款的汇票。远期汇票是指在一定期限或特定日期付款的汇票。

3. 汇票的使用

汇票在使用时一般要经过出票、提示、承兑、付款等环节。如果是即期汇票，则无须承兑，而远期汇票如果需要转让，则通常要经过背书。当汇票遭到拒付时，还涉及做成拒绝证书和行使追索权等法律问题。

（1）出票。出票就是出票人开出汇票，即出票人在汇票上填写付款人、付款金额、付款日期和地点及收款人等项目，签字后交给收款人的行为。

出票时，收款人通常有三种写法，即限制性抬头、指示性抬头、持票人抬头。出票人签发汇票后，即承担保证该汇票必然会被承兑、付款的责任。

（2）提示和见票。提示是指收款人或持票人将汇票提交付款人并要求付款或承兑的行为。付款人看到汇票，即为见票。

（3）承兑。承兑是指付款人对远期汇票表示承担到期付款责任的行为。其手续是付款人在汇票正面写上"承兑"字样，注明承兑的日期，并由付款人签名。《中华人民共和国票据法》第四十四条明确规定："付款人承兑汇票后，应当承担到期付款的责任。"因此，汇票经承兑后，付款人就成为汇票的承兑人，并成为汇票的主债务人，而出票人便成为汇票的次债务人。

（4）付款。对即期汇票，在持票人提示汇票时，付款人见票即付；对远期汇票，付款人承兑后，在汇票到期日付款。付款后，汇票上的一切债务关系即告结束。

（5）背书。在国际金融市场上，一张远期汇票的持票人如想在汇票到期日前取得票款，可以经过背书在票据市场上转让。所谓背书，是指汇票持有人在汇票背面签上自己的名字，或再加上受让人（被背书人）的名字，并把汇票交给受让人的行为。这实际上是对汇票进行贴现，是受让人对汇票持有人的一种资金融通。受让人在受让汇票时，要按照汇票的票面金额扣除从转让日起到汇票付款日止的利息后将票款付给出让人，这种行为叫作"贴现"。在汇票到期前，受让人（被背书人）可再经过背书继续进行转让。

（6）拒付与追索。拒付也称为退票，是指持票人提示汇票要求承兑时遭到拒绝承兑，或持票人提示汇票要求付款时遭到拒绝付款的情形。此外，付款人拒不见票、死亡或宣告破产，以致付款事实上已不可能时，也称拒付。汇票被拒付，持票人立即产生追索权。所谓追索权是指汇票遭到拒付时，持票人对其前手（背书人、出票人）有请求其偿还汇票金额及费用的权利。

（二）本票

1. 本票的含义

本票是一个人向另一个人签发的，保证于见票时、定期或在可以确定的将来某个时间，对指定人或持票人支付一定金额的无条件的书面承诺。简言之，本票是出票人对收款人承诺无条件支付一定金额的票据。

2. 本票的种类

本票可分为商业本票和银行本票。由工商企业或个人签发的本票称为商业本票或一般本票，由银行签发的本票称为银行本票。商业本票又可按付款时间分为即期本票和远期本票。即期本票就是见票即付的本票，而远期本票则是承诺于未来某一规定的或可以确定的日期支付票款的本票。

（三）支票

1. 支票的含义

支票是以银行为付款人的即期汇票，即存款人对银行签发的由银行对其指定人或持票人即期支付一定金额的无条件书面支付命令。

2. 支票的种类

根据《中华人民共和国票据法》，支票可分为现金支票和转账支票两种。支取现金或是转账，均应在支票正面注明。

3. 支票的使用

支票的使用有一定的有效期，根据《中华人民共和国票据法》，支票的持票人应当自出票日起 10 日内提示付款。

二、国际贸易的支付方式

国际贸易的支付方式主要有汇付、托收和信用证三种方式，其中使用最多的是信用证方式。

（一）汇付

汇付，又称汇款，是付款人通过银行，使用各种结算工具将货款汇交收款人的一种结算方式。

1. 当事人

汇付业务涉及的当事人有四个：汇款人、收款人、汇出行和汇入行。其中，汇款人（通常为进口人）与汇出行（委托汇款的银行）之间订有合约关系，汇出行与汇入行（汇出行的代理行）之间订有代理合约关系。

2. 汇付方式

汇付根据汇出行向汇入行发出汇款委托的方式可分为以下三种方式：

（1）电汇（T/T）。电汇是汇出行应汇款人的申请，拍发加押电报或电传给在另一个国家的分行或代理行（汇入行），指示解付一定金额的款项给指定的收款人的一种汇付方式。电汇方式的优点在于速度快，收款人可以迅速收到货款，因此电汇在三种汇付方式中使用最广泛，电汇的费用比信汇的费用更高。

（2）信汇（M/T）。信汇是汇出行应汇款人的申请，用航空信函的形式，指示出口国汇入行解付一定金额的款项给收款人的一种汇付方式。信汇的优点是费用较低廉，但汇款速度比电汇慢。

（3）票汇（D/D）。票汇是以银行即期汇票为支付工具的一种汇付方式，一般是汇出行应汇款人的申请，开立以出口国汇入行为付款人的"银行即期汇票"，列明收款人名称、汇款金额等，交由汇款人自行寄给收款人，由收款人凭票向汇票上的付款行取款的一种汇付方式。

票汇与电汇、信汇的不同在于票汇的汇入行无须通知收款人收款，而由收款人持票登门取款。这种票汇除有限制转让和限制流通的规定情形外，经收款人背书可以转让流通，而电汇、信汇的收款人则不能转让收款权。

3. 汇付的特点

汇付的优点在于手续简便、费用低廉，其缺点是风险大、资金负担不平衡。卖方采用汇付方式结算时，既可以货到付款，也可以预付货款。如果是货到付款，卖方须向买方提供信用并融通资金，而预付货款则是买方向卖方提供信用并融通资金。不论采用哪一种方式，风险和资金负担都集中在一方。汇付属于商业信用性质，提供信用的一方所承担风险较大，因此汇付方式主要用于支付定金、分期付款等，不是一种主要的结算方式。

（二）托收

托收是由债权人（出口人）出具汇票委托银行向债务人（进口人）收取货款的一

种结算方式。其基本做法是出口人根据买卖合同先行发运货物，然后开出汇票连同货运单据交出口地银行（托收行），委托托收行通过其在进口地的分行或代理行向进口人收取货款。托收又分为付款交单（D/P）和承兑交单（D/A）。

1. 当事人

托收的当事人有四个，他们的主要责任如下：

（1）委托人，也称出票人、债权人，是指委托银行向国外付款人收款的出票人，常指卖方。

（2）寄单行，也称托收行，是委托人的代理人接受委托人的委托，转托国外银行向国外付款人代为收款的银行，通常是出口地银行。

（3）代收行，是接受托收行的委托，代向付款人收款的银行，一般为进口地银行，是托收银行在国外的分行或代理行。

（4）付款人，即债务人，是汇票的受票人，通常是买卖合同的买方。

2. 托收方式

（1）跟单托收（documentary collection）。跟单托收是用汇票和商业单据向进口行收取款项的一种托收方式。跟单托收的种类有以下三种：

①即期付款交单（document against payment at sight），是指出口商开出即期汇票，进口商见票后，只有付完货款，才能拿到商业单据。

②远期付款交单（document against payment），是指由出口商开出远期汇票，进口商向银行承兑，并于汇票到期日付款，付款后交单的托收方式。

③承兑交单方式（document against acceptance），是指代收行在进口商承兑远期汇票后向其交付单据，在汇票到期日再付款的一种方式。

（2）光票托收（clean collection）。光票托收是指汇票不附带货运票据的一种托收方式，主要用于货款的尾款、样品费用、佣金、代垫费用、贸易从属费用、索赔及非贸易款项的收取。

3. 托收的特点

托收属于商业信用，银行办理托收业务时，既没有检查货运单据是否正确或是否完整的义务，也不必承担付款人必须付款的责任。托收虽然是通过银行办理的，但银行只是作为出口人的受托人行事，并没有承担付款的责任，进口人是否付款与银行无关。出口人向进口人收取货款靠的仍是进口人的商业信用。

如果进口人拒绝付款，除非另有规定，银行没有代管货物的义务，出口人仍然应该关心货物的安全，直到进口人付清货款为止。托收对出口人的风险较大，D/A比D/P的风险更大。跟单托收方式是出口人先发货，后收取货款，因此对出口人来说风险较大。进口人付款靠的是商业信誉。如果进口人破产倒闭，丧失付款能力，或者货物发运后进口地货物价格下跌，进口人借故拒不付款，或者进口人事先没有领到进口许可证或没有申请到外汇，被禁止进口或无力支付外汇等，则出口人不但无法按时收回货款，还可能面临货款两空的损失。如果货物已经到达进口地，进口人借故不付款，出口人还要承担货物在目的地的提货、存仓保险费用以及可能变质、短量、短重的风险。在这种情况下，如果货物转售到其他地方，则会产生数量与价格上的损失；如果货物转售不出去，则出口人就要承担货物运回本国的费用及货物可能因为存储时间过长被当地政府贱卖的损失等。

4. 托收业务流程

在国际贸易结算中，托收业务大多是跟单托收。其基本做法是：出口方先行发货，然后备妥包括运输单据在内的有关商业单据，并开出汇票（或不开出），将全套单据交出口地银行，委托其通过进口地的分行或代理行收取货款，凭进口方的付款或承兑向进口方交付全套单据。

（三）信用证

1. 信用证的定义

2006 年 10 月，在巴黎召开的国际商会年会顺利通过了修订版的《跟单信用证统一惯例》（以下简称为 UCP600）。UCP600 于 2007 年 7 月 1 日起实施。事实上，UCP600 作为国际惯例，并不具有法律强制力。

国际商会广泛推荐使用 UCP600。UCP600 对于信用证是这样定义的：信用证是指一项约定，无论其如何命名或描述，该约定不可撤销并因此构成开证行对于相符提示予以兑付的确定承诺。信用证是一种最常见的国际贸易支付方式，是一种有条件的银行付款承诺。在 UCP600 下，信用证都是不可撤销的。

2. 信用证的特点

（1）开证行负第一付款责任。开证银行的付款责任，不仅是首要的而且是独立的，即使进口人在开证后丧失偿付能力，只要出口人提交的单据符合信用证条款，开证银行也要负责付款。

（2）信用证是独立于合同之外的一种自足的文件。

（3）信用证是一种单据的买卖。出口商交货后提出的单据，只要做到与信用证条款相符，"单证一致，单单一致"，开证银行就保证向出口商支付货款。进口商付款后取得代表货物的单据。银行只审查受益人所提的单据是否与信用证条款相符，以决定其是否履行付款责任。只要受益人提交符合信用证条款的单据，开证行就应承担付款责任，进口人也应接受单据并向开证行付款赎单。如果进口人付款后发现货物有缺陷，则可凭单据向有关责任方提出损害赔偿要求，而与银行无关。银行对单据的审核用于确定单据表面上是否符合信用证条款，要求单据与信用证对单据的叙述完全相符。

3. 信用证项下的主要单据

信用证项下的主要单据包括：汇票（bill of exchange/draft）、发票（invoice）、提单（bill of lading）、保险单（insurance policy）、装箱单和重量单（packing list and weight memo）、产地证（certificate of origin）、检验证书（inspection certificate）。

4. 信用证的主要类型

（1）跟单信用证，是凭跟单汇票或仅凭单据付款的信用证。国际贸易结算中所使用的信用证的绝大部分是跟单信用证。

（2）光票信用证，是凭不附带单据的汇票付款的信用证。

（3）不可撤销信用证，是开证行一经开出，不能修改或撤销的信用证。

（4）保兑信用证，是经开证行以外的另一家银行加具保兑的信用证。保兑信用证使受益人（出口商）货款的回收得到了双重保障。

（5）即期信用证，是开证行或付款行收到符合信用证条款的汇票和单据后，立即履行付款义务的信用证。

（6）远期信用证，是开证行或付款行收到符合信用证的单据时，不立即付款，等到汇票到期才履行付款义务的信用证。

（7）红条款信用证，是允许出口商在装货交单前可以支取全部货款或部分货款的信用证。开证行在信用证上加列上述条款，通常用红字打成，故此种信用证称为"红条款信用证"。

（8）付款信用证、承兑信用证、议付信用证，应表明其结算方法是采用即期或延期付款、承兑或议付来使用信用证金额。

（9）循环信用证，即可多次循环使用的信用证，当信用证金额被全部或部分使用后，又恢复到原金额。买卖双方订立长期合同，分批交货，进口方为了简化开证手续、节省费用，即可开立循环信用证。循环信用证可分为按时间循环的信用证和按金额循环的信用证两种。

（10）部分信用证部分托收。一笔交易合同有时可能包括两种不同的支付方式，如部分信用证方式、部分托收方式。信用证部分货款和托收部分货款，要分别开立汇票，全套装船单据附于信用证项下的汇票，托收项下的为光票。

5. 信用证的支付程序

（1）进口商按照合同规定向当地银行提出申请，并提供押金或担保，银行（开证银行）向出口商开出信用证。

（2）开证银行将信用证寄给出口商所在地的分行或代理银行（通知银行）。

（3）通知银行将信用证转给出口商。

（4）出口商对照合同核对信用证无误后，按规定条件装运货物。

（5）出口商发货后，备妥信用证规定的各项单据连同汇票在信用证有效期内送请当地银行（议付行）议付。

（6）议付行核对单据和信用证无误后，按汇票金额扣除利息和手续费后将货款垫付给出口商，即为议付。议付是指议付行买入出口商的汇票和单据的情形。由于出口商以随附的各项单据作抵押，故议付也称"押汇"。议付行议付后即按信用证规定将各项单据和汇票等寄给开证行或付款行索偿。

（7）开证行审核汇票、单据无误后，付款给议付行，同时通知进口商付款赎单（参考信用证收付的方式）。

6. 信用证的主要内容

信用证并无统一格式，其主要内容有以下十点：

（1）信用证的关系人。如开证申请人、开证行、通知行、受益人，有时还包括议付行。

（2）信用证的种类。如不可撤销信用证、保兑信用证、可转让信用证等。

（3）汇票条款（但有的信用证不需要汇票）。如汇票种类、汇票付款人。

（4）对货物的要求。如货物的名称、规格、数量、包装、价格等。

（5）使用货币和金额。

（6）对运输的要求。如装运机、有效期、装运港、目的港、运输方式、可否分批装运、可否转船等。

（7）支付凭证和单据。单据指发票、提单、保险单等。

（8）特殊要求。特殊要求根据每笔具体业务需要而定。

（9）开证行保证条款。该条款反映开证银行对受益人及汇票持有人保证付款的责任。

（10）信用证到期地点。信用证到期地点有时在受益人所在地，有时在开证行所在地。

课后思考

1. 国际物流与国际贸易之间是何种关系？

2. CIF 与 FOB 贸易术语有什么问题？我们在使用时应注意哪些问题？

3. 信用证有什么特点？使用信用证进行货款收付与使用托收进行货款收付有什么不同？

4. 包销和代理各有什么特点？它们有何区别？

5. 什么是期货交易？它有哪些特点？

第四章

国际海上运输

■**学习目标**

了解海运物流基础知识；

掌握杂货班轮运输的特点与业务流程；

掌握租船运输的特点与业务流程；

熟悉海运物流的常用单证和海运提单。

国际货物运输是实现国际贸易的途径，选择合适的国际货物运输方式对国际物流来说十分重要。根据联合国贸易和发展会议（UNCTAD）公布的"Review of Maritime Transport（世界海运回顾）"系列报告，世界上有超过 90% 的国际贸易物流量是通过国际海洋货物运输来完成的，因此国际海洋货物运输是国际货物运输的重要组成部分。本章按照具体的国际运输方式对国际货物运输进行阐述，集中介绍国际海洋货物运输。

第一节　国际海洋货物运输概述

一、国际货物运输概述

（一）基本概念

国际货物运输，是指国家与国家、国家与地区之间的运输。国际货物运输可分为国际贸易物资运输和非贸易物资（如展览品、个人行李、办公用品、援外物资等）运输两种，但国际货物运输中的非贸易物资运输往往只是国际贸易物资运输部门的附带业务。所以，国际货物运输通常是指国际贸易物资运输，从一国来说，就是对外贸易运输，简称"外贸运输"。

（二）运输方式

国际货物运输是通过各种运输方式，使用不同的运输工具来实现和完成的。国际货物运输的主要运输方式包括国际海洋货物运输、国际航空货物运输、国际铁路货物运输、国际公路货物运输、国际管道货物运输和国际多式联运，如图4-1所示。

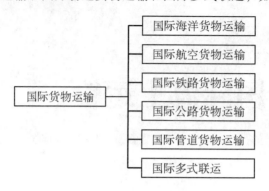

图4-1　国际货物运输方式

二、国际海洋货物运输概述

国际海洋货物运输是指使用船舶通过海上航道在不同国家和地区的港口之间运送货物的一种运输方式，也是国际物流中最主要的运输方式。

（一）国际海洋货物运输的特点

国际海洋货物运输之所以被广泛运用，是因为它与其他国际货物运输方式相比，具有以下优点：

1. 载运量大

海洋运输的载运能力远远高于其他运输方式。随着国际航运业的发展，现代化的造船技术日益精湛，海上运输船舶日趋专业化、大型化，目前世界上最大的超巨型油轮的载运量已超过70万吨，新一代集装箱船的载箱能力已超过8 000 TEU[①]。

2. 运输成本低

海洋运输主要借助天然水域和航道，不受道路、轨道的限制，除了港口建设和船舶购置的投资外，水域和航道方面几乎不需要投资。另外，海洋运输载运量大、运程远，具有规模效应，船舶的能源消耗相对较低，多方面的因素使海洋运输的单位成本低于其他运输方式。具体来看，海洋运输的单位成本约为铁路运输的1/5，公路运输的1/10，航空运输的1/30。

3. 对货物的适应能力强

海运船舶能够适应固体、液体和气体等多种货物的装载和运输需求。随着科技的发展，各种专业化的船舶，如油轮、液化气船和集装箱船的出现为各类货物采用海洋运输方式提供了便利条件。另外，海运船舶货仓容积大，对于各类超长、超大、超重的货物的装载运输展现了很强的适应能力。

4. 运输时间长

海洋运输船舶体积较大、载重量大、水阻力大，行驶速度缓慢，同时运输途中装

---

① TEU是英文Twenty-feet Equivalent Unit的缩写，是以长度为20英尺的集装箱为国际计量单位，也称国际标准箱单位。同时，因为本书涉及国际物流相关知识，所以会使用"英尺""英寸""立方英尺""立方英寸""海里""磅"等相关国际单位，在本书的以下内容使用这些单位时，就不做重复说明。

卸、交接等中间环节较多，因此海洋运输速度慢。国际海洋货物运输的运距长，也导致国际海洋货物运输的时间较长。

5. 运输连续性差，风险高

国际海洋货物运输受自然条件尤其是季节、气候变化的影响很大，如河流航道冬季结冰和港口封冻、枯水期水位变低等问题，都会影响船舶的正常航行。同时，在国际海洋货物运输过程中，由于船舶经常长时间在远离海岸的海洋上航行，海洋环境复杂、气象多变，随时都有可能遇到狂风、巨浪、暴雨、雷电、海啸、浮冰等自然灾害。另外，国际海洋货物运输面临复杂多变的国际环境，比如近年来某些海域海盗出没频繁，提高了海洋货物运输遭到人为危险的概率。国际海洋货物运输船舶一旦遭遇危险，造成的损失是巨大的。海运船舶的载运量大、货物数额巨大，而且海运船舶遭遇危险时获得外来力量救援的及时性差，也可能进一步扩大已造成的危险和损失。另外，除了可见的船舶、货物和人员遭遇的损失外，还可能带来连带的损失，例如，大型油轮遭遇事故后，除了船货本身的损失外，还可能因货油流入海洋造成海洋环境的污染。

6. 政策性强，约束多

国际海洋运输是国际性的经济活动，涉及国家间的经济利益和政治利益，其活动当然受到有关国家的法律和法规的约束，政策性比较强。面对海上危险的客观存在，为分担风险、减少和防止海上事故的发生，以及便于事故发生后的处理，各国也形成了一系列需要遵守的海运制度和规范。另外，在国际海洋货物运输过程中可能会出现分属不同国家和地区的事故和纠纷，同一案件按不同国家的法规处理可能会有不同的结果。为此，不少国家的航运界都谋求制定一系列能为各国接受并遵守的国际公约。

（二）国际海洋货物运输及分类

国际海洋运输的货物种类繁多，分类方法也较多。

1. 按货物物理形态分类

（1）散装货。散装货是指在运输过程中其物理形态为细小的粉末状或颗粒状的货物，如煤炭、矿粉、粮食、化肥和水泥等货物；在大批量水路运输时，通常也采用散装货运输方式。

（2）液体货。液体货是指在运输过程中其物理形态为气体，经压缩变为液态，装在容器中进行运输的货物，如石油、石油制成品、液化天然气、液化煤气等。

2. 按货物性质分类

（1）普通货物。普通货物是指在运输、装卸、保管中对车辆结构和运输组织没有特殊要求的货物。

（2）特种货物。特种货物是指货物在性质、形状、体积等方面比较特殊，在运输保管过程中，有特殊要求。特种货物一般又分为鲜活货物、危险货物、笨重且长大货物、贵重货物和涉外货物等。

3. 按货物含水量分类

（1）干货。干货是指基本上不含水分或含很少水分的货物，有包装的件杂货大都属于此类。

（2）湿货。湿货是指散装液体货物，如使用金属桶或塑胶桶装的液体货物。

4. 按包装形式分类

（1）包装货。包装货是指货物本身被包装材料全部包装而不能直接看到的货物，如香烟、饼干、计算机等日常生活消费品一类的货物。

（2）裸装货。裸装货是指货物本身主要部位被包装材料包装，而其他部分并未被包装，甚至货物的整体都未被包装，可以直接看见货物本身的货物，如钢材、发电机、机床等生产资料货物。

（3）散装货。散装货是指货物本身呈聚散状且没有任何包装物的货物，如散粮、煤炭、矿石等初级产品。

5. 按货物的件数分类

（1）件杂货。在运输过程中，不论物理形态如何，均经包装而形成袋装、桶装、箱装、捆装等形态之后再进行运输的货物，称为件杂货。在所有海运货物中，虽然件杂货的货运量所占比例不是特别大，但却是涉及面最广的货物，几乎所有的制成品，包括大多数机械设备、零部件、标准件，人们的日常生活用品（百货），以及农产品、水果、畜产品、冷藏食品、冷藏用品等，在运输过程中，大都表现为某种包装形态的"件杂货"。简单地讲，在运输过程中，凡须再包装的货物，都称为"件杂货"。

（2）大宗货。大宗货是指每批数量较大、规格较统一的初级产品。由于在运输过程中其大多是散装的，也称其为散装货。在英文中，大宗货与散装货都用"bulk cargo"表示。

6. 按货物的质量和体积分类

（1）重货。重货是指质量为 1 吨，体积小于 1.133 立方米的货物。

（2）轻货，也叫轻泡货、泡货及体积货物。它是指质量为 1 吨，体积大于 1.133 立方米的货物。现行的远洋运费惯例是以 1 立方米为计算标准，凡 1 吨货物体积大于 1 立方米时，按货物体积计收运费；反之，则按货物重量计收运费。

7. 按货物度量分类

如果货物的重量或长度（重量或体积）同时超过了船舶对重量和长度的限定，我们可以将货物分为超长货、超重货和超重超长货。

8. 按装箱货量分类

（1）整箱货。整箱货指托运人所托运的货物可以装满一个集装箱，或者不足一个集装箱，但托运人要求按一个集装箱托运。

（2）拼箱货。拼箱货指托运人的货物不足装满一个集装箱，需要与其他货主的货物拼装于同一集装箱。

（三）国际海洋货物运输的运营方式

国际海洋货物运输是随着国际贸易扩张而发展的，国际海洋货物运输的运营方式必须适应国际货物贸易对运输的需求。为了适应不同货物和不同贸易合同对运输的不同需求，同时也为了使船公司合理利用船舶运力，获得更好的经济效益，当前国际海洋货物运输中，主要有班轮运输和租船运输两大类运营方式。

班轮运输又称定期船运输，租船运输又称不定期船运输。本章会对这两种运营方式进行详细的阐述。

第二节 海运船舶的基础知识

船舶是国际海洋货物运输中的主要运输工具，船舶的基础知识包括海运船舶的构造、分类、性能、标识等。

一、船舶构造

海运船舶种类众多，但各类船舶的构造基本一致，主要由以下几部分构成：

（一）船壳（shell）

船壳即船的外壳，是由多块钢板铆钉或电焊结合而成的，包括龙骨翼板、弯曲外板及上舷外板三部分。

（二）船架（frame）

船架是指为支撑船壳所用各种材料的总称，分为纵材和横材两部分。纵材包括龙骨、底骨和边骨，横材包括肋骨、船梁和舱壁。

（三）甲板（deck）

甲板是铺在船梁上的钢板。甲板将船体分隔成上、中、下层，大型船甲板数可多至六七层，其作用是加固船体结构和便于客层配载及装货。

（四）船舱（hold sand tanks）

船舱是指甲板以下的各种用途空间，包括船首舱、船尾舱、货舱、机器舱和锅炉舱等。

（五）船面建筑（superstructure）

船面建筑是指主甲板上面的建筑，供船员工作起居及存放船具，包括船首房、船尾房及船桥。

二、船舶种类

海上货物运输船舶的种类繁多。货物运输船舶按照其用途不同，可分为干货船和油槽船两大类。

（一）干货船（dry cargo ship）

根据所装货物及船舶结构与设备不同，可分为以下几类：

1. 杂货船（general cargo ship）

杂货船也称件杂货船，主要用于运输各种包装货和裸装的普通货物。杂货船一般定期航行于货运繁忙的航线，以装运杂货为主要业务。这种船航行速度较快，船上配有足够的起吊设备，船舶构造中由多层甲板把船舱分隔成多层货柜，以适应装载不同货物的需要，货船的吨位、大小因航线、港口及货源的不同而不同。

2. 干散装货船（bulk cargo ship）

干散装货船也称散装货船，是用以装载运输粉末状、颗粒状、块状（如煤炭、谷物、矿砂等）无包装的大宗货物的船舶。根据所装货物的种类不同，干散装货船又分为粮谷船（grain ship）、煤船（collier）和矿砂船（ore ship）。这种船大都为单甲板，舱内不设支柱，但设有隔板，用以防止在风浪中运行的船舱内货物错位。

干散装货船按尺寸大小可以分为五个级别：小型散装货船、灵便型散装货船、巴拿马型散装货船、好望角型散装货船与超大型散装货船，具体分类说明如表 4-1 所示。

表 4-1　干散装货船分类

干散装货船级别	载重量/吨	特征
小型（small）散装货船	低于 1 万	只有一个仓，常用于内河运输
灵便型（handy size）散装货船	1 万~5.9 万	指通用型散装货船。这类货船占 1 万吨载重量级别以上散货船数量的比重达 71%。其中，重量超过 4 万吨的船舶又被称为大灵便型散装货船（handy max bulk carrier），典型的灵便型散装货船长 150~200 米，载重量为 5.2 万~5.8 万吨，有 5 个货仓和 4 个吊机
巴拿马型（Panamax）散装货船	6 万~8 万	指满载情况下可以通过巴拿马运河的最大尺寸的散装货船。目前可以通过巴拿马运河船舶的载重量在 15 万吨左右的散装货船，总长不能超过 274.32 米，型宽不能超过 32.30 米
好望角型（Capesize）散装货船	大于 8 万	指由于尺寸过大，无法通过苏伊士运河或者巴拿马运河，只能绕道好望角或者合恩角进行远洋航行的散装货船。其最重要的特征是专业化，93%的好望角型散装货船用于运输铁矿石和煤炭
超大型（very large）散装货船	大于 20 万	也可以作为好望角型散装货船的一种，一般常用于运输铁矿石

3. 冷藏船（refrigerated ship）

冷藏船是专门用于装载冷冻易腐货物的船舶。船上设有冷藏系统和多个货舱，各舱之间封闭、独立，舱壁、舱门都使用隔热材料以维持舱内温度，且能调节温度以适应各舱货物对不同温度的需要。冷藏船一般吨位较小，通常在几百吨到几千吨之间。

4. 木材船（timber ship）

木材船是专门用以装载木材或原木的船舶。这种船舱口大，舱内无梁柱及其他妨碍装卸的设施，船舱及甲板上均可装载木材。为防止甲板上的木材被海浪冲出舷外，一般在船舷两侧设置不低于 1 米的舷墙。

5. 集装箱船（container ship）

集装箱船也称为吊装式集装箱船，大多利用岸上的起吊设备对集装箱进行垂直装卸。集装箱船主要可分为部分集装箱船、全集装箱船和可变换集装箱船三种。

（1）部分集装箱船（partial container ship），仅以船的中央部位作为集装箱的专用舱位，其他舱位仍装普通杂货。

（2）全集装箱船（full container ship），指专门用于装运集装箱的船舶，是当前航运市场的主力军。它与杂货船不同，一般为单甲板，其货舱内有格栅式货架，装有垂直导轨，便于集装箱沿导轨放下，四角有格栅制约，可防倾倒。集装箱船的舱内可堆放三层至九层集装箱，甲板上还可堆放三层至四层集装箱。

（3）可变换集装箱船（convertible container ship），其货舱内装载集装箱的结构为可拆装式的。因此，它既可以装运集装箱，必要时也可以装运普通杂货。

集装箱船航速较快，大多数船舶本身没有起吊设备，需要依靠码头上的起吊设备进行装卸，这种集装箱船也称为吊上吊下船。随着船舶向大型化发展，集装箱船也经历了近半个世纪不断发展的过程。

按照发展情况，集装箱船可分为第一至第六代集装箱船。

第一代集装箱船，载重量约 10 000 吨，集装箱船装载数可达 700~1 000 TEU。

第二代集装箱船，载重量为 15 000~2 000 吨，集装箱船装载数增加到 1 800~2 000 TEU，航速也由第一代的 23 节提高到 26~27 节。

第三代集装箱船，载重量约 30 000 吨，这代船的航速为 20~22 节，但由于增大了船体尺寸，提高了运输效率，集装箱的装载数达到了 3 000 TEU。因此，第三代集装箱船是高效节能型船。

第四代集装箱船，载重量为 40 000~50 000 吨，集装箱装载数可达 3 000~4 000 TEU。由于采用了高强度钢，船舶重量减轻了 25%。大功率柴油机的研制，大大降低了燃料费；同时，船舶自动化程度的提高，减少了船员人数，集装箱船经济性进一步提高。

第五代集装箱船，载重量为 50 000~75 000 吨，集装箱装载数为 6 000 TEU，这种集装箱船的船长与船宽比为 7~8，使船舶的复原力增大。

第六代集装箱船，载重量可达 15 万吨，集装箱装载数可达 8 000 TEU。

6. 滚装船（roll-on/roll-off ship，RO/RO ship）

滚装船，又称滚上滚下船，主要用来运送汽车和集装箱。这种船本身没有装卸设备，一般在船侧或船的首、尾处有开口斜坡以连接码头。装卸货物时，汽车，或者是集装箱（装在拖车上的）直接开进或开出船舱。滚装船的优点是不依赖码头上的装卸设备，装卸速度快，可加速船舶周转。但滚装船的载重量通常较小，一般在 3 000~26 000 吨。

7. 载驳船（barge carrier）

载驳船又称子母船，是指在大船上搭载驳船，驳船内装载货物的船舶。载驳船的主要优点是不受港口水深限制，不需要占用码头泊位，装卸货物均在锚地进行，装卸效率高。目前较常用的载驳船主要有"拉希"（lightera board ship，LASH）型和"西比"型（seabee）两种。

（二）油槽船（tanker）

油槽船是指主要用来装运液体货物的船舶。油槽船根据所装货物种类不同，可分为油轮和液化天然气船。

1. 油轮（oil tanker）

油轮主要装运液态石油类货物。它的特点是机舱都设在船尾，船壳被分隔成数个贮油舱，由油管贯通各油舱。油舱大多采用纵向式结构，并设有纵向舱壁，在未装满货时也能保持船舶的平稳性。为取得更大的经济效益，第二次世界大战以后油轮的载重吨位不断增大，目前世界上最大的油轮载重吨位已超过 60 多万吨。

油轮按尺寸大小可以分为五类，如表 4-2 所示。

表 4-2　油轮分类

油轮级别	载重量/吨
成品油轮（product tanker）	1 万 ~6 万
巴拿马型油轮（Panamax tanker）	6 万 ~8 万
阿芙拉型油轮（aframax tanker）	8 万 ~12 万
苏伊士型油轮（Suezmax tanker）	12 万 ~20 万
超大型油轮（very large crude carrier, VLCC）	20 万 ~32 万

2. 液化天然气船（liquefied natural gas carrier）

液化天然气船专门用来装运经过液化的天然气。根据所载运货物的不同，液化天然气船又分为液化天然气船和液化石油气船。液化天然气船（liquefied natural gas carrier, LNG）按船舶货舱的结构不同分为独立储罐式液化天然气船和膜式液化天然气船两种类型。独立储罐式液化天然气船将柱形、球形等储罐置于船内，而膜式液化天然气船采用双层船壳，内壳作为液化天然气的舱壁，内附镍合金钢的膜，可起到防止液态天然气泄漏的作用。液化石油气船（liquefied petroleum gas carrier, LPG）按气体液化的方法分为压力式、半低温半压力式和低温式三种。压力式液化石油气船通过高压储罐在高压下维持石油气的液态性质，而后两种船要借助舱内的低温对石油气进行液化处理。液化气船的大小通常用货舱的容积表示，一般为 6 万 ~13 万吨。

三、船舶吨位

船舶吨位是船舶大小的计量单位，可分为重量吨位和容积吨位两种。

（一）船舶的重量吨位（weight tonnage）

船舶的重量吨位是表示船舶重量的一种计量单位，以 1 000 千克为 1 吨，或以 2 240 磅为 1 长吨，或以 2 000 磅为 1 短吨。目前国际上多采用公制作为计量单位。船舶的重量吨位，又可分为排水量吨位和载重吨位两种。

1. 排水量吨位（displacement tonnage）

排水量吨位既是船舶在水中所排开水的吨数，也是船舶自身重量的吨数。排水量吨位又可分为轻排水量、重排水量和实际排水量三种。

（1）轻排水量（light displacement），又称空船排水量，是船舶本身加上船员和必要的给养物品三者重量的总和，是船舶最小限度的重量。

（2）重排水量（full load displacement），又称满载排水量，是船舶载客、载货后吃水达到最高载重线时的重量，即船舶能承受的最大重量。

（3）实际排水量（actual displacement），是船舶每个航次载货后实际的排水量。

2. 载重吨位（dead weight tonnage）

载重吨位表示船舶在运营中能够使用的载重能力。船舶载重吨位可用于对货物的统计，作为期租船月租金计算的依据，表示船舶的载运能力；也可用作新船造价及旧船售价的计算单位。载重吨位可分为总载重吨和净载重吨。

（1）总载重吨（gross dead weight tonnage）指船舶根据载重线标记规定所能装载的

最大的重量，它包括船舶所载运的货物、船上所需的燃料、淡水和其他储备物料重量的总和。

（2）净载重吨（dead weight cargo tonnage）指船舶所能装运货物的最大的重量，又称载货重吨，即从船舶的总载重量中减去船舶航行期间需要储备的燃料、淡水及其他储备物品的重量所得的差数。

（二）船舶的容积吨位（registered tonnage）

船舶的容积吨位是表示船舶容积的单位，又称注册吨，是各海运国家为船舶注册而规定的一种以吨为计算和丈量的单位，以100立方英尺或2.83立方米为1注册吨。容积吨又可分为容积总吨和容积净吨。

1. 容积总吨（gross registered tonnage，GRT）

容积总吨又称注册总吨，是指船舱内及甲板上所有关闭的场所的内部空间（或体积）的总和，是以100立方英尺或2.83立方米为1吨折合所得。

容积总吨的用途很广，它可以用于国家对商船队的统计，用于表明船舶的大小，用于船舶登记，用于政府确定对航运业的补贴或造船津贴，用于计算保险费用、造船费用以及船舶的赔偿等。

2. 容积净吨（net registered tonnage，NRT）

容积净吨又称注册净吨，是指从容积总吨中扣除那些不供营业用的空间后所剩余的吨位，也就是船舶可以用来装载货物的容积折合成的吨数。

容积净吨主要用于船舶的报关、结关，也可以作为船舶向港口交纳的各种税收和费用的依据，或作为船舶通过运河时交纳运河费的依据。

四、船舶载重线

船舶载重线指船舶满载时的最大吃水线，它是绘制在船舷左右两侧船舶中央的标志，标明船舶入水部分的限度。船级社或船舶检验局根据船舶的用材结构、船型、适航性和抗沉性等因素，以及船舶航行的区域及季节变化等制定船舶载重线标志，目的是保障航行的船舶、船上承载的财产和人身安全，并已得到各国政府的承认，违反者将受到法律制裁。

载重线标志包括甲板线、载重线圆盘和与圆盘有关的各条载重线。各条载重线标记和含义如表4-3所示。

表4-3　载重线标记和含义

国际标记	中国标记	含义
TF（tropical freshwater load line）	RQ	热带淡水载重线
F（freshwater load line）	Q	淡水载重线
T（tropical load line）	R	热带海水载重线
S（summer load line）	X	夏季海水载重线
W（winter load line）	D	冬季海水载重线
WNA（winter North Atlantic load line）	BDD	北大西洋冬季载重线

五、船籍和船旗

（一）船籍

船籍指船舶的国籍，以该船舶的登记国国籍为准。船舶所有人向本国或外国的船舶行政管理机关办理所有权登记后，取得本国或外国国籍和船籍证书。

（二）船旗

船旗是指商船在航行中悬挂其所属国的国旗。船旗是船舶国籍的标志。按国际法规定，商船是船旗国浮动的领土，无论在公海或在他国海域航行，均须悬挂船籍国国旗。船舶有义务遵守船籍国法律的规定并享受船籍国法律的保护。原则上，只有取得该国船籍的船舶才能够悬挂该国国旗。

方便旗船（flag of convenience）是指在外国登记、悬挂外国国旗并在国际市场上运营的船舶。第二次世界大战以后，方便旗船迅速增加。挂方便旗的船舶主要属于一些海运较发达的国家和地区，如美国、希腊、日本和韩国的船东，他们将船舶转移到外国进行登记，以逃避国家重税和军事征用，且可以自由制定运价，并不受政府管制，自由处理船舶与运用外汇，自由雇用外国船员以支付较低工资，降低船舶标准以节省修理费，降低运营成本以增强竞争力等。

公开允许外国船舶在本国登记的所谓"开放登记"（open register）国家，主要有巴拿马、利比里亚、巴哈马、索马里、新加坡、洪都拉斯等国。这种"开放登记"，可为登记国增加外汇收入。

六、船级

（一）船级

船级是船舶质量的技术和性能指标，用以表示船舶航行的安全程度和适于装货的程度。船级须由专门的船舶检验机构对船舶进行检验鉴定后予以认定。

在国际航运界，凡注册总吨在 100 吨以上的海运船舶，必须在某船级社或船舶检验机构监督之下进行监造。在船舶开始建造之前，船舶各部分的规格须经船级社或船舶检验机构批准。每艘船建造完毕后，由船级社或船舶检验机构对船体、船上机器设备、吃水标志等项目和性能进行鉴定，鉴定分级后发给船级证书。证书有效期一般为四年，期满后须重新予以鉴定。

船舶入级可保证船舶航行安全，有利于国家对船舶进行技术监督，便于租船人和托运人选择适当的船只，便于保险公司决定船、货的保险费用。

（二）船级社

世界上比较著名的船级社有英国劳埃德船级社（Lloyd's register of shipping）、法国船级社（Bureau veritas）、美国船级社（American bureau of shipping）、德意志路易船级社（Germanischer lloyd）、挪威船级社（Det Norske veritas）、日本海事协会（Nippon KaijiKyokai）。其中，英国劳埃德船级社是世界上历史最悠久、规模最大的船级社。该船级社创建于 1760 年，由船东、海运保险业承保人、造船业、钢铁制造业和发动机制造业等各方面委员会组成并管理，其主要职责是为商船分类定级。

中国船级社简称 CCS，是中华人民共和国交通运输部所属的船舶检验局，是中国唯一从事船舶入级检验业务的专业机构，中国船级社是国际船级社协会（IACS）11 家正式会员之一，并先后于 1996—1997 年、2006—2007 年担任 IACS 理事会主席。CCS 最高船级符号被伦敦保险商协会纳入其船级条款，享受保费优惠待遇。

七、航速

航速是船舶在单位时间内所航行的里程，以 1 海里/时计算，简称"节（kn）"。通常，我们用计程仪测定水面船舶的航速。航速可分为最大航速、全速、巡航航速、经济航速和最小航速。最大航速指主动力装置以最大功率运转时达到的速度；全速指主动力装置以额定总功率运转时达到的速度；巡航航速指舰船巡航时常用的速度，通常同型舰船规定一种主机航速作为巡航航速；经济航速指根据船舶运输要求和运营费用等因素确定的成本最低的航速；最小航速指船舵能发挥操纵作用的最低速度。船舶的航速会因船型不同而不同。其中，散装货船和油轮的航速较慢，一般来讲，13~17 节集装箱船的航速较快，目前最快的集装箱船航速可达 24.5 节。

八、船龄

船龄是指自船舶建造完毕时开始计算的船舶使用年限。船龄在某种程度上表明船舶的现有状况，因此在有关船舶和海上运输的交易中，船龄是一个重要因素。在租船交易中，船龄是租船人决定是否接受船舶，租借双方如何确定租船运费或租金的重要依据。在船舶保险中，船龄是保险人确定保险费率考虑的因素。在船舶的海损索赔中，如果对船舶的损坏项目进行以新换旧的修理，应根据船龄对修理费用作适当扣减，以确定合理的索赔额。

我国海运船舶的船龄标准如表 4-4 所示。

表 4-4　我国海运船舶的船龄标准

船舶类别	购置、光租外国籍船的船龄	特别定期检验的船龄	强制报废船龄
一类船舶	10 年以下	18 年以上	25 年以上
二类船舶	10 年以下	24 年以上	30 年以上
三类船舶	油船、化学品船 15 年以下，液化气船 12 年以下	26 年以上	31 年以上
四类船舶	18 年以下	28 年以上	33 年以上
五类船舶	20 年以下	29 年以上	34 年以上

九、船舶的主要档案

船舶档案是证明船舶所有权、性能、技术状况和运营必备条件的各种档案的总称。船舶必须通过法律登记和技术鉴定并获得有关证书后，才能参加运营。国际航行船舶的船舶档案主要有船舶国籍证书（certificate of nationality）、船舶所有权证书（certificate of ownership）、船舶船级证书（certificate of classification）、船舶吨位证书（tonnage certificate）、船舶载重线证书（certificate of load line）、船员名册（crew list）、航海日志（logbook）。此外，船舶档案还包括轮机日志、船舶卫生检查记录表和无线电日志等。

第三节　班轮运输

目前，传统的杂货班轮运输已经在很大程度上被集装箱运输所替代，但是班轮运输这种船舶运营方式却是在杂货班轮运输的基础上形成的。虽然杂货班轮运营方式和货运程序有所改变，但是仍然保持了其原有的优势和特征，仍将在国际航运市场上发挥其独特的作用。

一、基本概念

班轮运输（liner shipping），又称定期船运输（regular shipping liner），是指船公司将船舶按事先制定的船期表（sailing schedule），在特定航线的若干个固定挂靠的港口之间，定期为非特定的众多货主提供货物运输服务，并按事先公布的运费率或协议运费率收取运费的一种船舶经营方式。班轮运输比较适合于一般杂货和小批量货物的运输。

班轮运输市场的船舶类型主要有：传统杂货船（conventional general cargo ship）、集装箱船（container ship）、滚装船（ro-on/ro-off ship）、载驳船（barge carrier）、冷藏船（refrigerated ship）等。

班轮运输市场的主要货种为件杂货，如工业制品、工业半成品、农产品、生鲜食品、贵重货、邮件、包裹、工艺品等。由于班轮运输所承运的货物批量小、种类多、包装差异大，且分属于不同货主的杂货，因此，在积载、装卸和保管中都有不同的要求，对于运输服务质量的要求较高。

二、班轮运输的特点

班轮运输是在不定期船运输的基础上发展起来的，是船舶运输的主要经营方式之一，这种运输经营方式主要有以下特点：

（一）具有"四固定"的特点

"四固定"是指固定航线、固定挂靠港、固定船期和相对固定的运费率，这是班轮运输最基本的特征。班轮运输是按照事先公布的船期表来运营的，并且航速较快，能够按时将货物从装货港运至卸货港。从事班轮运输的船舶是在固定的航线上运行的，有既定的挂靠港及挂靠顺序。班轮运价是用运价本（或运价表）的形式公布出来的，在一定期限内不会变动，相对稳定。

（二）班轮运价内包括装卸费用

在班轮运输中，承运人负责配载、装卸货物和理舱，并承担这些作业所产生的费用。但所有装卸费用和理舱费用都已经计入班轮运费率中，不再另行计收。承托双方也不需要规定装卸时间，不存在滞期费和速遣费，但托运人或收货人必须按照船舶的装卸计划交付或提取货物。

（三）承运人的责任期间从货物装上船开始到货物卸下船为止

承运人的责任期间是指承运人对货物的运输承担责任的开始到终止的时间段。对于非集装箱货物，大多数国际公约或国家法律规定承运人对货物的责任从装货港货物吊起开始至卸货港货物脱离吊具时结束，即"舷至舷"（rail to rail）或"钩至钩"（tackle to tackle）原则。

（四）承运双方的权利义务和责任豁免以签发的提单为依据

在班轮运输中，承运人和托运人通常不签订书面的运输合同，而是在货物装船以后，由承运人或其授权的代理人签发提单给托运人。提单是承托双方权利义务和责任豁免的依据，受统一的国际公约的制约。

三、班轮运输的优势

班轮运输作为国际贸易中最常使用的一种运输经营方式，主要有以下几方面的优势：

（一）有利于一般杂货和不足整船的小额贸易货物的运输

班轮只要有舱位，不论数量大小、挂港多少、直运或转运都可接受承运。

（二）有利于国际贸易的开展

班轮运输具有"四固定"的特点，其船期固定和费率固定，可以减少贸易双方洽谈磋商内容，有利于贸易双方交易的达成，降低了交易成本。

（三）提供专业优质服务

班轮运输长期在固定航线上航行，有固定设备和人员，能够提供专门的、优质的服务。

（四）手续简单，方便托运人

由于承运人负责配载、装卸和理舱，托运人只须把货物交给承运人即可，省心省力。

四、班轮运输的主要关系方

班轮运输中通常会涉及班轮承运人、船舶代理人、无船承运人、货运代理人、托运人、收货人等有关货物运输的关系方。

（一）班轮承运人

班轮承运人即班轮公司，是使用自己拥有的或者自己经营的船舶，提供国际港口之间班轮运输服务，依据法律规定设立的船舶运输企业。班轮公司拥有自己的船期表、运价表、提单或其他运输单据。根据各国的规定，班轮公司通常应有船舶直接挂靠该国的港口。班轮公司有时也被称为远洋公共承运人（ocean common carrier）。皇家国际物流有限公司网站颁布的运力数据显示，世界集装箱班轮公司运力排行榜如表4-6所示。

表 4-6　世界集装箱班轮公司运力排行榜

（截止日期：2022 年 12 月 1 日）

排名	公司	中文名称	TEU	艘数	运力占比
1	Mediterranean Shg Co.	地中海航运	4 575 430	711	17.40%
2	Maersk	马士基集团	4 255 710	711	16.19%
3	CMA CGM Group	达飞轮船	3 382 123	598	12.86%
4	COSCO Group	中远集团	2 864 709	463	10.90%
5	Hapag-Lloyd	赫伯多特	1 770 920	248	6.74%
6	Evergreen Line	长荣海运	1 636 837	208	6.23%
7	ONE（Ocean Network Express）	海洋网联船务	1 527 159	203	5.81%
8	HMM Co. Ltd	现代商船株式会	818 063	76	3.11%
9	Yang Ming Marine Transport Corp	阳明海运	707 354	94	2.69%
10	Zim	以星航运	541 903	140	2.06%

（二）船舶代理人

船舶代理人是接受船舶经营人的委托，为船舶经营人的船舶及其所载货物或集装箱提供办理船舶进出港口手续、安排港口作业、接受订舱、代签提单、代收运费等业务，依据法律规定设立的船舶运输辅助性企业。中国最大的国际船舶代理公司是成立于 1953 年的中国外轮代理公司。随着船舶代理行业准入门槛的不断降低，船舶代理市场竞争加剧，目前在我国对外开放的港口都有许多家船舶代理公司。

（三）无船承运人

无船承运人（non-vessel operating common carrier，NVOCC），也称无船公共承运人，指经营无船承运业务，以承运人身份接受托运人的货载，签发自己的提单或其他运输单证，向托运人收取运费，通过班轮公司完成国际海洋货物运输，承担承运人责任，并依据法律规定设立的提供国际海洋货物运输服务的企业。

无船承运人购买公共承运人的运输服务，再以转卖的形式将这些服务提供给其他运输服务需求方。其按照海运公共承运人的运价本或其与海运公共承运人签订的服务合同支付运费，并根据自身的运价本中公布的运费率向托运人收取运费，从中赚取运费差价。

（四）货运代理人

货运代理人是接受货主的委托，代表货主的利益，为货主办理有关国际海洋货物运输相关事宜，并依据法律规定设立的提供国际海洋货物运输代理服务的企业。

货运代理人除了可以从货主处获得代理服务报酬外，因其为班轮公司提供货载，所以还可以从班轮公司那里获得佣金。但是根据各国的管理规定，货运代理人通常无法与班轮公司签订协议运价。表 4-7 展示了货运代理人与无船承运人的区别。

表 4-7 货运代理人与无船承运人的区别

条目	货运代理人	无船承运人
与托运人关系	委托代理关系	承托关系
是否签提单	否	是
是否收运费	否	是
是否收佣金	是	否
法律地位	代理人	承运人

（五）托运人

根据《中华人民共和国海商法》第四十二条第（三）项规定，托运人是指本人或者委托他人以本人名义或者委托他人为本人与承运人订立海洋货物运输合同的人；也是本人或者委托他人以本人名义或者委托他人为本人将货物交给与海上货物运输合同有关的承运人的人。

（六）收货人

收货人（consignee）是指根据提单或其他相关运输单证，有权向承运人主张提取货物的人。虽然收货人没有参与运输契约的签订，但同样是运输的当事人，可以依据提单或其他相关单证向承运人主张权利。

五、班轮运输程序

由于班轮运输所承运货物的批量小、货主多、挂靠港口多、装卸作业频繁、出现货损和货差的情况比较复杂，为使货物能安全、顺利地装卸和交接，防止或减少差错，在实践中逐渐形成了一套与这种运输相适应的运输程序。

（一）货运安排

班轮运输的运输程序从货运安排开始，货运安排包括揽货和订舱。

1. 揽货

揽货又称揽载（canvassion），是指从事班轮运输经营的船公司为使自己经营的班轮运输船舶能在载重量和舱容上得到充分利用，力争做到"满舱满载"以获得最佳的经营效益而从货主处争取货源的行为。

通常的做法包括在所经营的班轮航线的各挂靠港口及货源腹地通过自己的营业机构或代理机构与货主建立长期的业务关系；通过媒体发布船期表，以吸引货主前来托运货物，办理订舱手续；通过与货主、货运代理人或无船承运人等签订货物运输服务合同，或者揽货协议来争取货源。

2. 订舱

订舱（booking）是指托运人或其代理人向承运人，即班轮公司及其营业所或代理机构等申请货物运输，承运人对这种申请给予承诺的行为。

在班轮运输中，承运人和托运人之间不需要签订运输合同，而托运人提出订舱申请可以视为"要约"，即托运人希望和承运人订立运输合同的意愿的表示。承运人一旦对托运人的订舱给予确认，在舱位登记簿上记录，则表明两者的运输合同关系成立，并开始着手货物承运装船的一系列准备工作。

船公司在揽货和确认订舱时，应充分注意各种货物的性质、包装、数量等情况，考虑其对运输、积载和保管的不同要求，进行合理的配积载，使舱位得到充分合理的利用，还应了解航线上各个国家的法律规定或港口的规章制度。

（二）装船

装船（loading）是指托运人应将其托运的货物运至码头，在承运人指定的交付地点进行交接，然后承运人将货物装到船上。一般来说，装船分为直接装船和集中装船两种方式。

1. 直接装船

直接装船又称现装，是指托运人将其托运的货物直接运至码头承运船舶的船边，并进行交接，然后将货物装到船上。如果船舶是在锚地或浮筒作业，托运人还应负责使用驳船将货物驳运至船边，办理交接后装船。

由于班轮运输中的货物种类繁多，包装形式各异，如果每一个托运人都在船边与承运人进行货物交接，就会使装船现场发生混乱，无法按照装船计划合理操作，影响装船效率，也容易引起货损货差事故。所以，对于特殊货物，如危险品货物、冷藏货物、动物等，通常采用直接装船的形式，而普通货物的交接装船一般采用"仓库收货，集中装船"的形式。

2. 集中装船

所谓集中装船，是指由船公司在各装货港指定装船代理人，在指定地点（通常是码头仓库）接受托运人送来的货物，办理交接手续后，将货物集中并按货物的卸港次序进行适当分类后再装船。

为了提高装船效率，减少船舶在港停泊时间，不致延误船期，大多数货物都采用集中装船的方式进行。在这种装船方式下，托运人将货物交付给船公司指定的装船代理人（通常是港口装卸公司）后，责任并没有转移到承运人，承运人的责任仍然从装船开始。

（三）卸船交货

1. 卸船

卸船（discharging）是指将船舶所承运的货物在卸货港从船上卸下，并在船边交给收货人或其代理人，办理货物的交接手续。与装船方式类似，卸船分为直接卸船和集中卸船两种方式。

（1）直接卸船是指承运人将船舶承运的货物在卸货港从船上卸下，并在船边交给收货人或其代理人，办理货物的交接手续。

（2）集中卸船是指由船公司指定的港口装卸公司作为卸船代理人，先将货物卸至指定地点（通常是码头仓库）进行分类后，再向收货人交付，办理交接手续。

与装船方式一样，为了使分属众多收货人的各种不同的货物能在船舶有限的停泊时间内迅速卸完，通常采用集中卸船的办法，即"集中卸船，仓库交货"的形式。

2. 交付货物

交付货物是班轮运输中不可缺少的程序，在班轮运输中，货物装船后，船公司或其代理人向托运人签发提单。因此，船公司在交付货物给收货人时，必须收回提单。

在实际业务中，收货人要注明已经接收了船公司交付的货物，将签章的正本提单交给船公司或其代理人，经审核无误后，后者签发提货单给收货人，收货人再凭提货单到码头仓库办理交接手续，提取货物。

根据运输过程中出现的具体情况，交付货物的方式可以分为以下几种：

（1）仓库交付货物（delivery ex-warehouse），又称仓库交货，是指先将从船上集中卸下来的货物搬至指定码头仓库，进行分类后，再由卸货代理人按票向收货人交付，办理交接手续的方式。这是班轮运输中最基本的交付货物的方式。

（2）船边交付货物（alongside delivery），是指收货人在卸货港的船公司或其他代理处办好提货手续，换取提货单后，持提货单到码头船边直接提取货物，办理交接手续的方式。对于一些特殊货物，如贵重货物、危险货物、冷藏货物和鲜活货物等，在收货人的要求下，通常采用船边交付货物。

（3）卸货港交付货物（optional delivery），是指由于贸易的原因，货物在托运时，托运人尚不能确定具体的卸货港，要求在预先指定的两个或两个以上的卸货港中进行选择，待船开后再选定。这种交付方式会使货物的积载难度增加，甚至会造成舱容的浪费。货主采用这种交接方式时，必须在办理货物托运时提出申请，而且还必须在船舶开航后，抵达第一个备选卸货港前的一定时间（通常为24小时或48小时）以前，确定最终的卸货港，并通知船公司。否则，船长有权在任何一个备选卸货港将货物卸下，并认为已履行了运输责任。

（4）变更卸货港交付货物（alternation of destination delivery），是指由于贸易的原因，货物无法在提单上记载的卸货港卸货，而要求卸在航线上的其他基本港。变更卸货港的申请必须在船舶抵达原定卸货港之前或到达变更后的卸货港之前一定时间提出，并且所变更的卸货港必须是该船舶停靠的基本港。

船公司接到货主提出的变更卸货港的申请后，必须根据船舶的积载情况、考虑变更的可行性、因变更而增加的额外费用等因素，决定是否同意收货人的变更申请。船公司一旦接受了变更申请，因这种变更而产生的翻舱费、捣舱费、装卸费、运费差额和有关手续费，均应由货主承担。

（5）凭保证书交付货物，是指在班轮运输中，收货人要取得提取货物的权利，必须交付提单给承运人或其代理人。在实际中，由于提单邮寄或流转的延误，收货人无法及时取得提单，也就不能及时地凭提单换取提货单来提取货物。按照一般的航运习惯，收货人开具由银行签署的保证书，以保证书交换提货单，然后持提货单提取货物。

船公司同意凭保证书交付货物（delivery against letter of guarantee，L/G）是为了能尽快地完成货物的交接。根据保证书，船公司可以将因此而发生的损失和责任转移给收货人或开具保证书的银行。但这种做法违反了运输合同的义务，船公司对正当的提单持有人仍承担赔偿一切损失责任的风险。因此，船公司应及时要求收货人尽快取得提单后交换保证书，以恢复正常的交付货物的条件。

第四节　租船运输

一、租船运输的基本概念

租船运输（shipping by chartering）是区别于班轮运输的另一种海洋运输方式，是通过出租人（ship owner）和承租人（charterer）之间签订运输合同或者船舶租用合同进行货物运输的基本运营方式。出租人提供船舶的全部或者部分舱室给承租人使用，具体的责任、义务、费用、风险等，均由双方在租船合同（charter party）中商定。由于租船运输没有固定的船期、航线和挂靠港，因此，租船运输又被称为不定期船运输（tramp shipping）。

相对班轮运输业务而言，各国政府对租船运输业务几乎不采取任何管制，在不影响各国公共利益的情况下，几乎完全按照"合同自由"的原则，交由承租双方进行自由协商。而所订立的租船合同的内容，在很大程度上可以体现出双方当事人的业务水平和经济实力。

二、租船运输的特点

（一）航线、挂靠港、船期和运费率具有不固定性

租船运输主要按照船舶所有人与承租人双方签订的租船合同安排船舶航线、组织运输，没有相对于定期班轮运输的船期表和航线，运费率也不固定。

（二）适合于大宗散装货运输，运费率相对较低

租船运输适合大宗散装货运输，货物特点是批量大、附加值低、包装相对简单，如谷物、矿石、化肥、石油等。因此，租船运输的运价（或租金率）相对班轮运输而言较低。

（三）租船运输根据租船合同组织运输

船舶所有人与承租人之间要签订租船合同，对航线、船期、挂靠港、租金等进行约定，并明确双方的责任、义务和权利。租船合同是解决双方在履行合同过程中发生争议的依据。

（四）租船运输中的提单不是一个独立的档

租船运输中的提单的性质不同于班轮运输下签发的提单。租船运输下签发的提单不是一个独立的档，对于承租人和船舶所有人而言，它仅相当于货物收据、权力凭证、运输合同的证明，要受租船合同约束。银行对根据租船合同签发的提单与班轮运输下签发的提单有不同的规定，银行一般不愿意接受这种提单，除非信用证另有规定。当承租人将提单转让给第三人时，提单起着物权凭证的作用。

（五）运营过程中的风险责任和有关费用主要依据租船合同

租船运输中，船舶港口使用费、装卸费及船期延误费等费用，按租船合同规定由船舶所有人和承租人分担、划分及计算，船舶运营过程中的风险分担责任也由租船合同约定。而班轮运输中船舶的一切正常运营支出均由船方负责。

三、租船运输的经营方式

目前主要的租船运输经营方式有航次租船（voyage charter）、定期租船（time charter）、光船租船（bare-boat）等基本形式，还有包运租船（contract of affreightment，COA）和航次期租（time charter on trip basis，TCT）。

（一）航次租船

航次租船又称"航程租船"或"程租"，指由船舶所有人向承租人提供船舶或船舶的部分舱位，在指定的港口之间进行单向或往返的一个航次或几个航次，用以运输指定货物的租船运输方式。

船舶所有人主要负责船舶的航行，承租人只负责货物的部分管理工作。航次租船是租船市场上最活跃、最普遍的一种方式，对运费水平的波动最为敏感，国际上主要有液体散装货和干散装货使用航次租船。

1. 航次租船的分类

（1）单航次租船（single tripor/ single voyage charter）。单航次租船是指船舶所有人与承租人双方约定提供船舶完成一个单程航次货物运输的租船方式，船舶所有人负责将指定的货物从起运港运往目的港。

（2）往返航次租船（return tripor/ return voyage charter）。往返航次租船即所租船舶在完成一个单航次后，又在原卸货港或其附近港口装货运往原装货港，卸完货后合同即告终止，但是返航航次的出发港及到达港并不一定与往航航次的相同。

一个往返航次包括两个单航次租船，主要用于一个货主只有去程货载而另一个货主有回程货载的情况，两个货主联合起来向船舶所有人按往返航次租赁船舶。

（3）连续单航次租船（consecutive single voyage charter）。连续单航次租船即船舶所有人与承租人约定，提供船舶连续完成几个单航次的租船运输方式。即用一条船连续完成同一去向的、若干相同的程租航次，中途不能中断，一程运货，另一程放空，船方沿线不能揽载。某些货主拥有数量较大的货载，一个航次难以运完的情况下，既可以按单航次签订若干个租船合同，也可以只签订一个租船合同。

（4）连续往返航次租船（consecutive round voyage charter）。连续往返航次租船是指被租船舶在相同两港之间连续完成两个以上往返航次运输后，合同即告终止，在实务中较少出现。

2. 航次租船的特点

（1）船舶所有人占有和控制船舶，负责配备船员，负担船员工资、伙食费等；承租人指定装卸港口和货物。

（2）承租人向船舶所有人支付运费（freight），运费又可以称为租金（hire）。运费可按每吨运费率计收或采用包干总运费方式计收。

（3）船舶所有人负责运营工作，除装卸费用可协商外，其他的运营费用由船舶所有人负担。

（4）在租船合同中订明货物的装卸费用由船舶所有人或承租人负担。

（5）船舶所有人出租整船或部分舱位。

（6）租船合同中明确规定可用于在港装卸货物的时间（lay time）、装卸时间的计算方法、滞期及相关规定，若装卸时间超过规定天数，承租人要支付滞期费。反之，船舶所有人则要向承租人支付速遣费。双方也可以同意按 CQD（customary quick dispatch），即不规定装卸时间而按港口习惯装卸速度，由船舶所有人承担时间风险。

因此，航次租船具有运输承揽性质，而没有明显的租赁性质。

3. 航次租船的业务阶段

（1）预备航次阶段。在船舶抵达装货港前船舶在其所有人的控制下，对船舶所发生的风险和费用由船舶所有人承担。

（2）装货阶段。装货阶段指船舶抵达停靠装货港后，待泊和装货的整个阶段。这个阶段的风险主要是船舶延误所造成的损失。承担的形式以"滞期费"来补偿。

（3）航行阶段。航行阶段所发生的一切风险和费用通常由船舶所有人承担。

（4）卸货阶段。卸货阶段指船舶抵达、停靠卸货港后待泊和卸货的整个阶段。这个阶段的风险处理原则同装货阶段的风险处理原则。

（二）定期租船

1. 定期租船的概念

定期租船（lime charter，period charter）又称"期租"，是指由船舶所有人将特定的船舶，按照租船合同的约定，在约定的期间内租给承租人所使用的一种租船方式。这种租船方式以约定的使用期限为船舶租期，而不以完成航次数来计算。在租期内，承租人利用租赁的船舶既可以进行不定期的货物运输，也可以投入班轮运输，还可以在租期内将船舶转租，以取得运费收入或谋取租金差额。

2. 定期租船的特点

定期租船的主要特点如下：

（1）船舶所有人负责配备船员，并承担其工资和伙食费，但承租人拥有包括船长在内的船员指挥权。

（2）承租人负责船舶的运营调度并负担船舶运营过程中的可变费用，包括燃料费、港口使用费、货物装卸费、运河通行费等。

（3）船舶所有人负担船舶运营的固定费用，包括船舶资本费、船用物料费、润滑油费、船舶保险费、船舶维修保养费等。

（4）租金按船舶的载重吨、租期以及合同中商定的租金率计收。船舶所有人为避免租期内因部分费用上涨而使其盈利减少或发生亏损，在较长期的定期租船合同中加入"自动递增条款"（escalation clause），可以在规定的费用上涨时，按合同约定的相应比例提高租金。

（5）租期的长短完全由船舶所有人和承租人根据实际需要而约定，少则几个月，多则几年，甚至更长的时间。

（6）在定期租船合同中需要订明交船、还船及停租的条款。

（三）光船租船

1. 光船租船的概念

光船租船（bare boat charter，demise charter）又称"船壳租船"。在租期内，船舶所有人提供一艘空船给承租人使用，船舶的配备船员、运营管理、供应，以及一切固定或变动的运营费用都由承租人负担。船舶所有人在租期内除了收取租金外，对船舶和经营不再承担任何责任和费用。

2. 光船租船的特点

光船租船的主要特点如下：

（1）船舶所有人提供一艘空船，不负责船舶的运营及费用。

（2）承租人配备船员，并承担相关费用。

（3）承租人负责船舶的运营调度，并承担除船舶的资本费用外的全部固定成本及变动成本。

（4）租金按船舶的载重吨、租期及合同中事先商定的租金率计算。

（5）光船租船的租期一般都比较长。

由此可见，光船租船实质上是一种财产租赁方式，船舶所有人不具有承揽运输的责任。国际上在办理光船租船业务时通常附有某些财务优惠条件，最常见的是购买选择权租赁条件，即承租人在租期届满时，有购买该船舶的选择权。如果双方当事人同意以这种附带条件办理光船租船，通常都事先规定届时的船舶价格，并将船价按平均租期分摊，承租人除按期支付租金外，还应支付这部分平均分摊的船价。因此，光船租船实际上采用的是分期购买的方式。这可以为那些没有足够资金投资建造船舶的承租人，提供通过租船购买船舶的机会，使其成为船舶所有人。

（四）包运租船

包运租船（contract of affreightment，COA），又称"运量合同"（quantity contract，volume contract），是指船舶所有人提供给租船人一定吨位（即运力），在确定的港口之间事先约定吨数、航次周期和每航次较均等的货运量，完成运输合同规定总运量的方式。

包运租船方式的主要特点如下：

（1）包运租船合同中不确定船舶的船名及国籍，仅规定船舶的船级、船龄和船舶的技术规范等，船舶所有人只须按照这些要求提供能够完成合同规定每航次货运量的运力即可，这对船舶所有人在调度和安排船舶方面是十分方便的。

（2）租期的长短取决于货物的总量及船舶航次周期所需的时间。

（3）船舶所承运的货物主要是运量特别大的干散装货或液体散装货物，承租人往往是业务量大和实力强的综合性工矿企业、贸易机构、生产加工集团或大石油公司。

（4）船舶航次中所产生的时间延误的损失由船舶所有人承担，而对于船舶在港装、卸货期间所产生的延误，则通过合同中订立的"延滞条款"的办法来处理，通常由承租人承担船舶在港的时间损失。

（5）运费按船舶实际装运货物的数量及商定的运费率计收，通常按航次结算。

由此可见，包运租船在很大程度上具有连续航次租船的基本特点。对于船舶所有人而言，包运租船的货运量大且时间较长，能保证船舶有足够的货源，在运费收入方面有较稳定的保障。对于租船人而言，包运租船可在较长的时间内满足对货物运输的需求，从而不必担心有无运力将货物运往最终市场的问题，在很大程度上可摆脱因租船市场的行情波动产生的直接影响。

（五）航次期租

目前，国际航运实践中还经常使用一种介于航次租船和定期租船之间的租船方式，即"航次期租",又称为日租船(daily charter)。航次期租是指由船舶出租人向承租人提供船舶,在指定的港口之间,以完成航次运输为目的,按实际租用天数和约定的日租金率计算租金的租船运输经营方式。航次期租的特点是没有明确的租期期限,而只确定了特定的航次。

航次期租结合了期租和航次租船的特点,从而形成其独具特色的租船方式。其基本概念可从以下两个方面理解。一方面,租期的计算以船舶所完成的本航次任务为基础,类似于航次租船,一般是从船舶抵达第一装港的引水锚地时起租,直至该船于最后一个卸港卸完货后,并由引航员引至引水锚地,引航员离船为止。当然,具体交还船的时间及地点,可由当事双方在租约中订明。另一方面,虽然租期的计算类似于航次租船,但是船东收到的不是航次租船的运费,而是类似于期租方式中的租金,一般为15天预付一期租金。航次期租对于承租人来说既可避免期租过程中的风险,诸如缺少长期、固定的货源等,又可保护商业机密,因为装卸港代理均由租船人指派,故船东基本上无法了解该货的详细情况,而且在船舶装载能力许可的条件下,可以尽可能地多装货以获取更大的利润。对于船东来说,采用航次期租的租船方式,最大的益处是减少风险(主要是指船舶港口作业及等泊时间风险),所有这些风险都由租船人承担。

第五节 海运运费

一、班轮运价

(一)班轮运价的特点

班轮运价即班轮公司为提供货运服务而向货主收取的运费单价。它的基本特点包括:

(1)班轮运价以运价表的形式公开发布,具有一定的稳定性。

(2)班轮运价一般包括装货港到卸货港的运输费用。由于班轮运输中承运人负责货物的装卸,所以班轮运价还包括两港的装卸、积载费用,船货之间也不涉及滞期、速遣费用。

(3)班轮运价由班轮公司或班轮公会发布,具有一定的垄断性。

(4)运价的制定采取运营成本加成和运费负担能力原则,针对不同运距,不同类型货物,乃至同类但不同包装的货物,按货物积载能力、装卸难易程度、运输过程中是否需要特殊照料,以及货主对运费的承受能力等因素规定不同的运价水平。

(5)班轮运费包括基本运费和附加费,一般会分别列出。

(二)运价的种类

1. 等级运价

单项费率运价和航线运价等级运价(classification rate)一般按货物积载能力、装卸难易程度、运输过程中是否需要特殊照料,以及货主对运费的承受能力等划分为不同等级,通常为20级,并按不同等级的货物分别设定运价水平。常用的"中国远洋运输集团第一号运价表”就属于等级运价，如图 4-2 所示。

中国—欧洲航线集装箱费率表 CHINA—EUROPE CONTAINER SERVICE 美元 IN USD

上海、新港、大连、青岛—鹿特丹、汉堡、费力克斯托、安特卫普、勒哈佛
SHANGHAI,XINGANG,DALIAN,QINGDAO—ROTTERDAM,HAMBURG,FELIXSTOWE,ANTWERP,LE HAVRE

等级 CLASS	直达 DIRECT			经香港或上海、新港转船 TRANSHIPMENT VIA HONGKONG OR SHANGHAI,XINGANG		
	LCL W/M	CY/CY 20'	CY/CY 40'	LCL W/M	CY/CY 20'	CY/CY 40'
1—8	120.00	1850.00	3500.00	130.00	2050.00	3900.00
9	125.00	1950.00	3700.00	135.00	2150.00	4100.00
10—11	130.00	2050.00	3900.00	140.00	2250.00	4300.00
12—20	135.00	2150.00	4100.00	145.00	2350.00	4500.00
CHEMICALS,N.H.	130.00	2050.00	3900.00	140.00	2250.00	4300.00
SEMI—HAZARDOUS	148.00	2650.00	5050.00	158.00	2850.00	5450.00
HAZARDOUS		3300.00	6300.00		3500.00	6700.00
REEFER		3850.00	6100.00		4050.00	6500.00

注：1. 秦皇岛、连云港、烟台出口欧洲的货物须经香港转船，其费率在直达欧洲费率基础上加 USD300/20'，USD570/40'，USD17.00/F.T.。
2. 张家港出口欧洲的货物须经上海转船，其费率在上海直达欧洲的费率基础上加 USD100/20'，USD200/40'，LCL USD5.00/F.T.。
3. 镇江出口欧洲的货物须经上海转船，其费率在上海直达欧洲的费率基础上加 USD150/20'，USD300/40'，LCL USD8.00/F.T.。

黄埔、湛江、厦门、福州、温州、海门、宁波—鹿特丹、汉堡、费力克斯托、安特卫普、勒哈佛
HUANGPU,ZHANJIANG,XIAMEN,FUZHOU,WENZHOU,HAIMEN,NINGBO—ROTTERDAM,HAMBURG,FELIXSTOWE,ANTWERP,LE HAVRE

等级 CLASS	黄埔（直达）HUANGPU DIRECT			厦门、湛江经香港转船 XIAMEN,ZHANJIANG VIA HONGKONG			温州、海门、宁波经香港转船 WENZHOU,HAIMEN,NINGBO VIA HONGKONG		
	LCL W/M	CY/CY 20'	CY/CY 40'	LCL W/M	CY/CY 20'	CY/CY 40'	LCL W/M	CY/CY 20'	CY/CY 40'
1—20	105.00	1550.00	3000.00	125.00	1950.00	3700.00	140.00	2200.00	4200.00
CHEMICALS, N.H.	105.00	1550.00	3000.00	125.00	1950.00	3700.00	140.00	2200.00	4200.00
SEMI—HAZARDOUS	150.00	2350.00	4450.00	170.00	2750.00	5250.00	173.00	2800.00	5350.00
HAZARDOUS		3050.00	5800.00		3450.00	6550.00			
REEFER		3250.00	5400.00		3850.00	6100.00		3950.00	6300.00

注：1. 黄埔经香港转船出口欧洲货物其费率在直达费率基础上加 USD150/20'，USD300/40'，LCL USD8.00/F.T.。
黄埔始发的欧洲货物班轮不靠 LE HAVRE 港，黄埔出口 LE HAVRE 货物须经香港转船，其运费按香港转船费率计收。
2. 福州经香港转船出口欧洲其费率在厦门、湛江费率基础上加 USD50/20'，USD100/40'，LCL USD3.00/F.T.。

价格若有变动，以当日船公司报价为准。

图 4-2 中国远洋运输集团第一号运价表

单项费率运价（commodity rate）针对不同货物，不同的航线分别制定运价，所以只要掌握货名和航线信息就可以获知应支付的运价，如表 4-8 所示。

表 4-8 班轮航线等级费率表（节选）

Scale of Class Rates for China-Canada Service（中加航线等级费率表）			
West Canada（加拿大西部）		East Canada（加拿大东部）	
Class 等级	Vancouver 温哥华	Halifax, St. John 哈利法克斯（加拿大新斯科舍省首府），圣约翰（加拿大城市和国际航空港）	Montreal, Quebec, Toronto, Hamilton 蒙特利尔，魁北克，多伦多，汉密尔顿
1	150.00	177.00	193.00
2	159.00	185.00	202.00
3	167.00	193.00	211.00
4	175.00	201.00	220.00
5	183.00	215.00	235.00
6	194.00	231.00	252.00
7	205.00	248.00	270.00
8	219.00	264.00	288.00
9	235.00	283.00	309.00
10	257.00	305.00	333.00

表4-8(续)

11	285.00	337.00	368.00
12	317.00	373.00	407.00
13	350.00	414.00	451.00
14	383.00	454.00	496.00
15	416.00	495.00	540.00
16	449.00	536.00	585.00
17	492.00	591.00	644.00
18	547.00	645.00	704.00
19	629.00	735.00	802.00
20	711.00	844.00	920.00
Added Value	4%	4%	4%

航线运价是按航线而提供的运价,通常还要和等级运价、单项费率运价结合使用。货主使用时要先通过等级运价表确认货物所属等级,随后根据航线的等级费率表得到实际应支付的运价。

2. 件杂货运价和集装箱运价

传统意义上的运价表都是针对件杂货而制定的,集装箱由于其特殊性,航运公司往往分情况处理。其中拼箱货的处理方法与件杂货相似。

对于整箱货物,处理方法则有很大的不同,主要方法有以下两种:

(1) 参照传统件杂货运价的制定方法

集装箱运输中的拼箱货往往采用这种运价制定方法。该方法结合等级费率表和航线费率表计算运价,以运费吨为计算单位,按航线分别报等级费率,并单列各项附加费。对于货主来讲,此时集装箱运费的计算与传统的件杂货方法基本相同。

海运集装箱运输常常有最低运费和最高运费的规定。在拼箱货运输中,最低运费的规定方法与件杂货基本一致,即规定每航线上的最低运费额。对于运输的货物,如果根据等级、航次运价、计费重量计算的运费金额小于最低运费额,则要求货主按最低运费额缴付运费。如果是整箱货物,则最低运费规定的不是运费额,而是每集装箱所能装运的最小运费吨。如远东水脚公会曾规定 20 英尺标准干货箱的最低运费吨为17.5 吨或 21.5 立方米,40 英尺标准干货箱的最低运费吨为 27.5 吨或 43 立方米。

为鼓励货主更充分地利用集装箱的内容积,提高集装箱货物的积载技术,承运人还规定了集装箱的最高运费。如规定 20 英尺标准干货箱的最高计费吨为 31 立方米,40英尺标准干货箱的最高计费吨为 67 立方米,如果托运人装运货物的尺码超过上述规定,则超出部分不再计算运费。至于重货,因为受集装箱最大载重量的限制,所以无须另行规定。

(2) 采用包箱费率

这是整箱货运输中较为常见的定价方法。这种费率以每集装箱为计算单位,常见的有 CY-CY 费率。

有的包箱费率考虑具体航线、集装箱箱型，以及货物的种类或等级（等级划分与杂货运输一样）给出运价；另一些则只考虑航线和集装箱箱型，不考虑货物的等级，对一般普通干货（对危险品、液体化工品等做例外处理）统一报每集装箱货物运价，如中国—印巴航线20英尺集装箱 CY-CY 运价为850美元。这种做法鼓励货主更充分地利用集装箱的内容积，提高集装箱的载运比例，但也可能同时造成安全隐患。因此，为保证集装箱和货物的安全，航运公司往往同时限制各型号集装箱所能承载货物的最大重量。

（三）计费标准

计费标准（freight basis）也称运费计算的标准，是指运费计算的单位。常见的计费标准包括以下几种：

1. 按重量计收

按重量计收在运价表内表示为"W"，即按货物毛重或重量吨（weight ton）计收运费，一般以吨为单位，适用于重货。

2. 按体积计收

按体积计收在运价表内以"M"表示，即按货物的体积，或称尺码吨（measurement）计收，一般以立方米为单位，适用于轻泡货物。

3. 按货物的重量或体积计收

按货物的重量或体积计收，同时计算货物的毛重和尺码，由承运人选择重量吨和体积吨中较高的为运费核收依据，在运价表内用"W/M"表示，是最常见的一种运费核收方式。

一般将该情况下的计费单位被称为"运费吨"（freight ton）。通常来讲，重货按重量吨计收，轻泡货物按尺码吨计收。

4. 按货物的价格计收

按货物的价格计收又称从价运费（ad valorem），在运价表内表示为"adval"，一般按照货物的FOB价格一定百分比计算运费，主要适用于高价值货物。

5. 按混合标准计收

按混合标准计收，是指可能按照货物重量、体积或价值三者中较高的一种计收，在运价表内以"W/M oradval"表示。有的运价表也将其表示为"W/M plusadval"，表示除按照运费吨，即重量吨或尺码吨中较高的征收运费外，还要加收一定百分比的从价运费。

6. 按货物的件数计收

例如，车辆按每辆（perunit）、活动物按每头（per head）、机器按每台计收运费。

7. 按协议价格计收

协议价格或称议价（open）。按协议价格计收一般多用于货价较低、运量较大、装卸速度快的农副产品和矿产品，如粮食、煤炭、矿砂等。运价在订舱时由托运人和承运人临时议定，通常比按等级运价计算的运费要低。

除以上运费核收方式外，如果按提单所列货物的重量或体积等计费标准计算出的运费，未能达到运价表中规定的最低运费数额，那么承运人将按最低运费或称起码运费（minimum charge）收取运费。

此外，应当注意的是，依照航运惯例，如果不同货物混装在同一包装内，则全部运费按其中运价较高的计收。如果同一货物的包装不同，其计费标准和等级也不同，托运人应该按不同包装分别列明货物的毛重和体积，才能分别计收运费，否则所有货物均按较高的标准计收运费。

如果同一提单内有两种或两种以上的货物，而它们的计费标准又不相同，托运人也应该分别列明不同货物的毛重和体积，否则全部货物将按较高的运费标准收费。

二、班轮运费的计算

（一）基本运费与附加费

班轮运费由基本运费和附加费两部分组成。

1. 基本运费

基本运费即班轮公司对班轮航线基本港之间的货物运输服务所征收的费用，根据班轮公司所提供的班轮运价和所运输的货物数量计算而得：

$$基本运费 = 班轮运价 × 货物数量$$

其中，货物数量以计费标准为基本计算单位。

2. 附加费

班轮附加费（additionals 或 surcharge）是承运人针对向货主提供的特殊服务所收取的除基本运费以外的额外费用，或者是班轮公司因运营环境变化导致运输成本大幅度增加，为弥补损失而额外加收的临时性费用。班轮附加费的种类繁多，且多具有短期性，随航线不同、时间不同、货物不同、甚至装卸港口的不同而变化频繁。

班轮附加费主要由两种方法给出，一种以相对数表示，即表示为基本运费的一定百分比。另一种是用绝对数表示，即规定为每运费吨若干金额，可直接与基本运费相加，两者相加就可以得到该批货物应该缴纳的总运费：

$$总运费 = 基本运费 + 附加费$$

（二）附加费的种类

班轮附加费的种类繁多，常见的有以下几种：

1. 超重附加费（over weight surcharge）

当单件货物的毛重达到或超过航运公司规定时，该货物就会被定为超重货物。对于超重货物，要调用特殊的吊具进行装卸，在船舶积载过程中也要给予额外考虑，因为这将带来装卸、配载方面的额外支出，所以航运公司将征收超重附加费，征收时按整个货物的全部重量计算。如某班轮公司规定对单件超过 5 吨的货物征收 9 美元/吨的超重附加费，如果某货物毛重 7 吨，则要缴付 $9 × 7 = 63$（美元）的超重附加费。

2. 超长附加费（over length surcharge）

与超重附加费类似，如果单件货物的最长边达到或超过航运公司规定的长度，则该货物会被征收超长附加费。货物单边超长会导致装卸困难，需要装载在特定货舱，会造成配载困难，形成支出，所以班轮公司会另行收取附加费。超长附加费同样针对整个货物征收，但与超重附加费不同，超长附加费按货物的运费吨计收。

3. 转船附加费（tran-shipment surcharge）

对运往非基本港的货物，常常要经某基本港转运，换乘其他船舶运往目的港。如果班轮公司负责安排中转服务，则会征收转船附加费。

4. 燃油附加费（bunker surcharge 或 bunker adjustment factor，BS 或 BAS）

航运是能源消耗较高的行业，国际市场燃油价格的涨跌会对班轮公司的营运成本造成直接影响。因此，如果燃油价格持续上涨，班轮公司就会加收燃油附加费弥补因油价上涨造成的额外开支。

5. 货币贬值附加费（currency adjustment factor，CAF）

航运界多用美元作为计算运费的货币单位。国际金融领域的布雷顿森林体系垮台后，全球各主要经济国家纷纷采取浮动汇率制，并一度出现美元持续贬值，而日元、德国马克等货币不断攀升的现象。在此情况下，为规避、减少汇率风险，弥补因计费货币贬值造成的经济损失，班轮公司开始征收货币贬值附加费。货币贬值附加费一般以百分比形式表示。与一般的附加费不同，货币贬值附加费的征收方法多样。某些船公司采取一般附加费征收方法，在基本运费的基础上加收货币贬值附加费。另一些船公司则要求首先计算基本运费和其他类别附加费的总和，在合计值的基础上加增一定的百分比，以便将其他待收费用产生的汇率风险也计算在内。

6. 旺季附加费（peak season surcharge，PSS）

这是近年远东市场较为常见的附加费，一般在运输旺季征收，以变相提高旺季运费。

7. 选卸港附加费

某些时候，由于商务安排的原因，托运人在托运货物时尚不能确定最终的目的港，而是希望留待一段时间以后再行确定。此时，班轮公司往往在收取选卸港附加费（additional for optional destination）后允许托运人在预先选定的两个或多个卸货港口之间进行选择，并在该航次船舶抵达第一卸货港 48 小时前向船方宣布最终卸货港。

8. 变更卸货港附加费

与前者类似，如果应收货人要求改变原定卸货港，班轮公司除要求收货人补交两者之间的运费差价外（如变更后的运价低于原卸货港运价，则不予退还原运价），还会征收变更卸货港附加费。

9. 直航附加费（direct additional）

在某些情况下，如果运往某非基本港的货物数量达到一定程度，航运公司可能应托运人的要求临时挂靠该非基本港，即安排直航服务。如果产生额外的港口费用，班轮公司通常会要求收取直航附加费。

10. 港口拥挤附加费

某些港口由于拥挤压港现象严重，船舶抵港后往往要有相当长的等待靠泊的时间，承运人因此会征收港口拥挤附加费（port congestion surcharge）。港口拥挤附加费具有临时性，当港口拥挤状况好转后，附加费会相应调整或取消。

11. 港口附加费

有些港口装卸效率低，或者港口使用费比较高，为弥补成本损失，承运人会针对这些港口征收港口附加费（port additional）。

除上述附加费外，还有针对不同情况的洗舱费、冰冻附加费等。近年，船公司还提出征收码头作业费（terminal handling charge，THC）、原产地接货费（original receiving charge，ORC）、巴拿马运河通道费、美国海关舱单安全作业费等。

（三）班轮运费的计算

1. 杂货运费

在计算杂货运费时，首先要根据品名查出货物所属等级和运费计算的计费标准；其次，了解货物的尺码、重量等信息，按所适用的计费标准计算货物的数量；再次，根据装卸港口和商品名称/等级找到航线基本运价，将运价与计费重量相乘得到基本运费，查找、计算需要缴纳的各项附加费；最后，将基本运费与附加费加总，得到应支付的海运运费，如图4-3所示。

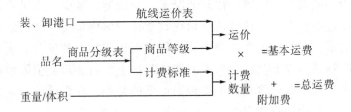

图4-3 海运运费计算方法

某批仪器从上海出口，货物等级为8级，计费方法为W/M。货物毛重为10吨，体积为15立方米。8级货物的基本运费为280美元/运费吨，本批货物增收燃油附加费10%，港口附加费为50美元/运费吨。

【解析】该批货物的计费标准为W/M，而该货物重10吨，体积15立方米，为轻货，因此应该以体积征收基本运费，计费数量为15运费吨。

因运价为280美元/运费吨，则有：基本运费＝280×15＝4 200（美元）

燃油附加费＝4 200×10%＝420（美元）

港口附加费＝50×15＝750（美元）

班轮总运费＝基本运费＋附加费＝4 200+420+750＝5 370（美元）

2. 集装箱运费

因为拼箱货的运费计算方法与件杂货基本一致，所以这里只介绍包干运费条件下的集装箱运费的计算。

某玩具厂出口玩具到英国，预计装8个20英尺集装箱。该航线的运价为2 300美元/20英尺。承运人同时征收燃油附加费15%。

基本运费＝2 300×8＝18 400（美元）

燃油附加费＝18 400×15%＝2 760（美元）

总运费＝18 400+2 760＝21 160（美元）

实践中，有的承运人也将基本运价与附加费合并在一起，以"全包价（allin）"的方式给出，此时，货主只要根据自己所要运输的货量就可以很快计算出应付的运费总额了。

三、班轮运费的支付

班轮运费的支付方法一般有预付运费（freight prepaid）和到付运费（freight to collect）两种。

（一）预付运费

预付运费通常指装货港支付运费，即托运人在货物装船之后，提单签发之前支付所有运费。按照航运界的习惯，即使因船舶失事而使货物遭受灭失或损坏，承运人也不会退还运费。例如，马士基-海陆公司的提单条款就这样写着：

"Full freight shall be considered completely carnedon receipt of the goods by the carrier and shall be paid and non returnable in any event."

这一条款的意思是一旦承运人接收货物就有权收取全额运费，而且在任何情况下都不予退还。不仅如此，多数承运人还在提单条款中注明如果发现托运人有虚报、谎报信息，逃避运费的情况，还会对托运人进行重罚。为规避运费风险，托运人在投保货物运输险的时候，就将运费追加到货价中，一并投保。

（二）到付运费

到付运费是指在货物抵达目的港，承运人交付货物以前付清。

到付运费情况下，承运人会承担一定的额外风险，如货物灭失形成事实上无法追缴到运费，或者无人提货导致无人支付运费。为规避风险，班轮公司会向保险人投保。同时，如果收货人拒绝支付承运人的运费和（或）由于这样、那样的原因未能付清运费，多数国家的法律还规定承运人可以对货物及单证行使留置权（lien），必要的时候可以通过法律程序变卖货物以补偿自己的运费损失。

第六节　海运提单

一、海运提单概述

（一）海运提单的定义

历史上贸易与海运是一家，船、货的主人都是船东。16世纪，随着贸易与海运事业的发展，运输逐渐脱离贸易，成为一个独立的部门。贸易商把货物交给船东，当时，船东只出具一张货物收据，发生的纠纷通过协商解决。当产生了相关法律责任之后，承运人才开始承担一定的货运责任。1885年英国通过了提单法，该法的实施使提单具有了流通的性质。

在当今的国际海上货物运输中，不论采取哪一种营运方式，托运人与承运人之间都需要通过运输契约来确定双方的权利和义务。当采用班轮运输时，用提单（bill of lading，BL）来确定承、托运双方之间的权利和义务。因此，提单是国际海上货运中一个十分重要的单证。在海运进出口业务中，只有对其内容和作用有一个基本的认识，才能处理按提单进行各项运输业务。

提单是收到货物或货物装船后，应托运人的要求，由承运人、船长或承运人的代理签发的、证明承运人已收到提单上列明的表面状况良好的货物，并负责将该货物运至指定目的港和完好地交付给收货人的货运单证。也就是说，提单是一种用于证明海上货物运输合同和货物已由承运人接管或装船，以及承运人据以保证交付货物的单证。提单的当事人是承运人与托运人。

提单是一种有价证券，在市场上如同其他商品一样，可以自由买卖，或到银行抵押贷款，具有广泛的流通性。

1993 年 7 月 1 日施行的《中华人民共和国海商法》（以下简称《海商法》）规定：提单，是指用以证明海上货物运输合同和货物已经由承运人接收或者装船，以及承运人保证据以交付货物的单证。提单中载明的向记名人交付货物，或者按照指示人的指示交付货物，或者向提单持有人交付货物的条款，构成承运人据以交付货物的保证。

各国的轮船公司都有自己的提单。现行的提单上所列条款，都是在各船籍国的海上货物运输法的基础上，结合 1924 年《海牙规则》（*Hague Rules*）的精神制定出来的。目前，中国远洋运输集团公司的提单条款，也是在《海牙规则》精神的基础上制定出来的。

（二）海运提单的性质和作用

概括地讲，提单主要有以下三种作用：

（1）提单是承运人收到货物后，发给托运人的一张货物收据。已装船提单是在货物装船后，托运人从船方取得的大副收据，即向船长或代理公司换取的凭证。它表明承运人已收到货物并已经装船付运。

（2）提单是所载货物的物权凭证。收货人或提单持有人凭此可以在目的港取货，即取得提单的人有权支配该批货物。在资本主义世界范围内，提单作为有价证券可以进行买卖转让。提单的转让在时间上是有限制的，必须在船舶到达目的港交货之前进行。

（3）作为运输契约的凭证，提单也是承运人和托运人双方权利和义务的依据。提单上印有若干条款，规定了承运人的责任、义务、权利和豁免，相应地也表明了托运人的责任，双方都受其约束。

提单本身并不是运输契约，而是运输契约的证明。因为在签发提单并将它交给托运人之前，承运人与托运人早就订立了运输契约（包括口头的），否则，托运人是不会按照规定时间把货物交给承运人的。另外，提单条款由承运人拟定并只由承运人单方签字，故不成为完整的运输契约，而只是运输契约的最好证明。

海运出口提单的签发通常为正本两份或三份，有时可达四份，副本（抄本）船方不签字，份数不限。凭正本提单之一即可提货，其余正本即无效。但货主要求目的港以外的其他港口提货，则必须出具全套正本提单。如果有两人各持一份正本提单前来提货，承运人可以暂不交货，由持单人自行交涉，按法院判决交付货物。按欧美国家的法律，通常是先行取得正本之一的一方（背书转让时间较早的）占优势。

二、海运提单的分类

按照不同的分类标准，提单可以划分为许多种类。

（一）按货物是否已装船划分

1. 已装船提单

已装船提单（shipped B/L，onboard B/L），是整票货物已全部装进船舱或装在舱面甲板上后，承运人根据大副收据签发给托运人的提单。

提单是买方凭以提货的依据。为了确保能在目的地提货，一般都要求卖方提供已装船提单，以证明货物确已装船。如果承运人签发了已装船提单，就是确认他已将货物装在船上。这种提单除载明一般事项外，通常还必须注明装载货物的船舶名称和装船日期，即提单项下货物的装船日期。已装船提单对于收货人及时收到货物有保障，所以在国际货物买卖合同中一般都要求卖方提供已装船提单。

货物装载在船只上，可分为置于舱面（即甲板上）与置于舱内（即甲板下）。若在提单中载有 "ondeck" "loaded on deck" 或 "stowed on deck" 等批注，则这类提单称为甲板货提单（on deck B/L），它表示货物装载于甲板上。一般收货人都不喜欢其货物置于甲板上，因为甲板上的货物易遭雨淋水浸，或卷入海中等损失，比甲板下货物的危险性大，对买方不利。除非发货人同意，承运人将不属于甲板货的普通货物装载于甲板上，如果发生毁损或灭失，必须承担赔偿责任。

2. 收货待运提单

收货待运提单（received for shipment B/L），又称备运提单、待装提单，或简称待运提单，是在托运人已将货物交给承运人，承运人已接管等待装船的货物后，向托运人签发的提单。

有时船公司因船期问题，指定仓库预收货物，根据仓库收据签发收妥待运提单，准备交由日后到港船只装运。特别是随着集装箱运输的发展，因集装箱船航运公司大都在内陆收货站收货，而收货站是不能签发已装船提单的。通常此种待运提单上载有 "received for shipment in apparent good or derand condition..." 等文句，表示签发提单时，承运人仅将货物收管，准备不久后装船，而实际当时还未装船。

收妥待运提单虽然表示货物尚未装船，但如果在签发待运提单后，货物已经装载于船只上，则承运人可在待运提单上加注 "已装船" 字样，注明船名和装运日期并由承运人签署，这时待运提单便转化为已装船提单。在这种情况下，货物的装运日期是加注的装船日期，而不是待运提单的出单日期。《海商法》第七十四条规定：货物装船前，承运人已经应托运人的要求签发收货待运提单或者其他单证的，待货物装船完毕，托运人可以将收货待运提单或者其他单证退还承运人，以换取已装船提单；承运人也可以在收货待运提单上加注承运船舶的船名和装船日期，加注后的收货待运提单视为已装船提单。

（二）按提单收货人的抬头划分

1. 记名提单

记名提单（straight B/L），又称收货人抬头提单，是指提单上的收货人栏中已具体填写收货人名称的提单。

提单所记载的货物只能由提单上特定的收货人提取，或者说承运人在卸货港只能把货物交给提单上所指定的收货人。如果承运人将货物交给提单指定以外的人，即使该人占有提单，承运人也应负责。这种提单失去了货物可转让流通的便利，但同时也可以避免在转让过程中可能带来的风险，一般用于贵重商品、展品及援外物资的运输。

记名提单有以下几种记名方式：

（1）consigned to A Co. Ltd.

（2）deliver to A Co. Ltd.

（3）on to A Co. Ltd.

记名提单的收货人可以是买主、开证行或代收行，但是，银行一般不愿接受以买主为收货人的记名提单。因为一些国家（比如美国）的惯例是记名提单的收货人可以不凭正本提单而仅凭"到货通知"上的背书和收货人的身份证明即可提货，这样，银行若垫款却不能掌握货权，风险太大，必须谨慎使用记名提单。如果信用证要求记名提单，最好要求改正；如果客户坚持使用记名提单，须弄清原委，了解运输业务所涉及国家对记名提单物权凭证属性的法律规定，如装运到美国的货物就不宜使用记名提单，或在记名提单上加注声明："此提单适用于中国海商法"，以约束承运人，必须凭正本提单放货，这样才能保证信用证项下贸易的安全。

2. 不记名提单

不记名提单（bearer B/L，open B/L，blank B/L）是指提单上收货人一栏内没有指明任何收货人，而是注明"提单持有人"（bearer）字样或将这一栏保持空白，不填写任何人的名称的提单。这种提单不需要任何背书手续即可转让、提取货物，极为简便。承运人应将货物交给提单持有人，谁持有提单，谁就可以提货。承运人交付货物只凭单，不凭人，这种提单容易丢失或被窃，风险极大，若转入善意的第三者手中，极易引起纠纷，故国际上较少使用这种提单。另外，根据有些班轮公会的规定，凡使用不记名提单的，在给大副的提单副本中，必须注明卸货港通知人的名称和地址。

3. 指示提单

指示提单（order B/L）是指在提单正面"收货人"一栏内填上"凭指示"或"凭某人指示"字样的提单。实务中常见的可转让提单是指示提单。指示提单必须经过背书转让，可以是空白背书，也可以是记名背书。

指示提单上不列明收货人，凭背书进行转让，有利于资金的周转，所以，在国际贸易中应用较普遍。指示提单有四种抬头：

（1）凭银行指示。即提单收货人栏填写为"to the order of ×× Bank"。

（2）凭收货人指示。即提单收货人栏填写为"to the order of A. B. C. Co. Ltd."。

（3）凭发货人指示。即提单收货人栏填写为"to the order of shipper"，并由托运人在提单背面空白背书。这种提单亦可根据信用证的规定做成记名背书。托收人也可不做背书，在这种情况下只有托运人可以提货，即卖方保留了货物所有权。

（4）不记名指示。即提单收货人栏填写为"to the order"，并由托运人在提单背面做空白背书。这种提单亦可根据信用证的规定做成记名背书。

指示提单又可分为两种类型：记名指示提单和空白抬头提单。

凭银行指示、凭收货人指示提单是记名指示提单。

凭银行指示提单称为银行指示提单，开证银行为了防止进口商无力偿还贷款，就会在信用证中规定将提单抬头做成凭银行指示。对于这种银行指示提单，理论上说，托运人可以不加背书，但是，因为提单是一种可以转让的凭证，在实务中，议付行往往都要求托运人先作空白背书。如规定以议付行的指定人为抬头，则应由议付行背书转让给开证行，才能凭以向承运人提货。如规定以开证行的指定人为抬头，则还应由开证行背书。银行指示提单应按银行指示交货。一般在进口商付款后，银行在提单上背书，然后将提单转交给进口商。这种提单可作为向银行贷款的抵押。

凭收货人指示提单称为收货人指示提单，公司作为收货人，可以收单后自行提货，也可以背书转让。收货人指示提单对银行不利。因为若开证行遇到买方拒绝付款，想自行提货处理时，须先请收货人背书转让提单，这对银行是一种风险，所以，开证行一般不愿意信用证规定提单做成这种收货人指示抬头。

凭发货人指示、不记名指示提单是空白抬头提单。空白抬头提单在托运人（卖方）未指定收货人或受让人之前，货物所有权仍属于卖方。一般卖方都在空白抬头提单背面作空白背书（blank endorsed），将提单转让给银行，银行即取得货物所有权。若信用证规定"endorsed in blank""blank endorsed"都是空白背书的意思，发货人只须在提单背面签章，不作任何记载。实务中最常用的就是这种空白抬头和空白背书的提单。

指示提单一经背书即可转让，意味着背书人确认该提单的所有权转让。《海商法》第七十九条规定，记名提单：不得转让。指示提单：经过记名背书或者空白背书转让。不记名提单：无须背书，即可转让。指示提单可以通过背书转让，适应了正常贸易的需要，所以在实践中被广泛应用。在进口业务中，记名提单应有与提单收货人一致的公章真迹，背书方可提货；指示提单应有提单持有人的公章真迹，背书方可提货。

（三）按提单上有无批注划分

1. 清洁提单

清洁提单（clean B/L）是指货物装船时，货物的外表状况良好，承运人在签发提单时，对提单上印就的"外表状况明显良好"（in apparent good order and condition）没有作相反的批注（superimposed clause）或附加条文，即未在提单上加注任何有关货物残损、包装不良、件数、重量和体积，或其他妨碍结汇的批注的提单称为清洁提单。

信用证要求的提单均为清洁提单。银行审单时应注意审核提单是否为清洁提单。《海商法》第七十六条规定，承运人或者代其签发提单的人未在提单上批注货物表面状况的，视为货物的表面状况良好。由此可见，承运人一旦签发了清洁提单，货物在卸货港卸下后，如发现有残损，除非是承运人可以免责的原因所致，承运人必须负责赔偿。

2. 不清洁提单

在货物装船时，承运人若发现货物包装不牢、破残、渗漏、玷污、标志不清等现象，将在收货单上对此加以批注，并将此批注转移到提单上，这种提单称为不清洁提单（un-clean B/L，foul B/L）。《海商法》第七十五条规定，承运人或者代其签发提单的人，知道或者有合理的根据怀疑提单记载的货物的品名、标志、包数或者件数、重量或者体积与实际接收的货物不符，在签发已装船提单的情况下怀疑与已装船的货物不符，或者没有适当的方法核对提单记载的，可以在提单上批注，说明不符之处、怀疑的根据或者说明无法核对。实践中，承运人接收货物时，如果货物外表状况不良，一般先在大副收据上作记载，在正式签发提单时，再把这种记载转移到提单上。在国际贸易的实践中，银行拒绝出口商以不清洁提单办理结汇。

（四）根据运输方式的不同划分

1. 直达提单

直达提单（direct B/L），又称直运提单，是指货物从装货港装船后，中途不经转船，直接运至目的港卸船交付收货人的提单。直达提单上不得有"转船"或"在某港转船"的批注。凡信用证规定不准转船者，必须使用这种直达提单。如果提单背面条款印有承运人有权转船的"自由转船"条款的，则不影响该提单成为直达提单的性质。

2. 转船提单

转船提单（transhipment B/L），是指货物从起运港装载的船舶不直接驶往目的港，需要在中途港口换装其他船舶转运至目的港卸货。在提单上注明"转运"或"在××港转船"字样，转船提单往往由第一程船的承运人签发。由于货物中途转船，增加了转船费用和风险，并影响到货时间，故一般信用证均规定不允许转船，但没有哪个港口能通往全世界各港口，买方也只得同意可以转船。

3. 联运提单

联运提单（through B/L），是指货物运输需要经两段或两段以上的运输方式来完成，如海陆、海空或海海等联合运输所使用的提单。船船（海海）联运在航运界也称为转运，包括海船将货物送到一个港口后，再由驳船从港口经内河运往内河目的港，联运的范围超过了海上运输的界限，货物由船舶运送经水域运到一个港口，再经其他运输工具将货物送至目的港，可采取先海运后陆运或空运，或者先空运，陆运后海运的方式。当船舶承运由陆路或飞机运来的货物继续运至目的港时，货方一般选择使用船方所签发的联运提单。

4. 多式联运提单

多式联运提单（multimodal transport B/L，intermodal transport B/L）主要用于集装箱运输，是指一批货物需要经过两种以上不同的运输方式，其中一种是海上运输方式，由一个承运人负责全程运输，负责将货物从接收地运至目的地交付收货人，并收取全程运费所签发的提单。提单内的项目不仅包括起运港和目的港，而且列明一程、二程等运输路线，以及收货地和交货地。

（五）按提单内容的简繁划分

1. 全式提单

全式提单（long form B/L），是指提单除正面的提单格式所记载的事项外，背面还列有关于承运人与托运人及收货人之间权利、义务等详细条款的提单。全式提单的条款繁多，所以又称为繁式提单。在海运的实际业务中大量使用这种提单。

2. 简式提单

简式提单（short form B/L，simple B/L），又称短式提单、略式提单，是相对于全式提单而言的，是指提单背面没有关于承运人与托运人及收货人之间的权利、义务等详细条款的提单。

（六）按提单使用的有效性划分

按有效性划分，提单可分为正本提单（original B/L）和副本提单（copy B/L）。

（七）按收费方式划分

1. 运费预付提单（freight prepaid B/L）

运费预付提单是指运费在货物装船后即予以支付的提单。

2. 运费到付提单（freight collect B/L）

以 FOB 条件成交的货物，不论是买方订舱还是买方委托卖方订舱，运费均为到付（freight payable at destination），并在提单上载明"运费到付"字样，这种提单称为运费到付提单。货物运到目的港后，只有付清运费后，收货人才能提货。

三、电子提单

（一）电子提单的定义

电子提单是一种利用 EDI 系统，对海运途中的货物支配权进行转让的程序。EDI即电子数据交换系统信息，简称 EDI 系统，就是利用计算机联网设施，通过专用密码进行信息交换，通告货物支配权转移的一种特殊的通信工程。

之所以将这种特定的海运支配权转让程序称为电子提单，是因为该程序具有以下三个特点：

（1）卖方、发货人、银行、买方和收货人均以承运人（或船舶）为中心，通过专用计算机密码，通知该运输途中货物支配权的转移时间和对象。

（2）在完成货物的运输过程中，通常情况下不出现任何书面文档。

（3）收货人提货时，只要出示有效证件证明身份，由船舶代理言明即可。

传统的海运提单是一张提货凭证，因此，货物权利的转移是通过提单持有人的背书来实现的。而电子提单则是利用 EDI 系统，根据特定密码使用计算机网络进行的。因此，电子提单具有许多传统提单无法比拟的优点：

（1）能够快速、准确地实现货物支配权的转移。EDI 系统是一种高度现代化的通信方式，可以利用计算机操纵、监督运输活动，进行快速、准确转移现货物支配权的操作。

（2）方便了海运提单的使用。电子提单和 EDI 系统是在海运提单使用后产生的，二者对于收货人的作用是相同的。因此，电子提单的出现必将方便海运提单的使用。当海上运输航程较短时，电子提单可以完全避免传统提单因为邮寄而可能出现的船到、提单尚未寄到的情况。

（3）可以防止冒领，避免误交。由于电子数据交换系统的高度保密性，它能大大减少提单欺诈案件的发生。承运人可以控制提单的内容，以防止托运人涂改提单，欺骗收货人与银行。托运人、银行甚至收货人可以监视承运人的行踪，避免船舶失踪。承运人能够控制收货人，只有当收货人付款之后，银行才通告货主支配权的转移。承运人可以准确地将货物交给付款人，从而杜绝了冒领，避免了误交。

（二）电子提单的使用

下面通过一个例子来说明电子提单的使用。

假设买卖双方签订了一个 CIF 交易合同，买方通过开证行向卖方开出信用证。买方根据银行通知按合同的规定付款。在目的港，卖方向承运人请求交货，承运人履行交货义务。根据 EDI 系统，上述合同的履行过程如下：

（1）卖方向承运人订舱，承运人确认双方都认可的条款。

（2）买方提供货物的详细说明，承运人确认是否承运该批货物。买方同时向承运人指明信用证银行。

在这两个步骤中，EDI 系统将船舱的确认与承运货物的确认分别对待，这有别于传统书面提单依次进行的做法。因为 EDI 系统是电子洽商，而签发书面提单的过程是通过面对面的交涉，因此电子提单更快捷。

此外，卖方同时向承运人指明的银行包括议付行、通知行、开证行，通过这些银行，承运人实现了对货物支配权的正常转移，以后就能做到心中有数。

（3）卖方将货物交给承运人，承运人向卖方发送一个收到该批货物同时又可作某些保留的电讯。此时，在法律上卖方仍控制着这批货物。在电讯上，承运人给卖方一个密码（private code），卖方在此后与承运人的电讯往来中，可以通过此密码进行电讯的鉴定，保证电讯的完整。

这里的"保留"是诸如"货物的质量、数量是由买方提供的，承运人对具体情况不明"之类的保留。若实际质量、数量与所提供的不符，应由卖方承担后果。另外，密码既可以是一组数字，也可以是一组字母。

（4）承运人将货物装船后，既通知卖方又通知银行。

（5）卖方凭信用证即可取款，卖方取款后，本单交易货物的支配权才由卖方转移到了银行，卖方通知承运人货物权利的转移，承运人即销毁与卖方之间的通信密码，并向银行确认。银行则从承运人那里得到一个新的密码。此时，卖方的责任在法律上并未终止。在使用电子提单交换的整个过程中，卖方提供的有关货物数据的正确性贯穿始终。

（6）卖方告诉银行谁是买主。

（7）买方支付货款并获得货物支配权后，银行则通知承运人货物权利的转移。承运人即销毁与银行之间的密码，向卖方确认其控制的货物，并给卖方一个新的密码。

在普通的电子提单交易中，谁持有密码，谁就拥有货物的支配权。但密码与支配权是完全不同的概念，货物的支配权不是随着密码的转移而转移的。交易密码具有独立、专有和不可转移三个特点。独立，是指它应与众不同；专有，是指应视之为专利；而不可转移，是指其保密性。货物支配权的转移是以密码鉴定通知进行的。

（8）船舶抵达目的港后，承运人通知买方。买方有义务指定一个收货人，否则，在法律上买方即被视为收货人。（"在法律上"是指根据 EDI 系统实践总结出的一般管理或章程，或按《国际海事委员会电子提单规则》办事。）

（9）收货人在实际接收货物后通知承运人，卖方对货物的支配权终止（买方有时自己就是收货人）。此时，承运人销毁与买方之间的密码。

课后思考

1. 国际海上货物运输的基本特征是什么？

2. 什么是方便旗船？为什么企业会悬挂"方便旗"？方便旗船的泛滥有可能带来哪些不利影响？

3. 什么是班轮运输？有哪些特点？

4. 什么是租船运输？和班轮运输相比，有什么不同？

5. 班轮运价的主要特征是什么？可以如何分类？常见的班轮运输的计费标准有哪些？

6. 如果多种货物混装在同一包装内，应该如何计费？

7. 什么是提单？如何理解提单的三个重要性质？

8. 海运单和电子提单与传统海运提单的区别在哪里？

9. 什么是已装船提单和备运提单？

10. 记名提单、不记名提单和指示提单有什么区别？

11. 为什么货主非常重视提单清洁与否？

12. 为什么货主要避免倒签提单和预借提单？

第五章

国际航空运输

■**学习目标**

了解国际空运航线；

掌握国际航空运输代理业务；

熟悉国际货运托运书、航空货运单；

掌握航空运输中货运事故的处理。

航空运输与铁路运输、水路运输、公路运输和管道运输组成了整个运输业，航空货物运输是航空运输业的重要组成部分。早期，航空货物运输只作为填补客运剩余吨位的一种附属的运输业务。20 世纪 60 年代，国际航空运输的高增长率，诱导和激发很多航空公司开辟定期全货物运输航线，逐渐使航空货物运输成为一种独立的业务，从客运中脱离出来。本章主要介绍国际航空货物运输的概念、特点、设施设备等，阐述国际航空货物运输进出口流程及运费计算方法，详细介绍包舱、包机和航空快递等航空货物运输类型。

第一节　国际航空货物运输概述

航空货物运输是指承运人根据旅客或者货主的要求，按照某种价格，利用相关设施设备，用航空器在规定时间内将货物运送到指定的目的地。

一、国际航空货物运输的产生与发展

飞机最初用来运送邮件和急需用品。1910 年 5 月，美国邮政局首先使用飞机运送邮件。后来，飞机逐步用来运送旅客和货物，但仅限于特定的短途航线上，而且每次载重量仅为一二百千克。被世界公认的第一次航空运输飞行服务发生在 1911 年 7 月，一架由英国人驾驶的飞机将一箱钨丝灯从苏塞克郡运送到霍拉，并为此获得了 100 英镑酬劳，从

此揭开了世界航空货物运输的篇章。

世界上第一条定期航班是荷兰皇家航空公司于 1920 年 5 月首开的伦敦至阿姆斯特丹定期航班。继 1924 年 10 月开辟通往印度尼西亚的第一条国际航线后，该公司又于 1929 年开通了到亚洲的定期航班。这也是第二次世界大战爆发前世界上最长的航线。

第二次世界大战中，军事上的需求加速了航空运输业的发展。战争中物资供给的需要促进了航空运输飞机的制造，也促进了无线电通信的发展和雷达技术的日趋完善。第二次世界大战结束后，西方国家开始大力发展航空业，逐步形成了全球性的航空运输网。由于全球性航空运输网的建立和国际贸易的发展，航空运输在世界范围内得到蓬勃发展。

作为国际贸易运输的方式之一，航空货物运输也迅速发展起来。自 20 世纪 60 年代以来，航空货物运输的发展速度非常惊人，1962—1971 年，国际航空货物运输平均每年增长 17%，几乎每四年增长一倍，这是世界航空货物运输史上增长最快的一段时期。石油危机引发的全球经济萧条并没有改变航空货物运输的发展趋势，只是放慢了航空货物运输的增长速度。在之后的一段时期中，航空货物运输仍然实现了 10% 左右的增长速度。这一数值超过了同期全球经济、贸易的增长速度。随着航空货物运输的发展，纺织业、鲜活食品等适用于航空货物运输的日常生活用品使用航空货物运输的比例大大增加，总量不断提高。航空货物运输已经成为国际货运，特别是洲际货运的重要方式。

二、国际航空货物运输的特点

一般来讲，国际航空货物运输是指一国的货物提供者向他国消费者提供航空飞行器运输货物并获取收入的活动。国际航空货物运输的主要特征如下：

（一）运送速度快

从航空业诞生之日起，国际航空货物运输就以快速而著称。目前为止，飞机仍然是最快捷的交通工具，常见的喷气式飞机的巡航速度大都在 850~890 千米/时。快捷的运输方式大大缩短了货物在途时间，对于那些易腐烂变质的鲜活商品，时效性、季节性强的报刊，节令性商品，抢险、救急品的运输，这一特点显得尤为突出。运送速度快，在途时间短，也使货物在途风险降低，因此许多贵重物品、精密仪器也往往采用航空货物运输的方式。

（二）不受地面条件影响

国际航空货物运输的一个明显优势就是不受地形地貌、山川、河流的局限，只要有机场和航空设施，即可开辟航线。对于自然灾害的紧急救援，铁路、公路、水路各种运输方式不可到达的地方均可采用飞机空投方式，以满足特殊条件下特殊物流的要求。

（三）安全准确

现代喷气式民航飞机的飞行高度一般在 10 000 米以上，不受低空气流的影响，飞行平稳，货物所受的震动、冲击小，在飞行中货舱与外界隔离，货舱的温度和湿度能得到适当的控制，因此货物很少产生损伤、被盗、变质等事故。同时，飞机的航班准确率高，货物可按时到达目的地，且货物质量有保证。

（四）节省包装、保险等费用

国际航空货物运输在运输过程中震荡性小，所以包装简单，包装成本较低，而且货物缺损率较低，因此保险费用也相对较低。国际航空货物运输节约了大量的时间，因此货物占用的资金能较快回收，由此带来的利息费用也会减少。另外，虽然国际航空货物运输的运费一般较高，但由于空运比海运计算运费的起点低，因此在运送一些小件急需品和贵重物品上采用航空货物运输更为有利。

三、国际航空运输系统

国际航空货物运输系统主要包括飞机、机场、飞行航线、空中交通管理系统和货运服务站。这四个部分有机结合，分工协作，共同完成国际航空货物运输的各项业务活动。

（一）飞机

航空运输的主要工具是民用航空运输飞机和航空集装器。

1. 民用航空运输飞机

按运输类型的不同，民用飞机可分为运送旅客和货物的各种运输机。在舱位结构方面，一般飞机主要分为两种舱位，即主舱和下舱。各种飞机也有相应的装载限制，如对货物的重量和体积的限制；每份运单上货物的申明总价值不得超过 10 万美元等。

民用航空运输飞机的分类方式主要有两种。

（1）按机身的宽窄来划分，民用航空运输飞机可以分为窄体飞机和宽体飞机。

窄体飞机（narrow-body aircraft）的机身宽约 3 米，旅客座位之间有一个走廊，这类飞机往往只在其下货舱装运散货。

宽体飞机（broad-body aircraft）的机身较宽，客舱内有两条走廊，三排座椅，机身宽一般在 4.72 米以上，这类飞机可以装运集装货物和散货。

（2）按飞机使用用途来划分，民用航空运输飞机可划分为全货机、全客机和客货混用机三种。

全货机的主舱（main deck）及下舱（lower deck）全部用于载货。全客机只在下舱载货。客货混用机在主舱前部设有旅客座椅，后部可装载货物，下舱内也可装载货物。

2. 航空集装器

航空集装器（unit load device，ULD）是随着航空运输的发展而产生的一种货物集装设备。注册（certified）集装器与飞机匹配，可以看作飞机的一部分；非注册集装器未经有关部门授权生产，与飞机不匹配，不能看成飞机的一部分，一般不允许装入飞机的主货舱，仅适合特定机型的特定货舱。

航空集装器的种类主要有以下几种：

（1）集装板和网套。

集装板（pallet）有不同的型号，以适应不同的机型和飞机的不同部位，其四周带有卡锁轨和网带卡锁眼。网套用来固定板上的货物。

（2）集装棚。

集装棚（igloo）的作用是保护飞机的内壁，分为结构式集装棚与非结构式集装棚。结构式集装棚带有固定在底板上的外壳设备，它实际上形成了一个完整的集装箱。非结构式集装棚就是在集装板和网套之间增加一个非结构的棚罩。

（3）集装箱。

集装箱（container）类似于结构式集装棚，主要有三种类型，即空陆联运集装箱、主货舱集装箱、下货舱集装箱。空陆联运集装箱尺寸相对固定，只能装于全货机或装于客机的主货舱内，主要有 20 英尺×8 英尺×8 英尺和 40 英尺×8 英尺×8 英尺两种规格。主货舱集装箱只能用于全货机或客机的主货舱内。下货舱集装箱只能用于宽体飞机的下货舱内。

（二）机场

机场（航空站）既是提供飞机起飞、着陆、停驻、维护、补充给养及组织飞行保障活动的场所，也是旅客和货物的起点、终点或转折点。机场是空运货物物流的结点。

机场按航线性质划分，可分为国际航线机场（国际机场）和国内航线机场；按机场在民航运输网络中所起作用划分，可分为枢纽机场、干线机场和支线机场；按机场所在城市的性质、地位划分，可分为 I 类机场、II 类机场、III 类机场和 V 类机场；按机场最大起飞全重，可分为一、二、三、四级机场；按照年旅客吞吐量或货物运输吞吐量，可分为小型、中小型、中型、大型、特大型五级机场。

（三）飞行航线

空运航线是空运货物物流的路径。民航飞机从事运输飞行，必须按照规定的线路进行，这种路线叫作航空交通线，简称"航线（air route）"。航线由飞行的起点、经停点、终点、航路、机型等要素组成。航线按飞机飞行的路线分为国内航线和国际航线。飞机飞行的线路起讫点、经停点均在国内的称为国内航线，飞机飞行的线路跨越本国国境，通达其他国家的称为国际航线。飞机按照民航管理当局批准的民航运输飞行班期时刻表由始发站起飞按照规定的航线经过经停站至终点站做运输飞行的称为航班（flight service）。

世界重要航空线可分为以下三种：

（1）西欧—北美的北大西洋航空线，主要往返于西欧的巴黎、伦敦、法兰克福与北美的纽约、芝加哥、蒙特利尔等机场。

（2）西欧—中东—远东航空线。该航线连接西欧各主要机场至远东的香港、北京、东京等各机场。途经的重要航空站有雅典、开罗、德黑兰、卡拉奇、新德里、曼谷和新加坡等。

（3）远东—北美的北太平洋航线。这是远东的北京、香港、东京等主要国际机场经北太平洋上空至北美西海岸的温哥华、西雅图、旧金山和洛杉矶等国际机场，再连接北美大西洋岸的航空中心的航线。太平洋上的檀香山、阿拉斯加的安克雷奇国际机场是该航线的重要中间加油站。

此外，还有北美—南美、西欧—南美、西欧—非洲、西欧—东南亚—澳新、远东—澳新、北美—澳新等重要国际航空线。

目前，我国已有多条国际航线，从北京、上海、广州、昆明、大连、厦门等国际机场启程，可飞往亚洲、非洲、欧洲、大洋洲、北美洲等国家的城市。

（四）空中交通管理系统和货运服务

空中交通管理系统是为了保证航空器飞行安全及提高空域和机场飞行区的利用效

率而设置的各种助航设备和空中交通管制机构及规则。

航空运输的机场一般为客货兼营，在机场内设有货运服务站。货运服务站是空运货物集结、暂存、装卸搬运、信息处理的场所。

四、国际航空货物运输方式

国际航空货物运输有班机运输（scheduled air line）、包机运输（chartered carrier）、集中托运和航空快件运输等方式。

（一）班机运输

班机运输是指在固定航线上定期航行的航班。班机运输一般有固定的始发站、经停站和到达站。货运航班只是由某些规模较大的专门的航空货运公司或一些业务范围较广的综合性航空公司在货运量较为集中的航线开辟。航空公司通常采用客货混合型飞机，在搭乘旅客的同时也承揽小批量货物的运输。班机运输有固定的航线、挂靠港、固定的航期，并在一定时间内有相对固定的收费标准，对进出口商来讲，采用班机运输方式可以在贸易合同签署之前预期货物的起运和到达时间，核算运输成本，合同的履行也较有保障，因此，班机运输成为多数贸易商的首选航空货物运输形式。

（二）包机运输

班机运输形式下货物舱位常常有限，因此当货物批量较大时，包机运输就成为重要的运输方式。包机运输通常可分为整机包机和部分包机。

（1）整机包机是指航空公司或包机代理公司按照合同中双方事先约定的条件和运价将整架飞机租给租机人，从一个或几个航空港装运货物至指定目的地的运输方式。它适合运送大宗货物，运费随国际航空货物运输市场的供求变化情况而定。通常，租机事宜应在货物装运前一个月与航空公司谈妥，以便航空公司安排运载和向起降机场及有关政府部门申请入境及办理有关手续。

（2）部分包机是指由几家航空货运代理公司或发货人联合包租一架飞机，或者是由包机公司把一架飞机的舱位分别卖给几家航空货运代理公司的货物运输形式。相对而言，部分包机适用于运送一吨以上但货量不足整机的货物，在这种形式下货物运费比整机运输低，但由于需要等待其他货主备妥货物，因此运送时间要长。

（三）集中托运

集中托运方式是指航空货运代理公司把若干批单独发运的货物组成一整批，向航空公司办理托运，填写一份总运单将货物发运到同一站，由航空货运代理公司在目的地的指定代理人负责收货、报关，并将货物分别交予各收货人的一种运输方式。

航空公司按不同重量批准公布多种运费率，并采用递减原则，这就使航空货运代理可以把从不同发货人处收集的小件货物集中起来后运出，享受汇总后重量的运价，从而赚取运价的差额。这种集中托运方式在国际航空货物运输业中比较普遍，也是航空货运代理的主要业务之一。

（四）航空快件运输

航空快件运输是指具有独立法人资格的企业，通过航空货物运输及自身或代理的网络，在发货人与收货人之间以最快速度传递物品的一种现代化的运输组织方法，因为主要运送国际往来的档和物品，也称为国际快件运输。

航空快件运输已成为航空货物运输的主要业务之一。它不同于航空邮寄和航空货运，而是由一个专门经营此项业务的机构与航空公司密切合作，设专人以最快的速度在货主、机场和收件人之间传送急件，特别适用于急需的药品、医疗器械、贵重物品、图纸资料、货样及单证等的运输。

五、国际航空货物运输当事人

国际航空货物运输当事人主要有发货人、收货人、承运人、代理人以及地面运输公司，承运人一般指航空公司，代理人一般指航空货运公司。

（一）航空公司

航空公司自身拥有飞行器并借以从事航空货物运输活动，主要业务是把货物和旅客从某地机场用飞机运到另一地机场。多数航空公司有定期航班，有些则无定期航班，只提供包机服务。

（二）航空货运公司

航空货运公司又称空运代理，是随着航空货物运输业务的发展以及航空公司运输业务的集中化发展起来的一种服务性行业。它们负责航空货物在始发站交给航空公司之前的揽货、接收、报关、订舱，以及在目的地从航空公司手中接货、报关、交付或送货上门等业务。航空货运公司具有以下优点：

（1）航空公司能更加集中精力搞好空中运输业务而不必担心货源。

（2）方便货主，货主可以及时托运、查询、跟踪货物。

（3）将零散装货物集中拼装托运，简便手续，降低运输成本。

第二节　国际货物航空运单

一、航空运单

航空运单是由承运人或其代理人签发的重要的货物运输单据，是承托双方的运输合同，其内容对双方均具有约束力。航空运单不可转让，持有航空运单也并不能说明可以对货物要求所有权。

（1）航空运单是托运人与航空承运人之间运输合同的证明。航空运单证明航空运输合同的存在，在双方共同签署后产生效力，并在货物到达目的地交付给运单上所记载的收货人后失效。

（2）航空运单是承运人签发的已接收货物的证明。航空运单也是货物收据，在托运人将货物发运后，承运人或其代理人就会将其中一份交给托运人（托运人联），作为已经接收货物的证明。除非另外注明，它是承运人收到货物在良好条件下装运的收据。

（3）航空运单是承运人据以核收运费的账单。航空运单分别记载着属于收货人负担的费用，属于应支付给承运人的费用和应支付给代理人的费用，并详细列明费用的种类、金额，因此可作为运费账单和发票。承运人往往也将其中的承运人联作为记账凭证。

（4）航空运单是报关单证之一。出口时航空运单是报关单证之一。在货物到达目的地机场进行进口报关时，航空运单也通常是海关查验放行的基本单证。

（5）航空运单同时可作为保险证书。如果承运人承办保险或托运人要求承运人代办保险，则航空运单也可用作保险单证。

（6）航空运单是承运人内部业务的依据。航空运单随货同行，证明了货物的身份。运单上载有有关该票货物发送、转运、交付的事项，承运人会据此对货物的运输做出相应安排。

航空运单的正本一式三份，每份都印有背面条款，其中一份交托运人，是承运人或其代理人接收货物的收据；第二份由承运人留存，作为记账凭证；最后一份随货同行，在货物到达目的地，交付给收货人时作为核收货物的依据。

二、航空运单的分类

航空运单主要分为以下两大类：

（一）航空主运单

凡由航空运输公司签发的，以托运人名义填写的航空运单就称为航空主运单（master air waybill，MAWB）。它是航空运输公司据以办理货物运输和交付的依据，是航空公司和托运人订立的运输合同，每一批航空运输的货物都有自己相对应的航空主运单。

主运单一般一式十二份，包括三份正本、六份副本和三份额外副本。其中，三份正本分别交给航空公司、托运人和收货人。六份副本分别用于提取货物、交目的地机场、交给代理和交第一、二、三承运人。

（二）航空分运单

集中托运人在办理集中托运业务时签发的航空运单被称做航空分运单（house air waybill，HAWB）。

在集中托运的情况下，除了航空运输公司签发主运单外，集中托运人还要签发航空分运单。此时各方的关系如图5-1所示。

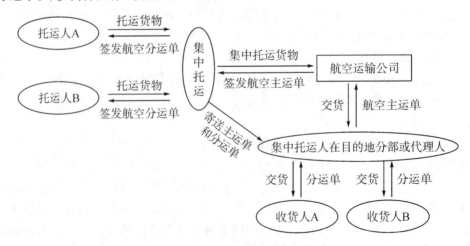

图5-1 航空运单与航空分运单流转

在这中间，航空分运单作为集中托运人与托运人之间的货物运输合同，合同双方分别为货主 A、B 和集中托运人；而航空主运单作为航空运输公司与集中托运人之间的货物运输合同，当事人则为集中托运人和航空运输公司。货主与航空运输公司没有直接的契约关系。不仅如此，由于在起运地货物由集中托运人将货物交付航空运输公司，在目的地由集中托运人或其代理从航空运输公司处提取货物，再转交给收货人，因此货主与航空运输公司也没有直接的货物交接关系。

三、航空运单的填写

航空运单与海运提单类似，也有正面条款、背面条款之分，不同的航空公司也会有自己独特的航空运单格式。所不同的是，航运公司的海运提单可能千差万别，但各航空公司所使用的航空运单则大多借鉴国际航空运输协会（IATA）所推荐的标准格式（见表 5-1），差别并不大。所以这里只介绍这种标准格式。以下就是一份 IATA 建议采用的标准航空运单。

表 5-1　航空运单样本

999		999-	
Shipper's Name and Address	Shipper's Account Number	NOTNEGOTIABLE 中国民航 CAAC AIR WAY BILL（AIR CONSIGNMENT NOTE. ISSUED BY：THE CIVILAVIATION ADMINIS TRATION OF CHINA BEIJING CHINA）	
		Copies1, 2 and 3 of this Air Way bill are originals and have the same validity	
Consignee's Name and Address	Consignee's Account Number	It is agreed that the goods described herein are accepted in apparent good order and condition（except as noted）for carriage SUBJECT TO THE CONDITIONS OF CONTRACTION THE REVERSEHERE OF. THE SHIPPER'S ATTENTION IS DRAWN TO THE NOTICE CONCERNING CARRIER'S LIMITATION OF LIABILITY. Shipper may increase such limitation of liability by declaring a higher value for carriage and paying a supplemental charge if required. ISSUING CARRIER MAINTAINS CARGO ACCIDENT LIABILITY IN-SURANCE	

Issuing Carrier's Agent Name and City		
Agent's IATA Code	Account No.	Accounting Information
Airport of Departure（Addr. Of First Carrier）and Requested Routing		

to	By first carrier	Routing and destination	to	by	to	by	Currency	ChgsCode	WT/VAT		Other		Declared Value for carriage	Declared Value for Carrige
									PPD	COLL	PPD	COLL		

Airport Destination	Flight/for Carrier Date Use only	Flight /Date	Amount of Insurance	INSURANCE if carrier offers insurance, and such insurance is requested in accordance with conditions on reverse here of, indicate amount to be insured in figures in box marked amount of insurance

表5-1(续)

No. of Pieces RCP	Gross Weight	Kg/lb	Rate Class Commodity ltem No.	Charge- able Weight	Rate/Charge	Total	Declared Value for carriage Declared Value for Carrige
					e		

Handling Information
(for USA only) Those commodities licensed by U. S. forultimate destination…Diversion contrary to U. S. law is prohibited

Prepaid Weight Charge Collect Valuation Charge	Other Charge
Tax	
Total Other Charges Due Agent	

Total Other Charges Due Agent	Shipper certifies that the particulars on the face here of are correct and that insofar as any part of the consignment contains dangerous goods, such part is properly described by name and is in proper condition for carriage by air according to the applicable Dangerous Goods Regulations
Total Other Charges Due Carrier	
	Signature of Shipper or His Agent

Total Prepaid Total Collect	
Courrency Conversion Rates	C C Chargesin Dest. Currency
For Carriers Use only at Destination	Charge at Destination

Executed on (date) at (place) Signature of Issuing Carrier or His Agent

Total Collect Charge	999-

第三节　航空货物运价与运费

航空运价又称费率（rates），是指承运人为运输货物对规定的重量单位（或体积）收取的费用，特指机场与机场间的空中费用，不包括承运人、代理人或机场收取的其他费用。运费（transportation charges）是根据适用运价计得的发货人或收货人应当支付的每批货物的运输费用。

一、航空货物运价体系

（一）协议运价和国际航协运价
目前，国际航空货物运价按指定的途径分为协议运价和国际航协运价两种。

1. 协议运价

协议运价，顾名思义，是托运人与航空公司双方协议制定的价格。一般为得到足够数量的优惠，托运人会在协议中承诺在一定时间内使用某一最低数量的运输服务。包舱包板业务的包用人与航空公司之间往往使用协议运价。

2. 国际航协运价

国际航协运价是指 IATA 通过运价手册向全世界公布的运价，需要结合国际货物运输规则使用，航空公司通常以国际航协的运价为基础，对不同托运人报折扣价格。

IATA 的运价体系包括：

（1）公布的直达运价，分普通货物运价、指定货物运价、等级货物运价和集装货物运价。

（2）非公布的直达运价，分比例运价和分段相加运价。

【数据链接】TACT 和航空运输区划

《航空货物运价手册》（*The Air Cargo Tariff*，TACT）是 IATA 提供的众多出版物之一，它的内容包括国际航空货运规则、各航线运输费率，相关政府管理规定等与航空货运密切相关的许多内容，是航空货运从业者必不可少的工作手册之一。

从事航空运输业务时，还常常会遇到航协区的概念。所谓航协区是 IATA 为规范国际航空业务而设定的区位概念。在充分考虑了世界不同国家、地区的社会传统和经济发展水平后，IATA 将全球划分成三个航协区，每个区又分成几个亚区。

这一划分方式与我们熟悉的世界行政区划有所不同。其中，一区（TC1）包括北美、中美、南美、格陵兰、百慕大和夏威夷群岛。二区（TC2）由整个欧洲大陆（包括俄罗斯的欧洲部分）及毗邻岛屿，冰岛、亚速尔群岛，非洲大陆和毗邻岛屿，亚洲的伊朗及伊朗以西地区组成。二区也是和我们所熟知的政治地理区划差异最多的一个区，主要包括以下三个亚区：

（1）非洲区：含非洲大多数国家及地区，但北部非洲的摩洛哥、阿尔及利亚、突尼斯、埃及和苏丹不包括在内。

（2）欧洲区：包括欧洲国家和摩洛哥、阿尔及利亚、突尼斯三个非洲国家和土耳其（既包括欧洲部分，也包括亚洲部分）。俄罗斯仅包括其欧洲部分。

（3）中东区：包括巴林、塞浦路斯、埃及、伊朗、伊拉克、以色列、约旦、科威特、黎巴嫩、阿曼、卡塔尔、沙特阿拉伯、苏丹、叙利亚、阿拉伯联合酋长国、也门等。

三区（TC3）由整个亚洲大陆及毗邻岛屿（已包括在二区的部分除外），澳大利亚、新西兰及毗邻岛屿，太平洋岛屿（已包括在一区的部分除外）组成，分为以下四个亚区：

（1）南亚次大陆区：包括阿富汗、印度、巴基斯坦、斯里兰卡等南亚国家。

（2）东南亚区：包括中国（含港、澳、台地区）、东南亚诸国、蒙古、俄罗斯亚洲部分及土库曼斯坦等独联体国家、密克罗尼西亚等群岛地区。

（3）西南太平洋洲区：包括澳大利亚、新西兰、所罗门群岛等。

（4）日本、朝鲜区：仅含日本和朝鲜半岛。

（二）公布的直达运价种类

公布的直达运价指航空公司在运价本上直接公布的对由始发地机场运至目的地机场的每一重量单位货物收取的航空服务费用，一般以起运地的本国货币表示（如表5-2中的费率 N 就理解为 77.93 元/千克）。该运价一般只在特定时间内有效，托运人可以根据货物所适用的直达运价乘以货物的计费重量得到该货物应付的航空运费。

表 5-2　航空货物运价

始发地	目的地	货物种类	计重标准	KGS/千克
BEIJING 北京	FRANKFURT 法兰克福	2 199①	M N 45 100 300 1 000	480.00 77.93 60.63 54.28 49.09 43.46

①2 199 为服装（包括鞋、袜）类指定商品。

1. 指定货物运价（specific commodity rates，SCR）

指定货物运价用字母 C 表示，通常是承运人根据在某一航线上经常运输某指定货物的托运人的请求或为促进某地区间某一种类货物的运输，经国际航空运输协会同意所提供的优惠运价。

国际航空运输协会公布指定货物运价时将货物划分为以下类型：

（1）0001~0999 可食用的动物和植物产品。

（2）1000~1999 活动物和非食用动物及植物产品。

（3）2000~2999 纺织品、纤维及其制品。

（4）3000~3999 金属及其制品，但不包括机械、车辆和电器设备。

（5）4000~4999 机械、车辆和电器设备。

（6）5000~5999 非金属矿物质及其制品。

（7）6000~6999 化工材料及相关产品。

（8）7000~7999 纸张、芦苇橡胶和木材制品。

（9）8000~8999 科学仪器、专业仪器、精密仪器、器械及配件。

（10）9000~9999 其他货物。

每一组又可以细分为 10 个小组，每个小组再进行细分，这样一来，几乎所有的商品都有一个对应的组号，公布指定货物运价时只要指出本运价适用于哪一组货物就可以了，如 0007 就指水果、蔬菜。

因为承运人制定特种运价的初衷是使运价更具竞争力，吸引更多客户使用航空货运形式，使航空公司的运力得到更充分的利用，所以指定货物运价比普通货物运价要低。因此，适用特种运价的货物除了满足航线和货物种类的要求外，还必须达到承运人所规定的起码运量（如 100 千克）。如果货量不足，而托运人又希望适用特种运价，那么货物的计费重量就要以所规定的最低运量（100 千克）为准，该批货物的运费就是计费重量（在此是最低运量）与所适用的指定货物运价的乘积。

2. 等级货物运价（class rates or commodity classification rates，CCR）

等级货物运价指适用于指定区域内部或区域之间的特定货物的运价，通常表示为在普通货物运价的基础上增加或减少一定的百分比。例如，规定在航协区一区和二区之间的聋哑人专用设备按 N 运价的 50%核收。

适用等级货物运价的货物通常有：

（1）活动物、活动物的集装箱和笼子。

（2）贵重物品。

（3）尸体或骨灰。

（4）报纸、杂志、期刊，书籍、商品目录、盲人和聋哑人专用设备和书籍等出版物。

（5）作为货物托运的行李。

其中（1）~（3）项通常在普通货物运价基础上增加一定百分比，简写为 S；（4）~（5）项在普通货物运价的基础上减少一定百分比，简写为 R。

3. 普通货物运价（general cargo rates，GCR）

普通货物运价是适用最为广泛的一种运价。当一批货物不能适用指定货物运价，也不属于等级货物时，就应该适用普通货物运价。

通常，各航空公司在公布普通货物运价时会针对所承运货物数量的不同规定几个计费重量分界点（break points）。最常见的是 45 千克分界点，也就是说，将货物分为：45 千克以下的货物，又称为标准普通货物运价（normal general cargo rates），或简称 N；45 千克以上的货物（含 45 千克），简称 Q45。另外，根据航线货流量的不同还可以规定 100 千克、300 千克等分界点。其中，45、100、300 等被称为"计费重量分界点"。运价的数额随运输货量的增加而降低，这也是航空运价的显著特点之一（见表 5-2）。

4. 起码运费（minimum charges，M）

起码运费是航空公司办理一批货物所能接受的最低运费，是航空公司在考虑办理即使很小的一批货物也会产生的固定费用后制定的，如表 5-2 中的"480.00"，就解释为每托运一笔货物至少支付 480 元的运费。

如果承运人收取的运费低于起码运费，就不能弥补运送成本。因此，航空公司规定无论所运送的货物适用哪一种航空运价，所计算出来的运费总额都不得低于起码运费。若计算出的数值低于起码运费，则按起码运费计收，另有规定的除外。

航空货运中除以上介绍的四种公布的直达运价外，还有一种特殊的运价，即成组货物运价（united consignment ULD，unit load devices）适用于托盘或集装箱货物。

（三）非公布的直达航空运价

如果甲、乙两地间没有适用的直达运价，则要选择比例运价或利用分段相加运价。

1. 比例运价（construction rate）

运价手册除公布直达运价外，还公布一种不能单独使用的附加数（add-on-amounts）。当货物的始发地或目的地无公布的直达运价时，可采用比例运价与已知的公布的直达运价相加，构成非公布的直达运价。

需要注意的是，在利用比例运价时，普通货物运价的比例运价只能与普通货物运价相加，指定货物运价、集装设备的比例运价也只能与同类型的直达运价相加，不能混用。此外，可以用比例运价加直达运价，也可以用直达运价加比例运价，还可以在计算中使用两个比例运价，但这两个比例运价不可连续使用。

2. 分段相加运价（combination of rate）

所谓分段相加运价是指在两地间既没有直达运价也无法利用比例运价时可以在始发地与目的地之间选择合适的计算点，分别找到始发地至该点，该点至目的地的运价，两段运价相加组成全程的最低运价。

无论是比例运价还是分段相加运价，中间计算点的选择，也就是不同航线的选择将直接影响计算出来的两地之间的运价，因此承运人允许托运人在正确使用的前提下，以不同计算结果中最低值作为该货物适用的航空运价。

二、航空运费的计算

（一）计费重量

所谓计费重量（chargeable weight）就是据以计算运费的货物的数量。航空货物的计费重量和很多因素有关，特别是与货物的密度相关。一件货物的计费重量既可能是货物本身的毛重（重货），也可能是货物的体积重量（轻货），还可能是较高重量分界点的重量。

1. 重货（high density cargo）

重货是指那些每 6 000 立方厘米或每 366 立方英寸重量超过 1 千克或者每 166 立方英寸重量超过 11 磅的货物。重货的计费重量就是它的毛重。

如果货物的毛重以千克表示，计费重量的最小单位是 0.5 千克。当重量不足 0.5 千克时，按 0.5 千克计算；超过 0.5 千克不足 1 千克时按 1 千克计算。例如，毛重为 12.2 千克的货物，其计费重量是 12.5 千克；毛重为 12.7 千克的货物，其计费重量是 13.0 千克。如果货物的毛重以 1 磅表示，当货物不足 11 磅时，按 11 磅计算。

2. 轻货（low density cargo）

轻货或轻泡货物是那些指每 6 000 立方厘米或每 366 立方英寸重量不足 1 千克或者每 166 立方英寸重量不足 1 磅的货物。

按照 IATA 的规则，轻泡货物以它的体积重量（volume weight），也就是将货物的体积按一定的比例折合成重量，作为计费重量，具体的计算方法如下：

（1）不考虑货物的几何形状分别量出货物的最长、最宽、最高的部分，单位为厘米或英寸，测量数值的尾数需要进行四舍五入处理。

（2）将货物的长、宽、高相乘得出货物的体积。

（3）将体积折合成千克或磅，即根据所使用不同的度量单位分别用体积值除以 6 000 立方厘米或 366 立方英寸或 166 立方英寸。

（4）体积重量尾数的处理方法与毛重尾数的处理方法相同。

以如下货物为例，底面为规则的六边形，最长边 50 厘米，高度为 120 厘米（见图 5-3），则该货物的体积就为 50×50×120 = 300 000（立方厘米），折合成体积重量为 300 000÷6 000 = 50。如果该货物的实际毛重超过 50 千克，如为 65 千克，则该货物为重货，计费重量为 65 千克；如果货物的实际毛重不足 50 千克，如 35 千克，则该货物属于轻货，应以 50 的体积重量为计费重量。

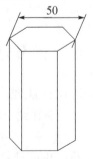

图 5-3　货物计费重量

3. 多件货物

在集中托运的情况下，同一运单项下会有多件货物，其中有重货也有轻货，此时货物的计费重量就按照该批货物的总毛重或总体积重量中较高的一个计算。首先，计算这一整批货物总的实际毛重；其次，计算该批货物的总体积，并求出体积重量；最后，比较两个数值，并以高的作为该批货物的计费重量。因此，合理安排混合装运的货物可以有效节约运费。

（二）航空运价的使用规则

为规范运费计算，IATA 对国际航协的运价使用制定了一系列规则，具体包括以下内容：

（1）除起码运费外，公布的直达运价都以千克或磅为单位。

（2）航空运费计算时，应首先适用指定货物运价，其次是等级货物运价，最后是普通货物运价。

（3）如按指定货物运价或等级货物运价或普通货物运价计算的货物运费总额低于所规定的起码运费时，按起码运费计收。

（4）承运货物的计费重量可以是货物的实际重量或者是体积重量，以高的为准。如果某一运价要求有最低运量，而货物的实际重量或者是体积重量都不能达到要求时，以最低运量为计费重量。

（5）公布的直达运价是一个机场至另一个机场的运价，而且只适用于单一方向。

（6）公布的直达运价仅指基本运费，不包含仓储等附加费。

（7）原则上，公布的直达运价与飞机飞行的路线无关，但可能因承运人选择的航路不同而受到影响。

（8）运价的货币单位一般以起运地当地货币单位为准，费率以承运人或其授权代理人签发空运单的时间为准。

（9）多件货物混运时，如分别申报每一种类货物的品名、件数、重量、体积，则可以分别适用不同的运价，分别计算计费重量，得到总运费。如果混运的货物使用同一包装，则按混运货物中运价最高的货物计收运费。

（三）航空运费计算

以表 5-3 为例，如果所托运的普通货物毛重 30 千克，体积重量为 35，则需要适用 N 运价，单件运费为 35×77.93 = 2 727.55（元）。

表 5-3　航空货物运单

No. of pieces RCP（RCP 件数）	Gross weight（毛重）	kg/lb（公斤/磅）		Rate Class（费率等级）	Charge able weight（收费重量）	Rate/Charge（运价）	Total（运费总额）	Nature and quantity of goods（货物的品名、数量）
				Commodity Item No（商品项目编号）				
1	30	K	N		35	77.93	2 727.55	SAMPLE IDMS：××

可以发现，这一数字已经非常接近 45 千克货物的运费水平（45×60.63 = 2 728.35元）。进一步分析还会发现，在这样的运价结构下，35.5 千克货物应支付的运费已经超过了 45 千克货物应支付的运费金额（35.5×77.93 = 2 766.515>2 728.35）。同样的现象

还会出现在 90 千克以上货物。这种现象显然不合理，因此航空公司又规定在托运 35.5~45 千克、90~100 千克货物时，允许托运人以 45 千克、100 千克为计费重量，分别适用较高计费重量分界点的运价。当然，此时的运单填写也就相应进行调整，如 35.5 千克货物的运单就应如表 5-4 所示。

表 5-4　航空货物运单

No. of pieces RCP（货物件数）	Gross weight（毛重）	千克/lb（公斤/磅）	Rate Class 运价等级		Chargeable weight（计费重量）	Rate/Charge（运价）	Total（运费总额）	Nature and quantity of goods（货物的品名、数量）
			Commodity Item No.（商品代码）					
1	35.5	K	N		45	60.63	2 728.35	SAMPLE DMS：××

由于上述情况非常容易出现，为简化工作，在多数情况下，业务人员都会事先就现有的运价结构计算出可以合理适用下一级运价的分界点，这一分界点又被称为“经济计费重量分界点”（economic break-even point），如 100 千克和 300 千克普通货物的经济计费重量分界点就为：300×49.09÷54.28＝271.32（千克）。

同样的概念也可以用于指定货物运价。由于航空公司对指定货物的最低运量要求较高，所以即使所托运的货物可以适用指定货物运价，也需要考虑托运数量是否过低。如果低于经济计费重量分界点，也可以适用普通货物运价。

（四）航空附加费

1. 声明价值费

声明价值费（valuation charges）在各种运输方式中都存在，是针对高价值货物所征收的一种附加费。高价值货物的托运人可以选择不声明价值，即不向运输公司说明货物的价值，一旦发生货物的灭失或损坏，运输公司将根据相关法律、法规的要求承担赔偿责任，也意味着运输承运人可以通过法律中最高赔偿责任限额的规定将自己对货方的责任限制在一定范围内，有效控制经营风险。如果托运人选择向运输公司说明货物的价值，即“声明”货物价值，则须按规定支付一定的声明价值费，在发生货物灭失或损坏的时候，运输企业将根据规定参照货物的声明价值进行赔付。

具体到航空运输，《蒙特利尔公约》规定了承运人的最高赔偿责任限额，即 17SDR 或其他等值货币。如果货物的价值超过了上述值，即增加了承运人的责任，承运人会加收声明价值费。

声明价值费＝（货物价值-货物毛重×17SDR/千克）×声明价值费费率

声明价值费费率通常为 0.5%。由于货物的声明价值是针对整件货物而言，所以不存在对货物某部分的声明价值。不仅如此，由于与运输责任密切相关，很多航空公司规定声明价值费必须与运费一同缴付。

2. 其他附加费

其他附加费包括制单费、货到付款附加费、提货费、燃油附加费等，一般只有在承运人或航空货运代理人或集中托运人提供服务时或特定情况下才会收取。

第四节　航空运输的国际条约

一、《华沙公约》与《蒙特利尔公约》

航空业的跨国特征是与生俱来的，因此航空货物运输的产生、发展必然伴随着调整这种运输方式的统一实体法规范的国际公约的产生、发展。又因为航空业历史较短，得以吸收了包括海运在内的其他各种运输方式有关国际公约、惯例的精神，并根据航空业的自身特征做出了修改。其中较有影响力的国际航空运输公约有：

（1）《华沙公约》（1929 年）。

（2）《海牙议定书》（1955 年）。

（3）《瓜达拉哈拉公约》（1961 年）。

（4）《蒙特利尔（暂时）协议》（1966 年）。

（5）《危地马拉议定书》（1971 年）。

（6）《蒙特利尔第一号附加议定书》（1975 年）。

（7）《蒙特利尔第二号附加议定书》（1975 年）。

（8）《蒙特利尔第三号附加议定书》（1975 年）。

（9）《蒙特利尔第四号附加议定书》（1975 年）。

《华沙公约》的全称为《统一航空运输某些规则的公约》，1929 年 10 月 12 日由德国、英国、法国、瑞典、苏联、巴西、日本、波兰等国家在华沙签订，因此简称为《华沙公约》。作为最早的航空私法，《华沙公约》的宗旨是解决不同国家"在航空运输使用凭证和承运人责任方面"的有关问题，规定了以航空承运人为一方和以旅客、货物托运人、收货人为另一方的航空运输合同双方的权利、义务关系，确定了国际航空运输的一些基本原则，已经为世界上大多数国家所接受。我国在 1958 年参加了《华沙公约》。

第二次世界大战后，由于航空运输业的飞速发展以及世界政治形势的急剧变化，《华沙公约》的某些内容与现实的要求脱节，《修订一九二九年十月十二日在华沙签订的"统一有关国际航空运输某些规则的公约"的议定书》，即《海牙议定书》正是此时诞生的。该议定书签订于 1955 年，1963 年 8 月 1 日生效。我国于 1975 年成为《海牙议定书》的缔约国。《海牙议定书》删改了《华沙公约》签订时所使用的过时的政治术语，如宗主国、委任统治权等，保留了承运人过失责任制的基础，并顺应历史的潮流取消了驾驶、飞机操作和领航免费的规定。同时，《海牙议定书》适时加大了承运人对旅客的赔偿责任，延长了航空货运中的索赔时效。《瓜达拉哈拉公约》《危地马拉议定书》等也从不同侧面对《华沙公约》进行了修订或者对其进行增补以使其更适应现代社会的发展，如《瓜达拉哈拉公约》对立约承运人进行了理论阐述，《危地马拉议定书》修订了《华沙公约》和《海牙议定书》有关旅客和行李运输的规定，蒙特利尔的四个议定书则提出以特别提款权为计算赔偿限额的方式，并对承运人责任基础提出新的主张等。这些议定书的内容彼此相关却又各自独立，它们的缔约国并不自然成为以后各议定书的参加国，也不一定受其管辖。但它们都不能脱离《华沙公约》的框架，不能单独使用，所以又被合称为"华沙体系"。

华沙体系的多个公约并存，各国参与不同议定书的局面导致国际航空体系一度复杂而不合理，搭乘同一架飞机的不同乘客很可能因为机票购买地国家参与的议定书不同在出现意外事故时获得差异极大的赔偿，这在某种程度上造成了航空运输业的混乱。因此，从 20 世纪 70 年代开始，人们一直在期待一个合并所有华沙体系的统一的公约文本，以统一规则。终于，在 1999 年，在国际民航组织的大力推动下，召开了国际民航组织大会，并于当年 5 月 28 日在蒙特利尔正式通过了《统一国际航空运输某些规则的公约》（《蒙特利尔公约》），该公约在 2005 年对我国生效。《蒙特利尔公约》很好地继承了《华沙公约》和华沙体系的传统，满足了航空业时代发展的需要，最重要的是统一了相关的国际立法，为行业发展提供了重要保障。

二、《蒙特利尔公约》的基本规定

《蒙特利尔公约》是国际民航组织通过的统一国际航空运输规则的国际私法，是一部多边的国际条约，既规定了国际航空运输的有关凭证和当事人的义务，又确定了承运人的责任和赔偿范围、诉讼或索赔的管辖等。所有这些规定同时面向旅客、行李和货物运输，在这里只介绍与国际物流相关的货物运输部分。

（一）公约适用范围

《蒙特利尔公约》继承了华沙体系的传统，规定公约不仅适用于商业性的国际航空货物运输，还适用于包括旅客、行李在内的其他取酬的和免费的国际航空运输，但邮件和邮包的运输因为另有国际邮政公约管辖，所以不适用。

国际航空运输按照《蒙特利尔公约》第一条的规定需要满足以下两个条件中的任意一个：

（1）航空运输的出发地和目的地分别在两个缔约国的领土内。

（2）虽然航空运输的出发地和目的地处于同一个缔约国的领土内，但在另一个国家（无论该国是否为缔约国）的领土内有一个约定的经停地。

而是否出现中转或者运输过程有无间断并不妨碍国际航空运输的认定。只要"运输合同各方认为几个连续的承运人履行的运输是一项单一的业务活动的，无论其形式是以一个合同订立或者一系列合同订立，就本公约而言，应当视为一项不可分割的运输，并不仅因其中一个合同或者一系列合同完全在同一国领土内履行而丧失其国际性质"。根据该规定，如果一批展品由北京运往芝加哥，但根据该航班的安排飞机在上海停留以搭乘更多的乘客，那么北京前往上海的航段仍然可以认定为属于国际航空运输过程，一旦发生货物毁损事件仍然应该按照《蒙特利尔公约》的规定进行赔偿。同样地，由佛罗里达飞往阿拉斯加，但在加拿大经停的航班也可以认定为国际航空运输，尽管起止地都属于美国领土。

（二）运输凭证

首先，就货物运输而言，航空货运单是应该出具的。

其次，航空货运单应该包括起运地、目的地和经停地标示，以及货物重量标示。当然，业务中仅仅有上述信息是远远不够的，所以在国际航协建议的运单中才会出现托运人、收货人、运费等补充信息，但《蒙特利尔公约》规定，只要含有上述三项最基本的信息，就可以肯定航空运单的有效性，这样避免了因业务中操作人员错误导致航空运单无效的情况。

最后，也是最重要的，就是航空运单的性质。对此，《蒙特利尔公约》明确指出：①航空货运单或者货物收据是订立合同、接受货物和所列运输条件的初步证据。②航空运单上关于货物的重量、尺寸和包装以及包件件数的任何陈述都是根据托运人提供的信息填写的，是所述事实的初步证据。除非经过承运人在托运人在场时查对，并在航空运单上注明经过查对或者做出关于货物外表状况的陈述，航空运单上关于货物的数量、体积和状况的陈述不能构成不利于承运人的证据。

航空运单与航运提单有着巨大的差异。传统的海商法理论中海运提单是货物所有权的证明，提单可以凭借背书转让，并实现货物所有权的转移。但航空运单显然不能代表其项下的货物。与《华沙公约》相一致，虽然《蒙特利尔公约》对签发可转让的航空货运单不置可否，但在实际业务中航空运单一般都印有"不可转让（not negotiable）"字样，所以事实上，航空运单并不具有可转让性。

（三）承运人责任

《蒙特利尔公约》采用了高于《华沙公约》或《海牙议定书》的严格责任制。根据《蒙特利尔公约》第十八条的规定：承运人对因货物毁灭、遗失或者损坏而产生的损失，只要造成损失的事件是在航空运输期间发生的，承运人就应当承担责任。但是，承运人证明货物的毁灭、遗失或者损坏是由下列原因造成的，则可以免除责任，这些免责内容包括：

（1）货物的固有缺陷、质量或者瑕疵。

（2）承运人或者其受雇人、代理人以外的人包装货物的，货物包装不良。

（3）战争行为或者武装冲突。

（4）公共当局实施的与货物入境、出境或者过境有关的行为。

与《华沙公约》的不完全过失原则和《海牙议定书》的过失原则相比，《蒙特利尔公约》规定的承运人的责任显然大大加重了。

关于赔偿责任限额，《蒙特利尔公约》继续使用特别提款权作为衡量标准，其第二十二条规定："在货物运输中造成毁灭、遗失、损坏或者延误的，承运人的责任以17SDR/千克为限，除非托运人在向承运人交运包件时，特别声明在目的地点交付时的利益，并在必要时支付附加费。在此种情况下，除承运人证明托运人声明的金额高于在目的地点交付时托运人的实际利益外，承运人在声明金额范围内承担责任。"

不仅如此，航空运输的重要特性在于其快捷性，因此，航空公约最早规定承运人延迟责任的运输方式，早在《华沙公约》时就根据航空运输的特点明确规定了承运人对货物运输过程中"因延迟而造成的损失应负责任"。这在当时是极有远见的。《蒙特利尔公约》也不例外，在第十九条特别规定："旅客、行李或者货物在航空运输中因延误引起的损失，承运人应当承担责任。但是，承运人证明本人及其受雇人和代理人为了避免损失的发生，已经采取一切可合理要求的措施或者不可能采取此种措施的，承运人不对因延误引起的损失承担责任。"由于航空运输的复杂性，承运人的延迟责任显然要低于一般的灭失或损坏的责任，这就使承运人免于因为航空管制、天气恶劣等造成的航班延误现象承担责任。

（四）航空运输期间

航空货运往往不能单独完成货物"门到门"的服务，需要公路运输的辅助。为提高航空运输的吸引力，一些航空公司纷纷推出公路航班的服务模式，通过提供机场到客户的公路运输服务来扩大航空服务的覆盖范围，这也就造成了航空公司服务期间不仅仅局限于机场和飞机之上的现实局面。当然，如果出现航空事故，也会出现事故地到机场的货物运输问题。为更好保护旅客、行李和货主的利益，《华沙公约》规定的航空运输期间指货物交由承运人保管的全部期间，"不论在航空站内、在航空器上或在航空站外降停的任何地点"。但对于在机场外陆运、海运或河运过程中发生的货物的灭失或损坏，只有当这种运输是为了履行航空运输合同，或者是为了装货、交货或转运时，承运人才予以负责。至于这种转运是否经过托运人同意，并不妨碍航空运输期间的确定。

《蒙特利尔公约》坚持了这样的立法原则。由于有了这样的规定，即使货物在公路运输中出现灭失或损坏，只要这种服务是航空公司提供的，是航空运输合同的一个有机组成部分，托运人就可以按照《蒙特利尔公约》要求赔偿。

（五）托运人/收货人义务

航空运单与提单的差异也表现在提交航空运单并不是航空货物交付的重要依据，而托运人对航空货物的控制和是否持有航空运单正本也没有丝毫联系。因此就有了《蒙特利尔公约》第十二条规定："托运人在负责履行运输合同规定的全部义务的条件下，有权对货物进行处置，即可以在出发地机场或者目的地机场将货物提回，或者在途中经停时中止运输，或者要求在目的地点或者途中将货物交给非原指定的收货人，或者要求将货物运回出发地机场。托运人不得因行使此种处置权而使承运人或者其他托运人遭受损失，并必须偿付因行使此种权利而产生的费用。"

显然，航空托运人对货物的控制能力要远强于海运托运人，他既可以在收货人提货之前或者拒收货物后或者凭空消失后要求承运人将货物提回，也可以要求暂停运输过程，或者改变目的地，改变收货人，而所有这些对已经转让了正本提单的海运托运人都是无能为力的。当然航空托运人的这些权利也是有限度的，既不能对收货人的提货行为造成影响，也不能给承运人增加成本负担，否则承运人还是有权利拒绝的。

除此之外，托运人/收货人还要承担一些与海运托运人/收货人相类似的义务，主要包括：

（1）支付运费。

（2）填写航空货运单，提交必要的单证。同时应对航空货运单中有关货物的各项说明、声明的正确性负责，如因填写不当使承运人或其他任何有关方遭受损失，托运人应予以赔偿。

（3）受领货物等。

（六）诉讼时效

《华沙公约》关于诉讼时效的规定明显比《海牙规则》更加合理，《蒙特利尔公约》也沿袭了这一传统。《蒙特利尔公约》第三十五条规定"自航空器到达目的地点之日、应当到达目的地点之日或者运输终止之日起两年期间内未提起诉讼的，丧失对损害赔偿的权利"。同时，《蒙特利尔公约》还明确指出仲裁也是可以被接受的争议解决方式。

三、中华人民共和国民用航空法

《中华人民共和国民用航空法》（以下简称《民航法》）诞生于 1995 年，由第八届全国人大常委会第十六次会议通过，并于 1996 年 3 月 1 日起正式施行。该法是适用于民航企业航空器适航、人员管理、飞行安全，机场建设等的综合性法规。该法第九章主要针对公共航空运输（包括旅客、行李和货物运输）做了具体的规定。

在对航空货物运输的有关规定中，《民航法》吸收了《华沙公约》（1929 年）的主要精神，如国际航空运输的定义，承运人责任期间，发、收货人的权利和义务、诉讼时效等，同时采纳了《海牙议定书》中的合理内容，删除了承运人的驾驶过失免责，延长了索赔时效。不仅如此，针对承运人对货物灭失或损坏的责任，《民航法》采取了更为严格的态度。《民航法》规定，因发生在航空运输期间的事件，造成货物毁灭、遗失或者损坏的，承运人应当承担责任；但是，承运人证明货物的毁灭、遗失或者损坏完全是因下列原因之一造成的，不承担责任：①货物本身的自然属性、质量或者缺陷；②承运人或者其受雇人、代理人以外的人包装货物的，货物包装不良的；③战争或者武装冲突；④政府有关部门实施的与货物入境、出境或者过境有关的行为。

可见，在这个问题上，《民航法》不再以是否存在过失来判断承运人是否负责，转而采用了以严格责任制为基础，这与《蒙特利尔公约》的精神是一致的。

课后思考

1. 名词解释：IATA、集中托运、航空快递、POD、航空运价、CCR、SCR、CCR、起码运价。

2. 世界重要航空线有哪几条？

3. 简述航空货物运输相关当事人及其责任关系。

4. 简述航空货运代理的优势与两种主要职能。

5. 简述出口货物航空货运代理作业的主要内容。

6. 我国国际航空运单为一式几联？其中包括几张正本？其主要作用有哪些？

7. 简述空运运单的特点。

8. 进口货物航空货运代理作业主要有哪几个环节？

9. 简述航空快递出口业务的主要步骤。

10. 计算空运货物运费时主要应考虑哪些因素？

11. 简述 GCR、SCR、CCR 主要运价的使用规则。

第六章

国际陆路运输及其他货物运输

■学习目标

掌握国际铁路运输、公路运输、管道运输概况；

了解国际邮政物流和展览、展品物流；

熟悉国际铁路货物联运程序；

掌握国际陆路运输及其他货物运输的特点。

第一节　铁路货物运输概况

铁路运输是现代运输业的主要方式，铁路运输在国际贸易货物运输中，尤其是在与接壤国家之间的贸易中，起着无法替代的作用。

铁路运输的发展只有 180 多年的历史。1825 年，世界上第一条铁路在英国的斯托克顿和达灵顿之间开始营运后，就显示出明显的优越性，且发展非常迅速。第一次世界大战前夕，世界铁路总长度已增加到 110 万千米，20 世纪 20 年代，增加到 127 万千米。从此以后，由于航空运输和公路运输的发展，铁路运输的发展步伐减慢，处于相对稳定的状态。目前，世界铁路总长度已增至 150 万千米左右。其中，美洲铁路约占世界铁路总长度的 1/3，欧洲约占 1/3，其他地区之和约占 1/3。列车速度最高可达每小时 550 千米，货运列车速度一般每小时也在 150 千米左右。

铁路运输发展的主要趋势已转变为运输设备现代化、运输管理自动化。这个趋势突出表现为：铁路牵引动力现代化的主要方向是以电力机车和内燃机车逐步代替蒸汽机车，实现了牵引动力的电气化和内燃化。其中，作为铁路现代化主要标志之一的电气化铁路，总长度已达 18 万千米；与此同时，各国加快了复线、无缝铁路和重型钢轨的铺设，并采用了现代化通信设备，特别是电子计算机的应用使铁路营运管理工作逐步走上了自动化的道路。

我国最早的一条铁路是英国修建的吴淞铁路（上海—吴淞），全长 15 千米。中国自建的铁路是于 1881 年修建的唐胥铁路（唐山—胥各庄），全长 10 千米，后延至天津，总计 130 千米，于 1888 年通车。中国工程师詹天佑自行设计建造的京张铁路（北京—张家口），全长 201 千米，4 年内完工，工程艰巨，其中一段在 22 千米长度内开通了四条隧道，仅八达岭隧道就长达 1 091 米。青龙桥站附近坡度已达 33 度，为克服列车爬坡极限，詹天佑设计了人字形铁路，迂回越过八达岭，写下了中国铁路史上光辉的一页。新中国成立前，我国共修建了 21 000 多千米铁路。

新中国成立后，铁路建设迅速发展。20 世纪 90 年代，中国已有铁路 52 000 千米，仅次于美国、苏联、加拿大和印度，居世界第五位。改革开放以来，我国铁路的发展进入了快车道，特别是 2006 年中国铁路"登上了新高度，迈向了新里程"。2006 年，世界海拔最高的高原铁路——青藏铁路全线通车。这一年，中国铁路共完成投资 1 500 多亿元（比前两年的投资总和还多）；发送旅客 12.6 亿人次和货物 28.7 亿吨，在连续三年大幅增长的高起点上再创历史新高；投产运营新线 1 605 千米。截至 2021 年年末，中国铁路的营业总里程已达 15 万千米，其中电气化铁路总里程已突破 11 万千米，高速铁路总里程突破 4 万千米，电气化铁路里程和高铁里程稳居世界第一，我国建成了世界上规模最大、现代化水平最高的高速铁路网。与此同时，我国还修建了大量的复线和无缝铁路。在牵引动力方面，内燃机车和电气机车的发展迅速；在经营管理方面，我国实行集中统一的体制。同时，我国不断引进国外先进技术，使铁路的技术和管理提高到了一个新的水平。

一、铁路货物运输的概念与特点

国际铁路货物运输是指经由地上、地下及架空铁路实现货物从一地到另一地的位移。

铁路是国民经济的大动脉，铁路运输是现代化运输业的主要运输方式之一。与其他运输方式相比，铁路运输具有以下特点：

（1）运输的准确性和连续性强。铁路运输几乎不受气候影响，一年四季可以不分昼夜地进行定期的、有规律的、准确的运转。

（2）运输速度较快。铁路的运输速度一般在 100 千米/小时左右，远远高于海上运输的速度。

（3）运输量比较大。一组可载货列车一般能运送 2 000～2 500 吨货物，远远大于航空运输或汽车运输的运输量。

（4）运输成本较低。铁路运输费用仅为汽车运输费用的几分之一到十几分之一；运输耗油约是汽车运输的二十分之一。

（5）铁路运输安全可靠，风险远比海上运输小。

（6）初期投资大。铁路运输需要铺设轨道、建造桥梁和隧道，建路工程艰巨复杂；需要消耗大量钢材、木材；需要占用土地，初期投资大大超过其他运输方式。

另外，铁路运输由运输、机务、车辆、工务、电务等业务部门组成，要具备较强的准确性和连贯性，各业务部门之间必须协调一致，这就要求在运输指挥方面实行统筹安排，统一领导。

按运输货物的种类，铁路货物运输可以分为：①冷冻货物的运输；②大量液体或气体的运输；③集装箱货物运输；④邮包运输；⑤其他货物运输。

二、国际铁路货物运输的作用

（一）有利于发展同欧亚各国的贸易

铁路把欧亚大陆连成一片，为发展中东、近东和欧洲各国的贸易提供了有利条件。新中国成立初期，我国国际贸易的对象主要局限于东欧国家，因此铁路运输占我国进出口货物运输总量的50%左右，是当时我国进出口贸易的主要运输方式。20世纪60年代以后，随着我国海上货物运输的发展，铁路运输进出口货物所占的比重虽然有所下降，但仍然发挥着十分重要的作用。20世纪50年代以来，我国与朝鲜、蒙古、越南、苏联的进出口货物，绝大部分仍然是通过铁路运输完成的，我国与西欧、北欧和中东的一些国家，也是通过国际铁路联运来进行进出口货物的运输。

（二）有利于开展同香港、澳门地区的贸易，并通过香港进行转口贸易

铁路运输是我国内地联系香港、澳门地区，开展贸易的一种重要的运输方式。香港、澳门地区所需的食品和生活用品，多由内地供应。《内地与香港关于建立更紧密经贸关系的安排》（CEPA）的正式签署和实施，预示着未来更加美好的经贸关系。所以，无论过去、现在还是将来，做好对港、澳地区的运输工作，达到优质、适量、均衡、应时的要求，在政治上和经济上都具有重要的意义。

香港是世界著名的自由港，与世界各地都有非常密切的联系，海、空定期航班比较多。作为转口贸易基地，香港开展了陆空、陆海联运，为我国发展与东南亚、欧美、非洲、大洋洲各国和地区的贸易，对保证我国出口创汇起着重要作用。

（三）对进出口货物在港口的集散和各省、市之间的商品流通起着重要作用

我国幅员辽阔，海运进口货物大部分利用铁路从港口运往内地的收货人，海运的出口货物大部分也是由内地通过铁路向港口集中。因此，铁路运输是我国国际货物运输的重要集散方式。国内各省市和地区之间调运的外贸商品、原材料、半成品和包装物料，主要也是通过铁路运输完成的。我国国际贸易进出口货物运输大多要通过铁路运输这一环节，铁路运输在我国国际货物运输中发挥着重要的作用。

第二节　国际铁路货物联运

国际铁路货物联运，是指使用一份统一的国际联运票据，由铁路当局负责经过两国或两国以上的铁路全程运送，并且由一国铁路向另一国铁路移交货物时，不需要发货人、收货人参加的运输方式。

国际铁路联运牵涉面广，从发货站发运货物时起，须经过出口国的国境站、经过国的进口和出口国境站，直到进口国的进口国境站到达站，环节多，交接复杂。因此，为使联运货物顺利运送，每批货物的包装要符合长途运输的要求，票据要规范、清晰，随附各项单证必须齐全、完备，运送车辆为国际列车，设备必须完好无损。

一、国际铁路货物联运协定

《国际铁路货物联运协定》规定了货物运送组织、运送条件、运送费用的计算和核

收办法以及铁路与发、收货人之间的权利和义务等内容。它是参加国际货协各国的铁路部门，以及发货人、收货人办理货物联运时必须遵守的基本档。

目前国际铁路货物联运有两个协定：

（一）《国际铁路货物运送公约》

1890年欧洲各国在瑞士首都伯尔尼举行的各国铁路代表大会上，制定了《国际铁路货物运送规则》，即所谓的《伯尔尼公约》，并自1893年1月起实行，后经多次修订，改称《国际铁路货物运送公约》（以下简称《国际货约》），并于1938年10月10日生效。《国际货约》在第一次和第二次世界大战期间中断实行，战后重新恢复，以后虽经屡次修改，但至今仍在使用。

（二）《国际铁路货物联运协定》

东欧剧变后，《国际铁路货物联运协定》（以下简称《国际货协》）也宣告解散，但铁路联运业务尚未发生重大改变。我国铁路自1951年4月1日起开办了中苏铁路联运，同年11月1日，苏联、阿尔及利亚和已参加《国际货约》的德国、保加利亚、匈牙利、罗马尼亚、波兰、捷克等八国签订了《国际铁路货物联运协定》。1954年1月，我国加入了《国际铁路货物联运协定》，接着又与朝鲜、越南、蒙古陆续开办了铁路联运，至此共有12个国家参加了《国际铁路货物联运协定》。该组织为保证《国际铁路货物联运协定》的执行，在华沙设立了事务局作为常设机构，负责处理日常事务。

二、国际铁路货物联运的有关规章

国际铁路货物联运的联运范围、运送条件、组织方法和参加运送的各国铁路间的权利、义务等，均由参加联运的各国铁路共同签订的联运协定，相邻国家铁路间单独缔结的协定或由签订的双边或多边协定予以规定。为了正确执行双边或多边货运协定，又制定了办事细则和其他规章，以求共同遵守。现将有关货物联运规章的主要内容和用途概述如下：

（一）《国际铁路货物联运协定》

《国际铁路货物联运协定》是参加该协定的各国铁路当局，以及发、收货人办理国际货物联运时，必须遵守的基本档。《国际铁路货物联运协定》规定了货物运送条件、运送组织、运送费用的计算核收办法，以及铁路与发、收货人之间的权利与义务等。

（二）《国际铁路货物联运协定统一过境运价规程》

《国际铁路货物联运协定统一过境运价规程》（以下简称《统一货价》），规定了过境参加国际货协的铁路时办理货物运送手续，过境运送费和杂费计算，过境铁路里程表，货物品名分等、分类表，以及货物运费计算表等。

（三）国境铁路协定和国际铁路会议议定书

国境铁路协定是由两个相邻国家的铁路当局签订，规定办理联运货物交接的国境站、车站以及货物交接的条件和办法，交接列车和机车运行办法、服务方法等具体问题。根据国境铁路协定的规定，两个相邻国家铁路当局，需要定期召开国境铁路会议，对执行协定中的有关问题进行协商，签订国境铁路会议协定书。其主要内容包括：双方铁路之间关于行车组织、旅客运送、货物运送、车辆交接及其他有关问题。其中也有涉及发、收货人权利和义务的规定。各发、收货人和铁路局须共同贯彻执行。我国与苏联、蒙古、朝鲜、越南均分别签订了国境铁路协定和国际铁路会议议定书。

另外，相关的文件还有《国际铁路货物联运协定办事细则》《国际旅客联运和国际铁路货物联运车辆使用规则》《国际客协和国际货协清算规则》，以及《国际货协》附件中的各项规则，如《敞车类货车货物装载和加固规则》《国际铁路联运危险货物运送特定条件》《国际铁路集装箱货物运送规则》《国际铁路联运易腐货物运送规则》等。为了便于执行上述国际货物联运规章，中国国家铁路集团有限公司（原铁道部）结合我国铁路办理货物联运的实际，编印了《国际铁路货物联运办法》（以下简称《联运办法》），将上述联运规章进行简化并作了补充规定，以供我国铁路各发、收到站和有关单位办理国际铁路货物联运之用。

此外，在办理国际铁路货物联运时，凡上述国际铁路联运规章和补充办法未规定的事项，均适用国内规章；国际联运和国内规章都有规定时，适用国际联运规章。表6-1为我国和邻国的国境站。

表6-1　我国和邻国的国境站

中国国境站站名	邻国国境站站名	邻接轨距/毫米	至国境线距离/千米	
			我国国境站	邻国国境站
满洲里	后贝加尔	1 520	9.8	1.3
绥芬河	格罗迭克沃	1 520	5.9	20.6
二连浩特	扎门乌德	1 524	4.8	4.5
丹东	新义州	1 435	1.4	1.7
集安	满浦	1 435	7.3	3.8
图们	南阳	1 435	2.1	1.3
凭祥	同登	1 000	13.2	4.6
山腰	新铺	1 000	6.5	4.2
阿拉山口	友谊站	1 524		
霍尔果斯	热特肯站	1 524	全长293.2千米	

三、国际铁路货物联运基本运送条件

（一）国际铁路货物联运的范围

1. 同参加《国际货协》国家铁路之间的货物运送

参加《国际货协》各国铁路办理联运的车站，除阿尔巴尼亚、朝鲜铁路外，凡开办国内货运营业的车站，都办理国际铁路货物联运。我国各站营业办理限制按国内《货物运价里程表》的规定办理。朝鲜铁路仅部分车站开办国际铁路货物联运，其货物运送按朝鲜铁路货物联运站的规定办理。

《国际货协》铁路间的货物运送使用一份运单在发货站向铁路发运，由铁路在最终到达站将货物交付收货人。在同一铁路轨距国家间，用发送国原列车直接过轨；在不同轨距国家间，则在换装站或国境站进行换装或更换另一轨距的货车轮对或使用变距

轮对。在铁路不连接的《国际货协》参加国铁路之间，其货物运送可通过参加国某一车站运用其他运输工具转运。阿尔巴尼亚铁路与其他国的铁路不连接，可以通过布达佩斯车站由发、收货人委托的收转人领取后，用其运输工具转运到阿尔巴尼亚。

2. 同未参加《国际货协》国家铁路间的货物运送

发货人在发送站用国际货协票据办理至参加《国际货协》的最后一个过境铁路的出口国境站的运送，由国境站站长（或发、收货人）委托的收转人办理转送至最终到站。

3. 通过港口的货物运送

我国通过塔林、里加，波兰铁路格丁尼亚、格但斯克、什切青或德国铁路扎斯尼次、罗斯托克等港口站向芬兰、瑞典、挪威和丹麦等国发送货物，通过大连、新港、黄埔等港口站向阿尔巴尼亚或日本等国发货。在向相反方向发货时，发货站和港口间用国际货协票据办理，由发货人或发货人委托在港口站的收转人办理转发送。

（二）国际铁路货物联运的办理类别

（1）按发货人托运货物的数量、性质、体积、状态，国际铁路货物联运的办理可以分为以下三种：整车货物（full carload，FCL）、零担货物（less than carload）和大吨位集装箱（dry container）。

（2）按运输速度，托运可以分为：慢运、快运和挂运。

（三）国境站的联检机构

由于国际铁路联运货物的车、货交接和换装作业都是在国境站办理，因此在国境站设有联检机构。

1. 国际铁路货物联运交接所

国际铁路货物联运交接所的任务包括以下内容：

（1）办理联运进出口货物、车辆的交接、换装、发运。

（2）办理交接运送单据的审核、翻译，过境运费的查核、计算。

（3）会同邻国铁路交付人员，共同处理货物交接中发生的问题。

2. 海关

海关的任务是征收关税和查禁走私，进行实际的、明确的监督管理。

3. 国境站商检

国境站商检的任务是商品检查验放工作，接受收、发货人的委托，办理各项公证、鉴定业务。

4. 动植物检疫所

动植物检疫所的任务是对动植物、动植物产品及其运输工具实施监督检疫和处理工作。

5. 边防检查站

边防检查站的任务是对过境人员及护照、行李物品、交通运输工具和所运载的物品实施边防检查。

6. 卫生和食品卫生检疫所

卫生和食品卫生检疫所的任务是对运载工具和食品、食品添加剂以及食品容器等进行卫生监督管理。

7. 中国对外贸易运输（集团）总公司口岸分公司

中国对外贸易运输（集团）总公司口岸分公司主要对货物进行发运、转运、联运、口岸交接、分拨、报关、报验，以及处理集装箱的中转、拆箱等业务。

四、出口货物国际铁路联运程序

出口货物国际铁路联运的组织工作主要包括：运输计划的编制、货物托运和承运、制单结汇、装车运送、口岸交接。

（一）出口货物国际铁路联运计划

出口货物国际铁路联运计划分为年度运量计划和月度要车计划。

1. 年度运量计划的编制

为衔接年度各国铁路间进出口货物的交接运量，每年年初，国际货协组织召开中国、朝鲜、蒙古、俄罗斯、越南五国铁路和外贸代表参加的运量计划例会，商定本年度分国别、口岸、品类、季度的外贸进出口运量。会前，我国对外贸易运输集团总公司编制国际铁路联运年度运量计划，并与国家口岸管理办公室、中国国家铁路集团有限公司等有关部门平衡确定后，提交例会，在例会上，与各国最后商定。年度运量计划安排是月度要车计划和各铁路口岸货物交接运量的主要依据。

2. 月度要车计划的报批

国际联运月度要车计划是中国对外贸易运输（集团）总公司与中国国家铁路集团有限公司共同平衡确定的指令性运输计划。月度要车计划包括整车计划、零担计划、大型集装箱计划三种类别。

具体编报程序如下：

（1）编制"国际联运"月度要车计划表。

（2）分别报送中国国家铁路集团有限公司和商务部。

（3）商务部汇总、审核后与中国国家铁路集团有限公司平衡核定。

（4）月度要车计划需要经过商务部和中国国家铁路集团有限公司平衡核定，并经有关国家、铁路部门确认以后，商务部通知各地商务厅（局）和各进出口总公司。各地商务厅（局）和各进出口总公司再分别转告所属发货单位。各铁路局（分局、车站）将中国国家铁路集团有限公司批准的月度要车计划分别通知各发货单位。

联运出口月度要车计划批准后，各发货单位应按照铁路部门的规定，向各发货站提出旬度计划，发货站于每旬度开始前，将确认的旬度计划通知各发货单位执行。

凡发运整车货物，都需要铁路部门批准的月度铁道要车计划，零担货物则不需要向铁路部门编报月度要车计划，但发货人必须事先向铁路办理托运手续。联运出口月度要车计划批准后，应当力争按计划执行。

（二）出口货物国际铁路联运的托运与承运

1. 托运前的工作

凡属国际铁路联运的出口货物，在托运前必须将货物的包装和标记严格按照合同中的有关条款、《国际货协》和议定书中的条项办理。

2. 货物托运和承运的一般程序

发货人在托运货物时，应向车站提出货运单和运单副本，以此作为货物托运的书面申请。车站接到运单后，应认真审核，对整车货物应检查是否有批准的月度、旬度货物运输计划和日要车计划。检查货物运单各项内容是否正确，以确认是否可以承运。车站一经在运单上签证，写明货物应进入车站的日期和装车日期，即表示受理了托运。发货人按签证指定的日期将货物搬入车站或指定的货位，并由铁路根据货物运单的记载查对实货，认为符合《国际货协》和有关规章制度的规定的，车站方可予以承认。整车货物一般在装车完毕，发货站在货物运单上加盖承运日期戳后，即表示货物已经承运。

对于零担货物发运，发货人在托运时，不需要编制月度、旬度要车计划，可凭运单向车站申请托运，车站受理托运后，发货人按签证指定的日期，将货物搬进货场，送到指定的货位上。经查验、过磅后，即交铁路保管。从车站将发货人托运的货物连同货物运单一同接受完毕，并在货物运单加盖承运日期戳，即表示货物已经承运。铁路对承运后的货物负保管、装车发运的责任。

总之，承运是铁路负责运送货物的开始，表示铁路开始对发货人托运的货物既承担运送义务，又承担运送上的一切责任。

3. 货物的装车、施封、价格声明和押运

（1）在我国铁路发站装车的货物，只能装到车辆最大载重量，超过即为超载。按我国铁路国内规章，标记载重量加2%为最大载重量。用敞车类运送货物时，应执行《国际货协》的规定。

（2）中国、朝鲜、越南铁路的货车，以标记载重量加5%为最大载重量，发往越南的准轨货车，货车总重（货重自重）不得超过83吨。蒙古等国的铁路货车若以两轴车标记，载重量加1吨为最大载重量；若以四轴车标记，则加2吨为最大载重量，标有"禁增"字样的车辆，只能装到标记载重量。

若装车后需要施铅封，属发货人装车的车皮，由发货人施铅封，属铁路装车的，由铁路施铅封，以便分清铁路与发货人之间以及铁路内部的交接责任。

托运贵重商品时，发货人声明的价格不得超过发票中记载的实际价值。

货物押运是指托运需要沿途照料的货物时，押运人员的乘车应按乘车铁路的规章办理。

（三）出口货物国际联运运输单证

1. 国际铁路货物联运运单

国际铁路货物联运运单（international through railway bill）是发货人与铁路之间缔结的运输契约，它规定了铁路与发、收货人在货物运送中的权利、义务和责任，对铁路和发、收货人都具有法律效力。

（1）联运运单的组成和作用。

第一张——运单正本，是货物的运送契约。它随同货物至到站并连同第五张（货物到达通知单）和货物一起交给收货人。

第二张——运行报单，是参加联运各铁路办理货物交接、划分运送责任以及清算运送费用、统计运量和运输收入的原始依据。它随同货物至到站，并留存至到达站。

第三张——运单副本。运单副本不具有运单的效力，仅证明货物已由铁路承运。发货人可凭此副本向收货人结算货款，行使变更运输要求以及在运单全部灭失时，凭此向铁路提出赔偿要求。

第四张——货物交付单。货物到达通知单随同货物至到站，并留存至到达站。

第五张——货物到达通知单。随同货物至到站，并同运单正本和货物一起交给收货人。

第一张和第五张、第二张和第四张在左边相连，第一张至第三张的背面均详细记载了向发、收货人核收运杂费的事项，第四、五张背面供铁路在运送过程中添记必要的事项，如发、收货人变更运送契约的事项，货物运送或交付阻碍商务记录的编制等等。此外，还有为发送铁路和过境铁路准备的必要份数的补充运行报单。

（2）联运运单的填写。

运单正面未画粗线的各栏由发货人填写，现将发货人填写的各栏说明如下：

第1栏，发货人及其通信地址。填写发货人的名称及其通信地址。发货人只能是一个自然人或法人。由中国、朝鲜、越南发货时，准许填写这些国家规定的发货人及其通信地址的代号。

第2栏，合同号码。填写出口单位和进口单位签订的供货合同号码。

第3栏，发站。填写运价规程中所载发站全称。

第4栏，发货人的特别声明。发货人可在该栏中填写自己的声明，例如，关于对运单的修改及易腐烂变质货物的运送条件等。

第5栏，收货人及其通信地址。注明收货人的名称及其通信地址，收货人只能是一个自然人或法人。从参加《国际货协》的铁路向未参加《国际货协》的铁路发货，并且由站长办理转发送时，则在收货人及其通信地址栏填写"站长"。

第6栏，对铁路无约束效力的记载。发货人可以对该批货物作出记载，该项记载仅仅作为对收货人的通知，铁路不承担任何义务和责任。

第7栏，通过的国境站。注明货物应通过的发送铁路和过境铁路的出口国国境站。如有可能从一个出口国国境站通过邻国的几个进口国国境站，办理货物运送时，则还需要注明运送所要通过的进口国国境站，以及根据发货人注明的通过国国境站确定的线路。

第8栏，到达路和到站。在斜线之前，应注明到达铁路的简称，在斜线之后，应用印刷体字母（中文用正楷粗体字）注明运价规程上到站的全称。运往朝鲜的货物，还应注明到站的数字代号。运往非货协国的货物并由站长办理转发时，记载《国际货协》参加路最后过境路的出口国境站，并在该站站名后记载："由铁路继续办理转发送至＿＿＿＿铁路＿＿＿＿站。"

第9~11栏的一般说明。填写第9~11栏事项时，可不受各栏间竖线的严格限制。但是，有关货物事项的填写顺序，应严格符合各栏的排列次序。

第9栏，记号、标记、号码。填写每件货物上的记号、标记和号码。货物如装在集装箱内，则还要填写集装箱号码。

第10栏，包装种类。填写包装的具体种类，如纸箱、木桶等，不能笼统地填"箱""桶"。如用集装箱运输，则记载集装箱。

第11栏，货物名称。货物名称应按《国际货协》的规定填写，或按发送路或发送路和到达路现行的国内运价规程品名表的规定填写，但是，需要注明货物的状态和特征。两国间的货物运送，可按两国商定的"直通运价规程品名表"中的名称填写。在"货物名称"字样下面专设的栏内填写"通用货物品名表"规定的六位数字代码。填写全部事项时，若篇幅不足，则应添附补充清单。

第12栏，件数。注明一批货物的件数。用敞车类货车运送不盖篷布或盖有篷布而未加封的货物，其总件数超过100件时，或运送仅按重量不按件数计的小型无包装制品时，注明"堆装"，不注件数。

第13栏，发货人确定的重量（千克）。注明货物的总重量。

第14栏，共计件数（大写）。用大写填写第12栏中所记载的件数。

第15栏，共计重量（大写）。用大写填写第13栏中所载的总重量。

第16栏，发货人签字。发货人应签字证明列入运单中的所有事项正确无误。发货人的签字也可用印刷的方法或加盖戳记处理。

第17栏，互换托盘。该栏内的记载事项仅与互换托盘有关。注明托盘互换办法，并分别注明平式托盘和箱式托盘的数量、集装箱/运送工具。

第18栏，种类、类型。在发送集装箱货物时，应注明集装箱的种类和类型。使用运送用具时，应注明该用具的种类。

第19栏，所属者及号码。运送集装箱时，应注明集装箱所属记号和号码。对不属于铁路的集装箱，应在集装箱号码之后注明大写字母"P"。使用属于铁路的运送用具时，应注明运送用具所属记号和号码。使用不属于铁路的运送用具时，应注明大写字母"P"。

第20栏，发货人负担下列过境铁路的费用。如发货人负担过境铁路的运送费用，填写所负担过境铁路名称的简称，如发货人不负担任何一个过境铁路的运送费用，填写"无"字。

第21栏，办理种别。办理种别分为：整车、零担、大吨位集装箱，并将不需要者划掉。

第22栏，由何方装车。发货人应在运单该栏内注明由谁装车，将不需要者划掉。

第23栏，发货人添附的档。注明发货人在运单上添附的所有档的名称和份数。

第24栏，货物的声明价格。用大写注明以瑞士法郎表示的货物价格。

第27~30栏的一般说明：用于记载使用车辆的事项，只有在运送整车货物时填写。至于各栏是由发货人填写还是由铁路车站填写，则视由何方装车而定。

第45栏，铅封个数和记号。填写车辆或集装箱上施加的封印个数和所有记号。至于铅封的个数和记号，视由何方施封而由发货人或铁路车站填写。

第48栏，确定重量的方法。注明确定重量的方法。例如，用轨道衡、按标准重量、按货件上标记重量等。由发货人确定货物重量时，发货人应在该栏注明确定重量的方法。

2. 添附档

我国出口货物必须添附出口货物明细单和出口货物报关单、出口外汇核销单。另外，根据规定和合同要求，还要添附出口许可证、质量证明书、商检证、卫生检疫证、动植物检查单、装箱单、傍码单、化验单、产地证、发运清单。这些档只限与运单所记载的货物有关。出口货物时，需要将文件名称和份数记入运单"发货人添附档"栏内，并同运单一起送至国境站。这些档不能邮寄，货物在国境站的报关手续由口岸外运公司代为办理。

铁路局没有义务检查发货人在运单上所附的档是否正确和齐全。对由于没有添附档或档不齐全、不正确而产生的后果，发货人应对铁路负责，并承担货物及车辆滞留可能产生的一切费用。由于铁路过失而使发货人在运单上已作记载的添附档丢失，则铁路局应对其后果负责。

（四）出口货物交接的一般程序

1. 联运出口货物的实际交接

联运出口货物的实际交接在接收铁路的国境站进行。口岸外运公司接到铁路交接所传递的运送票据后，依据联运运单审核其附带的各种单证份数是否齐全，内容是否正确。如遇矛盾或不符等缺陷，则根据有关单证或函电通知订正、补充。

2. 报关报验

运送单证经审核无误后，将出口货物明细单截留三份（易腐烂变质货物截留两份），然后将有关运送单证送各联检单位审核放行。

3. 货物的交接

单证手续齐备的列车出境后，交付国在邻国国境站的工作人员，会同接收方铁路局的工作人员，共同进行票据和货物的交接，依据交接单进行对照检查。

货物交接分为一般货物铁路交接和易腐烂变质货物贸易双方的交接；也可以分为凭铅封交接和按实物交接两种情况。

凭铅封交接的货物，根据铅封的站名、号码或发货人简称进行交接。交接时应检查封印是否有效或丢失，印文内容、字迹是否清晰，同交接单的记载是否相符，车辆左右两侧铅封是否一致等内容。然后，双方铁路局凭完整的铅封办理货物交接手续。实物交接具体可以分为只按货物重量、只按货物件数，以及按货物现状交接三种方式。同时，在办理货物交接时，交付方必须编制"货物交接单"，没有编制交接单的货物，在国境站不得办理交接。

国际联运的出口货物抵达到站后，铁路局应通知运单中所记载的收货人领取货物。在收货人付清运单中所记载的一切应付运送费用后，铁路局必须将货物连同运单交付给收货人。

收货人必须支付运送费用并领取货物。收货人只有在货物因毁损或腐坏而使质量发生变化，以致部分货物或全部货物不能按原用途使用时，才可以拒领货物。收货人领取货物时，应在运单上填记货物领取日期，并加盖收货戳记。

五、进口货物国际联运程序

（1）确定货物到达站。国内订货部门应提供确切的到达站的车站名称和到达路局的名称，除个别单位在国境站设有机构的以外，均不得以我国国境站或换装站为到达站，也不得以对方国境站为到达站。

（2）必须注明货物经由的国境站。

（3）正确编制货物的运输标志。各部门对外订货签约时，必须按照商务部的统一规定编制运输标志，不得颠倒顺序和增加内容，否则会造成错发、错运事故。

（4）向位于国境站的外运机构寄送合同资料。进口单位对外签订合同，应及时将合同的中文副本、附件、补充协议书、变更申请书、确认函电、交货清单等寄送国境站外运机构。这些资料中必须包括以下内容：合同号、订货号、品名、规格、数量、单价、经由国境站、到达路局、到站、唛头、包装及运输条件等。事后如有某种变更事项，也应及时将变更资料抄送外运机构。

（5）进口货物在国境的交接。进口货物列车到达国境站后，由铁路会同海关接车，双方铁路局根据列车长提供的货物交接单办理交接，海关对货物执行监管。

（6）分拨与分运。对于小额订货，国外发货人集中托运、以我国国境站为到站、外运机构为收货人的，以及国外铁路将发货人集中托运、以我国国境站为到站的，外运机构在接货后应负责办理分拨、分运业务。在分拨、分运中发现有货损、货差情况，如果属于铁路局责任，应找铁路出具商务记录，如果属于发货人责任，应及时通知有关进口单位向发货人索赔。

（7）进口货物的交付。铁路到站后向收货人发出到货通知；收货人接到通知，并且向铁路局付清运送费用后，铁路局将运单和货物交给收货人，收货人在取货时应在"运行报单"上加盖收货戳记。

六、国际铁路货物联运运费的计算

联运货物运送费用包括货物运费、押运人乘车费、杂费和其他费用。

（一）运送费用核收的规定

1. 参加《国际货协》各铁路间运送费用核收的原则

（1）发送路的运送费用：在发站向发货人或根据发送路国内现行规定核收。

（2）到达路的运送费用：在到站向收货人或根据到达路国内现行规定核收。

（3）过境路的运送费用：按《统一货价》在发站向发货人或在到站向收货人核收。

2.《国际货协》参加国与非《国际货协》铁路间运送费用核收的规定

（1）发送路和到达路的运送费用与上述中的（1）、（2）项相同。

（2）过境铁路的运送费用：参加《国际货协》并实行《统一货价》各过境路的运送费用，在发站向发货人或在到站向收货人核收；但办理转送国家铁路的运送费用，可以在发站向发货人或在到站向收货人核收。过境非国际货协铁路的运送费用，在到站向收货人或在发站向发货人核收。

3. 通过过境铁路港口站货物运送费用核收的规定

从参加《国际货协》并实行《统一货价》的国家，通过另一个实行《统一货价》的过境铁路港口，向其他国家和相反方向运送货物时，不论这些国家是否参加《统一货价》，都可用国际货协票据办理货物运送，只能办理至过境港口站为止或从这个站起开始办理。

从参加《国际货协》铁路发站至港口站的运送费用，在发站向发货人核收，在相反方向运送时，在到站向收货人核收。在港口站所发生的杂费和其他费用，在任何情况下，都在这些港口车站向发货人或收货人的代理人核收。过境铁路的运送费用，按《统一货价》规定计收。

（二） 国际铁路货物联运国内段运费的计算

根据《国际货协》的规定，我国通过国际铁路联运的进出口货物，其国内段运费的核收应按照我国《铁路货物运价规则》进行计算。运费计算的程序如下：

（1）根据"货物运价里程表"确定从发站至到站的运价里程。

（2）根据运单上填写的货物品名查找"货物品名检查表"，确定适用的运价号。

（3）根据运价里程和运价号在货物运价率表中查出相应的运价率。

（4）按《铁路货物运价规则》确定的计费重量与该批货物适用的运价率相乘，算出该批货物的运费。

（三） 国际铁路货物联运过境运费的计算

国际铁路货物联运过境运费是按照《统一货价》的规定计算的。运费计算的程序如下：

（1）根据运单记载的应通过的国境站，在《统一货价》中的"过境里程表"中分别找出货物所通过的各个国家的过境里程。

（2）根据货物品名，查找《统一货价》中的"通用货物品名表"，确定所运货物适用的运价等级。

（3）根据货物运价等级和各过境路的运送里程，在《统一货价》中找出符合该批货物的运价率。

（4）《统一货价》对过境货物运费的计算是以慢运整车货物的运费额为基本运费额，其他种别的货物运费则在基本运费额的基础上分别乘以不同的加成率。

第三节　对港澳地区的铁路货物运输

一、对香港地区的铁路运输

香港和澳门是我国的领土，居民中 98% 是中国人。香港和澳门是我国与其他国家进行经贸往来的重要通道之一，也是我国换取现汇的重要场所。因此，做好对港澳地区的运输工作是我国外贸运输的重点之一。

（一） 供港货物铁路运输交接口岸概况

1. 深圳口岸概况

深圳位于广东南部，是京九铁路、广九铁路的交接站。

深圳与香港毗邻，其铁路、公路均与九龙相连。深圳的铁运站有深圳北站（货运站）和深圳站（客运站）。内地各省市铁路发往香港的整车和零担货物车，均在深圳北站进行解体、编组以及必要的装卸作业和联检作业。深圳北站共有 40 多条轨道，可容纳机车量为 700 车左右，具有一定的装卸能力。

由深圳北站岔出一条专用线，通往深圳新开发的笋岗仓库区，专用线终端有外运仓库。深圳北站南面的深圳站是香港出入境旅客中转换车以及以包裹办理进出口货物的车站。深圳站向南有罗湖桥，它是内地与香港的分界处，深圳站以东的文锦渡桥是公路的进出口岸，汽车运输的货物经由文锦渡公路进出口。

深圳外运分公司是各外贸专业公司在深圳口岸的货运代理，负责其货物的进出口业务。内地各省份的外贸专业公司，由铁路经深圳口岸，或铁路转公路的出口货物，均由深圳外运分公司接受委托，办理接货、报关、查验、过轨等中转运输手续。其他发货单位的出口货物、使领馆物资、展品，以及其他非贸易物资也委托深圳外运分公司代办中转运输业务。此外，深圳外运分公司还接受各省份外贸专业公司的普通件杂货的进出口、库存、装箱、中转等业务。

2. 港段铁路概况

港段铁路为京九铁路、广九铁路的一部分，自边境罗湖车站起，途经上水、粉岭、大埔、大学、大炭、大围、九龙塘、旺角至九龙车站，全长 34 千米。

港段铁路有 4 个卸货点，其中最大的卸货点是九龙车站的红欠货场，绝大部分杂货、果菜都在此卸车。货场可容纳 200 多辆车，可供卸车的货车位有 100 多个。何文田货场专供卸活畜禽，有 48 个卸车的车位。沙田车站的百适货场，专用线每天可卸杂货的车位有 20 个。旺角车站每天可卸杂货的车位有 30 个。

九广铁路公司对货车只办理行车和调车作业，不办理货运业务。目前，港段铁路的货运业务，包括接货、托运、调度、组织装卸、交货，均由香港中旅货运有限公司承包。香港中旅货运有限公司是深圳外运分公司在香港的货运代理商。

（二）对香港地区铁路运输的特点

对香港地区铁路运输不同于国际联运，而是一种特定的运输方式。

1. 租车方式两票运输

对香港的铁路运输是由内地段和港九段两部分铁路运输组成，所以出口单位在发送地车站将货物托运至深圳北站，收货人为深圳外运分公司；货车到达深圳北站后，由深圳外运分公司作为各地出口单位的代理，向铁路租车过轨，交付租车费并办理出口报关等手续。经海关放行过轨后，香港中旅货运有限公司作为深圳外运分公司在香港的代理，在港段罗湖车站向港九铁路另行起票托运至九龙，货物到达九龙站后，由其负责卸货并交收货人。承运人签发"承运货物收据"，并将其作为向银行结汇的凭证。

2. 运输工作计划多变

有相当数量的商品，特别是鲜活商品要根据香港市场的情况随时调节，在各个发运口岸，要按一定的配额均衡发运，做到"优质、适量、均衡、应时"地供应香港市场。因此，对香港地区的运输要求较一般国际联运和对外出口要高。

3. 运输计划主要是月度计划

各发送货物的省份根据成交、备货及香港市场的情况，按当时铁路部门规定的报送时间，向铁路局办理、下达月铁路要车手续。经汇总，于每月 10 日前报送外运总公司。铁路局于当月 14 日提出下月计划分配方案，并于当月 25 日前批准计划。

（三）对香港地区铁路运输的一般程序

1. 发货人办理铁路运输托运手续

发货人提前 5 天向当地外运公司办理委托手续。当地外运公司接受委托单证、审查合格后寄送深圳外运分公司。发货人向深圳外运分公司拍发起运电报，深圳外运分公司接到到车预告电报后核对，抄给香港，以便中途做好接车准备。

（1）运装车应注意的问题。

①高度的限制。装载高度从轨面算起，不得高于4.5米。

②重量限制。目前，香港铁路局规定，每节车厢总重（自重＋货重）不得超过72吨。

③货物的均衡发运。供港商品中配额商品占相当比重，此类商品必须按月配额，按日均衡发送。因为香港地区市场容量有限，到货过多，造成销售困难，只得降价出售，使我国外汇收入减少。均衡发货既能满足香港市场的需求，又能卖出适当的价钱。

（2）主要单证。

①供港货物委托书，既是发货人转运、报关、接货的依据和委托承运的依据，也是发货人核算运输费用的凭证。供港货物委托书为一式五份，要求在发运前预寄。

②出口货物报关单，是向海关申报的依据，一式两份。来料加工、进料加工及补偿贸易货物一式三份，还要随报关单附上合同副本，同时根据信用证、寄发商检证、文物出口证明书、许可证等。

③起运电报，是货物发往深圳的确报，它能提醒深圳口岸和驻港机构做好接运准备，同时，还可以作为补做单证的依据。起运电报不是可有可无的资料，没有电报，则无法抽单配证、申请报验，香港中旅货运有限公司也不能提前通知收货人办理赎单手续。

④承运货物收据，由各地外运公司以货物代理的身份向外贸公司签发。承运货物收据是向银行结汇的凭证，相当于国际联运单副本，代表货物所有权，是香港收货人的提货凭证。

⑤铁路运单，是发货人与铁路部门办理由发货点至深圳北站间的国内段运输契约，因仅限国内段，所以不能起到提单的作用。

2. 运行组织、口岸交接

（1）运行组织。运行组织包括快运货物列车、直达列车、成组运输。

（2）口岸交接。铁路到达深圳的外贸出口货物有三种方式：原车过轨（约占80%~90%）、卸车（存储）经公路出口和卸车后存外贸仓库再装火车出口。深圳外运分公司办理杂货业务，总公司工作组和转运站办理活畜禽业务。

3. 港段接卸

（1）港段有关运输机构及其业务范围。

①香港九广铁路公司。香港九广铁路公司主要负责将深圳过轨的各班货车由罗湖车站拉到九龙，将装有不同商品的货车分别送进红磡及何文田货场。

②中国旅行社香港分社。中国旅行社香港分社（简称"中旅分社"）不属于外贸系统，香港的铁路货运业务中的接货、托运、调度、交货均由该社承担，它是外运公司在香港的代理，双方是委托代理的关系。

③运输行。运输行是香港的私商，过去是作为外运公司的代理在香港承办铁路货物运输业务的。1961年以后，中旅分社和广东省外运分公司对接，中旅分社承担不了的业务，再分别委托各运输代理。

④华润集团公司储运部，作为贸易部门的代表负责供港物资的全面运输工作，归口管理国内各驻港贸易机构，包括五丰行、德信行、华运公司等的储运工作。

（2）香港铁路的接卸作业。

货车到达深圳后，深圳外运分公司填报"当天车辆过轨货物通知单"（预报），交给香港中旅罗湖办事处，中旅分社派人过桥取送。货车过轨后，罗湖办事处根据香港九广铁路公司提供的过轨车号，填制过轨确报，然后到现场逐个核对车号，并进行适当处理，如加固、扎铁丝、重加脱落的铅封等，并向香港九广铁路公司起票托运。九广铁路公司派机车过桥，将在深圳站编好的列车牵引到罗湖站，从罗湖发车时，中旅分社和有关运输行的罗湖办事处登车押运，每班1~2人，一直押到九龙。一天最大的能力可以达到220~250节车皮，按照不同的商品调至规定的卸货地点，派理货员在车边将货物交给客户。

香港的卸货点没有货场，卸货时全部采取火（火车）车（汽车）直取或车（火车）船直取的方式。汽车不来，火车就不能卸。因此，如果委托书、电报不齐，填写不准确、不清楚，香港中旅货运公司就无法通知客户提货，必然造成积压。为了避免香港段积压待卸，往往要卸货入仓。按香港惯例，货物一经入仓，起码要支付一个月的仓租，不然不仅会使客商蒙受损失，还会影响发货人的信誉。

4. 运输的结算方法

各地经深圳口岸转运香港地区的铁路货物运输经过了两段运输，因此运费也是分段计算的，一切费用均由发货单位支付。

对于深圳口岸的中转费用，整车货物按实际开支支付费用，零担货物按定额费用每吨10元支付费用。货物中转后，深圳外运分公司向有关发货单位结算，劳务费按中国对外贸易运输（集团）总公司制定的劳务费率收取。

港段运杂费用先由香港中旅分社垫付，待货物在香港交付完毕后，由中旅分社开列费用清单并向有关发货单位结算。有关发货单位收到中旅分社的费用清单，经核对无误后，五天之内向当地结汇银行申请外汇，汇还中旅分社。

二、对澳门地区的铁路运输

澳门与内地没有铁路直通。内地各省运往澳门的出口货物，先由铁路运至广州。整车货物到广州南站新风码头42道专用线；零担货物到广州南站；危险品零担到广州吉山站；集装箱和快件到广州火车站。

收货人均为中国外运广东省分公司。货物到达广州后，由广东省外运分公司办理水路或公路的中转，运至澳门。货物到达澳门后，由南光集团运输部负责接收货物并交付收货人。

广东省的地方物资和一部分不适合经水运的内地出口物资，可用汽车经拱北口岸运至澳门。

第四节 国际公路运输概论

公路运输（road transportation）是现代主要运输方式之一，同时，也是构成陆上运输的两个基本运输方式之一。它在整个运输领域中占有重要的地位，并发挥着越来越重要的作用。

目前，全世界机动车总数已达 14.4 亿多辆，在全世界现代交通网中，公路运输的货运量、周转量在各种运输方式中都名列前茅，公路运输已成为国际货运中不可缺少的重要组成部分。

公路运输由公路和汽车两部分组成。《2021 年交通运输行业发展统计公报》（以下简称《公报》）。《公报》的统计结果显示，2021 年全国完成营业性货运量 521.6 亿吨、同比增长 12.3%；完成货物周转量 218 181.32 亿吨千米，同比增长 10.9%。2021 年年底，全国公路总里程 528.07 万千米，比上年末增加 8.26 万千米。公路密度为 55.01 千米/百平方千米，增加 0.86 千米/百平方千米。全国拥有公路营运汽车 1 231.96 万辆，比上年年末增长 5.2%。

一、公路和汽车

（一）公路

公路主要供汽车行驶。按其管理系统、交通流量、使用任务和性质划分，公路可以做如下划分：

1. 按管理系统划分

公路可分为国家公路、省级公路、县级公路、乡级公路和专用公路。

2. 按交通流量及使用任务、性质划分

（1）高速公路，能适应年均昼夜，汽车通过量为 25 000 辆以上，专供汽车分道高速行驶，并全部控制非机动车辆和行人出入。

（2）一级公路，能适应年均昼夜，汽车通过量为 5'000~25 000 辆，可供汽车分道行驶，并部分控制非机动车辆和行人出入。

（3）二级公路，能适应各种车辆，折成载货汽车年均昼夜通过量为 2 000~5 000 辆。

（4）三级公路，能适应各种车辆，折成载货汽车年均昼夜通过量为 2 000 辆以下。

（5）四级公路，能适应各种车辆，折成载货汽车年均昼夜通过量为 200 辆以下。

（二）汽车

汽车是公路运输的主要工具，按不同的分类标准可以分为不同的类型。

1. 按使用的燃料划分

按使用的燃料划分，汽车可分为汽油车、柴油车和新能源车。

2. 按设计用途划分

（1）乘坐车：如吉普车、小轿车、旅行车（8~12 座）、中型客车（15~22 座）、大型客车（40 座以上）。

（2）载货汽车，又可分为：①轻型车（3 吨以下）；②中型车（3~8 吨）；③重型车（8 吨以上）；④特种车（即变形车，如起重车、消防车、集装箱挂车）；⑤自卸车（包括一般自卸车、矿用自卸车和集装箱自装自卸车）。

3. 按车辆对道路的适应能力划分

（1）普通汽车：两轮驱动，只适宜在路况好的道路上行使。

（2）越野汽车：全驱动，能在路况不好的道路上行使。

外贸汽车运输主要使用大中型载货汽车和集装箱牵引车及挂车。

（三）外贸汽车运输的特点

外贸汽车运输的主要任务是：出口物资的收购入库和集中港、站；进口物资的疏运；国际多式联运的首、尾段运输；边境贸易的过境运输；供港澳物资或通过港澳中转的货物运输等。因此，外贸运输具有以下的专业特点：

（1）点多面广，季节性强。

（2）运距短，单程货多。

（3）鲜活易腐食品要随产随运，有很强的时间性。

（4）运输任务不均衡，突击任务多。

（5）集装箱运输发展迅速，公路运输集装箱比重增大。

（6）边境公路运输政策性强。

公路运输是外贸运输不可缺少的环节，必须遵照"重合同、守信用"和"安全、迅速、准确、节省、方便"的方针，切实维护国家的政治声誉和经济利益。

为完成外贸运输中的公路运输任务，近年来，经贸系统增加了大批汽车。目前，仅中国外运就已拥有200多个汽车队、30多个修理厂、6 000余辆载货车。

（四）公路运输的经营方式

在当今的市场经济条件下，我国公路运输的组织形式有以下四种：

1. 公共运输部门

这种企业专门经营汽车货物运输业务，并以整个社会为服务对象。其经营方式包括以下几种：

（1）定期航线。不论货载多少，在固定的航线上按时间表行驶。

（2）定线不定期航线。在固定路线上视货载情况，派车行驶。

（3）定区不定期航线。在固定的区域内根据货载需要，派车行驶。

2. 契约运输线

契约运输即按照双方签订的运输契约运送货物。与之签订契约的一般都是一些大的工矿企业，常年运量较大且稳定。契约期限一般都比较长，短的有半年、一年，长的可达数年。按契约规定，托运人保证提供一定的货运量，承运人保证提供所有运力。

3. 自用运输业

工厂、企业、机关自用汽车专门运送自己的物资和产品，一般不对外经营。

4. 汽车货运代理

汽车货运代理本身不掌握货源，也不掌握运输工具。它们以中间人的身份，一面向货主提货，一面向运输公司托运，借此收取手续费和佣金。

有的汽车货运代理专门从事向货主揽取零星货载，加以归纳集中成为整车货物，然后自己以托运人的名义向运输公司托运，赚取零担和整车货物运费的差额。

（五）国际公路货物运输公约和协定

为了统一公路运输所使用的单证和承运人的责任，联合国所属的欧洲经济委员会负责草拟了《国际公路货物运输合同公约》，并于1956年5月19日在日内瓦由欧洲17个国家参加的会议上一致通过。《国际公路货物运输合同公约》共有12章51条，在适用范围、承运人责任、合同的签订与履行、索赔和诉讼以及连续承运人履行合同等方面作了较为详细的规定。

此外，为了便于开展集装箱联合运输，使集装箱能原封不动地通过经由国，联合国所属的欧洲经济委员会成员，于 1956 年缔结了《关于集装箱的关税协定》。参加该协定的签字国有欧洲 21 个国家和欧洲以外的 7 个国家。该协定的宗旨是：相互间允许集装箱免税过境。

在《关于集装箱的关税协定》的基础上，根据欧洲经济委员会的倡议，各国还缔结了《国际公路车辆运输规定》（TIR）。根据规则规定，集装箱的公路运输承运人，如持有 TIR 手册，允许由发运地到达目的地，在海关的签封下，中途可不受检查、不支付关税，也可不提供押金。

TIR 手册由有关国家政府批准的运输团体发行，这些团体大都是参加国际公路联合会的成员。它们必须保证监督其所属运输企业遵守海关法规和其他规则。协定的正式名称是《根据 TIR 手册进行国际货物运输的有关关税协定》（*Customs Convention on the International Transport of Goods under Cover of TIR Carnets*）。该协定有欧洲 23 个国家参加，并已从 1960 年开始实施。

《国际公路货物运输合同公约》和协定有地区性限制，但它们仍不失为当前开展国家公路运输的重要国际公约和协定，并对今后国际公路运输的发展具有一定的影响力。

二、汽车运输业务

（一）业务分类

外贸汽车运输按其工作性质，大致可分为以下六类：

1. 出口物资的集（港）站运输

出口物资的集（港）站运输指出口商品由原产地（收购站或加工厂）→外贸中转仓库→港口仓库→船边（铁路专用线或航空收货点）的运输。

2. 进口货物的疏港（站）运输

进口货物的疏港（站）运输指按进口货物代理人的委托，将进口货物由港（站）运达指定交货地点的运输。

3. 国际多式联运的首末段运输

国际多式联运的首末段运输指国际多式联运国内段的运输，即将出口货物由内陆装箱点装运至出口港（站），将进口货物由港（站）运至最终交货地的运输。

4. 边境公路过境运输

边境公路过境运输指在我国与濒临国家（地区）设有直通公路过境口岸的地区，经向海关申请办理指定车辆、驾驶员和过境路线，在海关规定的指定地点停留，接受海关监督和检查，按有关规定办理报验、完税、放行后运达目的地的运输。

5. 特种货物运输

超限笨重物品、危险品、鲜活商品等的运输，要使用专门车辆，并向有关管理部门办理准运证后，方可起运。

6. 一般社会物资运输

在保证外贸进出口货物运输需要的前提下，外贸运输车队参与一般社会物资的运输，以提高企业的经济效益。

（二）业务程序

1. 一般程序

一般程序包括接受托运→计划调车→按单监装承运→监卸→按单交接→签收→结算。

（1）外运车队设有专职业务员，主动深入各专业公司，上门办理托运手续，并积极做社会调查，广揽货源，充分发挥运输潜力。

（2）计划调度员根据货物托运计划、运输合同、旬要车计划、车辆技术状况、当月车辆维修计划及货源流向的道路、装卸现场条件等，编制车辆调配最佳方案，下达出车通知书（运输单或路单）。

（3）认真做好货物的交接。驾驶员在接收货物时，必须点件监装，按规程装车，单证齐全。到站交接后，驾驶员必须填写运输作业单并由收货人签收。签收后的运输作业单交回车队统计，并作为收费凭证。

2. 集装箱运输程序

出口货物集装箱运输程序如下：

（1）托运人填报托运单。

（2）集装箱站根据调度计划填装箱通知单。

（3）接到通知后，集装箱站的理货员安排装箱作业，并报海关验关，在海关监督下完成装箱作业并封关。

（4）货物在海关放行后，调度员按计划派车，把集装箱托运至指定交货点，支付签收。

进口货物集装箱运输程序如下：

（1）托运人填报进口货物托运单，并前往集装箱货运站领取码头收据。

（2）凭码头收据，填写中华人民共和国海关进口货物报关单，向海关报验。

（3）海关放行后，由调度员填写派车单，把集装箱运至指定收货地点，交接验收。

3. 边境公路过境汽车货物运输流程

随着我国对外经济贸易的不断发展，边境公路的过境运输业务也逐渐增加。公路过境运输可分为进口运输和出口运输两部分。

出口货物公路过境运输流程如下：

（1）托运人填报托运单并提交有关出口许可证。

（2）车队凭委托书及许可证，填制中华人民共和国海关出口货物报关单，向出境口岸报关。

（3）海关征税验关后，将货物封关，运送至指定境外交货点交接。

进口货物公路过境运输流程如下：

（1）托运人向我驻外办事处办理托运手续。

（2）驻外机构接收后，通知国内驻口岸机构，并安排具备过境承运的外运车队，派车前往装货，驻口岸办事处向收货人索取进口许可证，填报中华人民共和国海关进口货物报关单，向口岸海关报验放行。

（3）海关验关征税放行后，按托运委托书的要求，将货物运送至指定地点，交收货人签收。

（三）特种货物运输程序

1. 超限笨重货物运输

超限笨重货物运输需要平板货车、单轴挂车及其他特种车辆装运，运送超笨重货物时，必须注意以下事项：

（1）出具货物出场技术资料证明物件的体积、质量，说明运送注意事项；对超出正常装载规定的货物，应取得交通监管部门及有关部门的同意后，才能起运。

（2）派车前，需要了解行车有关路况，以及装卸现场的可操作性。

（3）要明确经过的公路、桥涵、渡口、隧道的可承载性。

（4）运送时，要悬挂红色标志，必要时，要有专门车辆引路。

2. 鲜活易腐货物运输

鲜活易腐货物运输要注意以下几点：

（1）加强收发货人之间的协作，使运输环环紧扣，争取以最快的速度将货物运往目的地。

（2）要快卸快装，严禁乱摔乱扔；要保持清洁卫生。

（3）要检查卫生检疫证件。

3. 危险品货物运输

运输危险货物时，必须遵照交通部颁布的《危险货物运输规则》，并注意以下事项：

（1）运输只限于《危险货物运输规则》内列载的品名。

（2）要严格遵守运输危险货物防护、防范的规定，认真检查托运单，检验包装。

（3）应选择政治可靠、技术良好、熟悉道路的驾驶员承运。途中不得搭乘其他人员，必须按规定的线路和时间行使。在装运过程中，若出现漏散现象，应按防护办法及时采取措施补救。

（四）费用结算

1. 运杂费的计收程序

（1）确定货物等级和计收重量。

（2）查找规定计收的费率。

（3）计算发站至到站的计费里程。

（4）核算有关杂费。

2. 运费计算公式

（1）以吨千米计算。

运费＝货物计费重量×计费里程×运价费率＋货物计费重量×计费里程×运价费率×加成费

（2）以吨计算。

运费＝货物计费重量×运价费率＋货物计费重量×运价费率×加成费

（3）其他情况。

凡车辆无法计算里程，或因货物性质、体积限制，不能按正常速度行驶者，应按实时包车处理。

3. 特定运价

（1）每件货物重量超过 250 千克为超重货；货物长度超过 7 米为超长货；装载高度距地面超过 4 米为超高货。

（2）托运普通、易碎等货物均按质量计费，超重和轻泡货物按整车计费。

（3）同一托运人托运双程运输货物时，按运价率减成 15%。

（4）根据国家政策，经省运价部门规定降低运价的货物。

（5）同一托运人去程或回程运送所装货物包装的，按运价减成 50%。

（6）超重货物按运价加成 30%。

（7）集装箱按箱千米计算。

（8）过境公路运输采用全程包干计费。

（9）对展品、非贸易运输物资，一般按普通运价加成 100% 计费。

（10）特大型特殊货物，采用协商运价计费。

4. 运杂费收款办法

（1）预收运费的，在结算时，多退少补。

（2）现金结算的，按实际发生的运杂费总额向托运人收取现金。

（3）财务托收：由承运方先垫付，定期凭运单回执汇总所有费用总额，由银行向托运方托收运费。

（4）其他结算办法，如预交转账支票、按协议收取包干费用等。

（五）商务事故及处理

汽车运输承运的货物由托运方交承运方开始，承运方即对所运货物负全部责任，直至承运方将货物交收货方为止。这一段时间称为承运责任期。货物在承运责任期内，因装卸、运送、保管、交付过程不妥当而发生的货物损坏或丢失事故，称作商务事故，也称货损货差。

1. 承运责任期内可能由承运方造成的商务事故

（1）破损：装卸时操作不当引起的货物损坏。

（2）污染：装卸不当引起货物被它物污染。

（3）湿损：阴雨雪天使货物受潮损坏。

（4）短少失落：因被盗窃、丢失、事故等造成货物损坏失落。

（5）因驾驶员违章驾驶，造成交通事故所发生的货差货损。

2. 在货物交接中可能造成的商务事故

如果手续不清，在货物交接中也会造成责任商务事故。因此，必须注意以下几点：

（1）驾驶员必须亲自点数、监装、核对货物的票数、唛头、品种、件数及卸货点，发现不符，随即纠正。

（2）运达目的地时，发现货物短少等情况，应认真审核，等待处理。

（3）运送外贸物资有很强的时间性。因此，在接受托运时，要明确到达交货时间。

（4）运送贵重、精密及易发生货损的货物时，要与货主协商，及时向保险公司投保运输险。

3. 责任事故划分

对于下列原因造成的损失，承运方不负责任：

（1）由不可抗力所致的货损。

（2）包装完好，但内部损坏、变质、短少者。

（3）违反国家法令或规定，被有关部门查扣、弃置或做其他处理。

（4）货物抵达到达站，收货方逾期提货或局部提取造成的货损。

（5）有随车押送人员负责中途保管照料的。

4. 货损货差赔偿办法

（1）按实际损失价赔偿。

（2）由于装卸原因造成的损失，由装卸部门负责赔偿。

（3）事故查清后，是经济赔偿的，要由托运人或收货人填写事故赔偿书，报有关主管部门审核赔偿。

（4）商务事故处理完毕，按章向保险公司办理索赔手续。

5. 事故大小的划分

（1）重大事故，是指货物染毒或危险品发生事故，造成人身死亡，或货物损失在1万元以上的事故。

（2）大事故，是指造成人身严重中毒，或货物损失在5 000元以上的事故。

（3）恶性事故，是指发生票货分离，涉及国际联运过境物资、极端保密物资发生丢失、损坏，损失金额在1 000元以上的事故。

三、公路汽车运输经营

（一）汽车运输八项指标

根据汽车运输经营活动的特点，汽车运输的经济技术指标定为下列八项：

1. 产量指标

产量指标用货运量和货物周转量来反映。

（1）货运量：在一定时期内，实际运送货物的载重量，以"吨"为单位。

（2）货物周转量：在一定时期内，每次货运量与运输距离之积，以"吨千米"为单位。

2. 质量指标

质量指标用安全行驶间隔里程和货损货差两个指标来反映。

（1）安全行驶间隔里程：是考核车辆运行安全情况的指标，单位为千米。

$$汽车安全行驶间隔里程=报告期总车千米数/报告期事故次数$$

（2）货损货差：汽车在运输过程中发生的属本企业责任的商务事故，其计算公式如下：

$$每百元收入货损货差额=报告期货损货差赔偿额/报告期运输总收入额$$

3. 效率指标

效率指标可以反映车辆运输能力的利用程度，包括完好率、工作率、里程利用率、车吨产量。

（1）完好率：考核汽车技术状况的指标。

$$完好率=完好车数日数/总车日数×100\%$$

（2）工作率：考核汽车利用程度的指标。

$$工作率=工车车日/总车日×100\%$$

（3）里程利用率：考核汽车行驶里程有效利用程度的指标。

$$里程利用率=重车千米/总车千米×100\%$$

（4）车吨产量：汽车在实际运输过程中行驶的全部过程，单位为吨千米/吨。

$$车吨产量=车辆及挂车完成的周转量/汽车平均总车吨位$$

4. 燃料消耗指标

燃料消耗指标指车辆每行驶百千米所消耗的燃料数量。其中，汽油和柴油消耗量应分别计算。

$$燃油消耗量=燃油实际消耗量/行驶总车千米×100\%$$

5. 劳动生产率指标

劳动生产率指标是表明职工劳动效率的指标，按全部职工人数计算，单位为吨千米/人。

$$全员劳动生产率=报告期内货物周转量/报告期内职工总人数×100\%$$

6. 运输成本指标

运输成本指标是指汽车运输的单位成本，即平均每吨千米成本，单位为元/吨千米。

$$吨千米成本=报告期内运输总成本/报告期内货物周转量$$

7. 流动资金占用指标

流动资金占用指标是指平均每百元收入占用的流动资金额，反映了企业流动资金的使用效率，单位为元/每百元收入。

$$流动资金占用额=流动资金占用额/报告期收入总额×100\%$$

8. 利润指标

利润指标即企业的基本业务、汽车运输利润、其他业务利润及营业外收支净额总和。

（二）统计与统计分析

汽车运输企业的统计工作包括企业生产经营活动中的统计核算和大量的业务核算，是以各种统计报表和其他统计形式检查分析计划完成情况，并向上级主管机关和企业领导人提供制订计划和经营决策的依据。

1. 统计工作的任务

（1）定期、如实向上级和企业领导报告计划执行情况及生产进度，及时提出计划执行中存在的问题。

（2）做好原始记录，建立健全统计台账，审核、查对各类数据，及时纠正误差，整理、保存历史统计资料。

（3）按规定准确、及时、全面报送统计报表。

（4）开展综合性经济分析，进行专题调查研究，提出改善经营管理的合理化建议。

2. 统计分析

统计工作的重点在于加强统计分析。统计分析的基本工作是利用所掌握的资料，对客观事物进行周密的研究分析，揭示事物的本质和规律。统计分析可以帮助决策者及时、详尽地了解经营状况，正确估计经营管理中各个环节工作的优劣，及时发现问题，为进一步改善经营管理指明方向。

在进行统计分析时，首先，要注意分析指标的选择。对外运车队一般可定期分析利润、货物周转量、运输成本、燃料消耗、维修费用等方面的指标。其次，还应掌握分析的技术方法。较常采用的是计划完成相对数分析法。计划完成相对数分析法是以实际与计划的差异数作为分析对象，分析逐项轮换计算在某一因素变动而其他因素不变的情况下，影响值有多大。最后，根据各因素变动时所引起的影响值的大小和影响程度，确定正反面因素和主次因素。

（三）汽车运输成本

1. 成本的构成

汽车运输过程中的物化劳动和活劳动的消耗，就是运输成本，由车辆折旧费、燃油费、工资组成。根据成本支出科目不同，汽车运输成本可分为车辆生产成本和企业管理费。

（1）车辆生产成本。

车辆生产成本指运营车辆从事运输生产所发生的各项费用，包括：工资、燃料、轮胎、维修费、折旧费、养路费、保险费及其他直接费用。

（2）企业管理费。

企业管理费指运输企业为组织和管理运输生产所发生的各项管理费用和业务费用，主要包括：管理人员的工资及附加费、办公费、水电费、取暖费、通信费、差旅费、低值易耗品费、修理费、大修提存、折旧费、劳保费、交通费、仓库经费、材料盘亏和损失费、利息支出、事故损失等。

按成本与工作量的大小关系划分，汽车运输成本又可分为变动费用和相对固定费用。

（1）变动费用。

变动费用是指在一定时期内，费用总额随着同期车辆完成的工作量成比例增减、变动的各项费用，如燃料费、轮胎费、维修费、材料费、安全行驶里程提取的车辆折旧费、大修提存等。

（2）相对固定费用。

相对固定费用是指在一定时期内，其费用总额基本不变的那部分费用，如养路费、支付给职工的工资。企业管理费用中的绝大部分是相对固定费用。

2. 成本分析

影响汽车运输成本变动的因素有很多，一般从以下几个方面进行分析：

（1）价格因素对成本的影响。

汽车燃料、轮胎、维修价格的大幅度上涨，养路费、行车杂费率的提高，以及职工调整工资、增加补贴等，会使运输成本增加。其中，许多属于客观因素，受市场供求关系、国家经济形势以及宏观经济调控的影响，企业经营者难以控制这些因素。但是，由于燃料、材料配件、轮胎三项费用消耗在运输成本中所占的比重约为50%，如果被动地承受价格上涨所造成的成本压力，企业的负担会越来越重。因此，应采取积极措施，如加强消耗定额管理，开展技术革新，增产节支，努力降低三大消耗，以把价格上涨的不利影响减小。

在汽车运输成本中，工资津贴、养路费、企业管理费、业务开支属于相对固定的费用，它们与车辆工作量不是成比例增减的关系，但是，会对单位成本（百吨千米消耗）有直接影响。

（2）车辆工作量对成本的影响。

在固定费用总额一定的情况下，车辆的工作量增加，则分摊到单位成本中的固定费用比例就小，成本也就随之降低。反之，单位成本中分摊的固定费用就会增加。因此，要降低单位成本，就必须从增加生产、减少费用支出方面考虑。例如，要严格控制各项费用开支，按照国家和上级的规定，正确区分不同性质的费用，不得乱摊、乱挤成本。

（3）车辆效率对成本的影响。

在固定成本一定的条件下，车辆效率越高，货物周转量越多，里程利用率就越高，单位成本中固定费用的比例就越低，车辆工作效率与成本成反比关系。由此可见，控制运输成本的关键还在于加强车辆的合理调度，科学运用，抓好货源组织，充分提高效率。当今，我国公路运输业面临着一个既充满商机又竞争激烈的现代物流市场，对公路运输企业来讲，提高车辆效率、降低运输成本，是运输管理的重要一环。

第五节　国际管道运输

一、管道运输的定义与特点

（一）管道运输的定义

管道运输（pipeline transportation）是利用管道输送气体、液体和粉状固体的一种特殊的运输方式，它随着石油原油的生产而产生。

管道运输与普通货物的运输形态不同。普通货物运输是随着运输工具的移动，货物被运送到目的地，而作为管道运输的运输工具本身的管道是固定不动的，只是货物本身在管道内移动。管道运输是运输通道和运输工具合二为一的专门的运输方式。

管道运输始于19世纪中叶，1859年美国宾夕法尼亚州建成了第一条原油输送管道。20世纪，随着第二次世界大战后石油工业的发展，管道建设进入了一个新的阶段。各产油国竞相兴建大量油、气管道。从20世纪60年代开始，输油管道的建设趋于采用大管径、长距离的管道，并逐渐建成成品油输送的管网系统。

目前，在全球能源产品（石油原油、成品油、天然气、油田伴生气、水煤浆等）的运输中，管道运输占有较大的比重。近年来，管道运输也被进一步用于散状物料、成件货物、集装物料运输，并发展为容器式管道输送系统。

管道运输既是国民经济综合运输的重要组成部分之一，也是衡量一国的能源与运输业是否发达的一个特征。目前，长距离、大管径的输油气管道均由独立的运营管理企业负责经营和管理。

（二）管道运输的特点

管道运输具有以下特点：

1. 运量大

输油管线可以源源不断地完成输送任务。根据其管径的大小不同，每年的运输量可达数百万吨到几千万吨，甚至超过亿吨。

2. 占地少

管道运输建设实践证明，运输管道埋藏在地下的部分占管道总长度的95%以上。因此，管道运输占地少，分别为公路的3%和铁路的10%左右。在交通运输规划系统中，优先考虑管道运输方案，对于节约土地资源意义重大。

3. 建设周期短、费用低

国内外交通运输系统建设的实践表明，管道运输系统的建设周期与相同运量的铁路建设周期相比，一般要短1/3以上。我国自行铺设的大庆—秦皇岛全长1 152千米的输油管道，用时23个月，而若要建设一条同样运输量的铁路，至少需要3年时间。统计资料表明，管道建设费用比铁路减少近60%。

4. 安全可靠、连续性强

石油、天然气易燃、易爆、易挥发、易泄漏，但管道运输方式可以避免以上危险。同时，因油、气泄漏导致的大气、水和土壤污染也可大大减少。可见，管道运输符合运输绿色化的要求。

此外，管道大多埋藏于地下，恶劣多变的气候对其影响小，可以确保运输长期、安全、稳定地进行。

5. 耗能少、成本低、效益好

发达国家采用管道运输石油，每吨千米的能耗不足铁路的1/7，在大量运输时的运输成本与水运接近。因此，在无水条件下，管道运输是一种最节能的运输方式。

管道运输还是一个连续的工程，运输系统不存在空载行程，因此系统的运输效率高。理论和实践都已经表明，管道口径越大，运输距离越远，运量量也越大，运输成本就越低。以石油管道运输为例，管道运输、水路运输、铁路运输的运输成本之比为1：1：1.7。

6. 灵活性差

管道运输除承运的货物比较单一外，也不容许随便扩展管线，实现"门到门"的灵活运输服务。一般来说，管道运输常常要与铁路运输、汽车运输、水路运输配合，才能完成全程输送。

管道运输的上述特点决定了它适合于那些单向、定点、量大的流体状货物（如石油、油气、煤浆、某些化学制品原料等）的运输。

二、管道运输的类别和经营

（一）根据铺设工程划分

管道运输就其铺设工程可分为架空管道、地面管道和地下管道。其中，地下管道的应用最为普遍。视地形情况，一条管道也可能三者兼而有之。

（二）根据地理范围划分

管道运输就其地理范围可分为原油管道、成品油管道和系泊管道。从油矿至聚油塔或炼油厂的管道，称为原油管道；从炼油厂至海港或集散中心的管道，称为成品油管道；从海港到海上浮筒的管道，称为系泊管道。

（三）根据运输对象划分

管道运输就其运输对象可分为液体管道、气体管道和水浆管道。此外，管道运输同铁路运输、公路运输一样，也有干线和支线之分。

物料的管道运输采取两种方式。第一种方式，是把散状或粉尘状物料与液体或气体混合后沿管道运输，这种与液体混合的方式叫浆液运输。它适用于煤、天然沥青、砂、木屑、浆料等货种。这种方案受物料性质、颗粒大小与重量等因素的限制，运输距离不能太长，同时，能耗较多，对管道的磨损也较大。第二种方式，是用密封容器装散状物料，放在管道的液流中，或用专用载货容器车装散状物料，置于管道气流中，靠压力差的作用运送物料。这种用容器车进行管道运输的方法，能运送大量不同的货物。

管道运输的路线是固定的，所以运输费用的计算比较简单。管道运输按油类不同品种规格规定不同的费率标准，其计算标准多数以桶为单位，有的以吨为单位，且均规定每批量的最低托运量。

三、世界油气管道现状

管道运输主要用于能源输送，除普遍用于石油、天然气、液化石油气、化工原料等的输送外，还用于煤浆、煤层气、矿石等的运输。在全球已建成的 230 多万千米管道中，输气管道占近 60%，原油管道和成品油管道各占 15% 多，化工和其他管道不足 10%。

目前，世界管道总长度已超过了世界铁路总里程，成为能源运输的主要方式，世界上 100% 的天然气、85% 以上的原油运输是通过管道输送实现的。在发达国家，成品油的远距离运输主要靠管道。欧美发达国家和中东产油区的油品运输现已全部实现了管道化。

目前，世界管道运输网的分布很不均匀，主要集中在北美、欧洲、俄罗斯和中东，除中东外的亚洲其他地区、非洲和拉丁美洲的管道运输业相对较为落后。

（一）北美

美国是世界上最大的石油消费国和主要的生产国之一，美国一半以上的石油消费依赖进口，由于本国石油资源高度集中在墨西哥湾沿岸和阿拉斯加的北冰洋沿岸地区，为了向非产油区供应油气，美国修建了长达 29 万多千米的输油管道和 30 多万千米的输气管道，美国各类管道总长度位居世界第一，美国也是世界上管道技术最为先进的国家。

1943 年，美国就修建了两条当时世界上最长的管道。一条是从得克萨斯州到宾夕法尼亚州的原油管道，全长 2 158 千米，管径 600 毫米；另一条是从得克萨斯州到新泽西州的成品油管道，全长 2 745 千米，管径 500 毫米。第二次世界大战后，美国的管道运输业继续高速发展，目前其管道运输量已占到了全国货运总量的 20% 以上，是世界上管道工业最发达的国家之一。

北美省际输油管道是北美地区最长的原油管道，它北起加拿大的埃德蒙顿，南到美国的布法罗，贯穿了加拿大和美国，全长2 856千米，沿全线分布着众多泵站，管道日输量达3 000多万升。

1977年，美国建成了纵贯阿拉斯加州的输油管道，这是一条在高纬度严寒地区修建的大口径管道，它深入北极圈，当时引起了全世界的瞩目。阿拉斯加管道北起北冰洋沿岸的普拉德霍湾（这里的石油占美国石油可开采量的1/3），南至太平洋沿岸的瓦尔迪兹港，穿越了3条山脉、300多条大小河流和近650千米的冻土带，全长1 287千米，管径1 220毫米，年输油量在4 000万吨以上，全线采用计算机控制，是美国最大的现代化输油管道，也是世界上最为先进的管道之一。美国的科洛尼尔成品油管道系统，全长4 610多千米，是世界上最长的成品油管道。

除油气管道外，美国还拥有较多输送煤浆的管道。美国1970年建成的里梅萨煤浆管道，南起亚利桑那州卡因塔露天煤矿，北至内华达州莫哈夫电厂，全长439千米，管径为457毫米和305毫米，年输煤量为450万吨，是目前世界上输煤量最大的一条管道。

加拿大的油气管道业也十分发达。加拿大拥有总长超过3.5万千米的输油管道，密集的管网把落基山东麓的产油区与消费区（中央诸省和太平洋沿岸）联结起来，并与美国的管道网相连。加拿大还拥有横贯全国的泛加输气管道，管道总长8 500千米，管径从500毫米到1 000毫米，年输气量达300亿立方米，是世界上最长的输气管道。

（二）欧洲和俄罗斯

在欧洲主要发达国家，油气运输已实现管网化。自北海油田发现后，欧洲陆续新建了一批大口径（管径在1 000毫米以上）的高压力管道，管道长度已超过1万千米，目前仍是世界上油气管道建设的热点地区之一。

苏联的管道建设在20世纪发展得特别快。20世纪50年代，苏联共有管道7 700千米，此后以每年6 000~7 000千米的速度递增。20世纪下半叶，苏联在极短的时期内建成了输送天然气、原油和成品油的干线管道系统，干线管道的总长度达21.5万千米，堪称"20世纪全球规模最大的管道工程"。其中有6条超大型输气管道系统，总长合计近2万千米，管径为1 220~1 420毫米，是世界上规模最大、最复杂的输气管道网络。20世纪60—70年代，苏联和东欧国家间建设了友谊输油管道。该管道分一、二期工程，一期工程建成于1964年，全长5 500千米，管径1 020毫米；二期工程建成于1972年，全长4 410多千米，管径1 220毫米。友谊输油管道一、二期工程合计近1万千米，年总输油能力近1亿吨，是世界上最长的输油管道。苏联解体后，受多种因素的影响，该管线目前的运力和运量都急剧下降。

俄罗斯现有的石油管网总长5万多千米，由于国土辽阔，横贯俄罗斯大陆的每条输油管道的干线长度，一般均在3 500~4 000千米。但许多输油管道都已经老化或超期服役，目前俄罗斯输油管道系统的运行效率偏低。为了适应俄罗斯大规模出口原油的需要，这些管道大都需要进行大修和综合改造。

（三）中东地区

中东是世界上最大的产油区和石油出口区，也是油气管道密布的地区。沙特阿拉伯在 1987 年建成了东起波斯湾沿岸的阿卜凯克、向西横越阿拉伯半岛，到达红海岸边的延布港，全长 1 200 千米，管径 1 219 毫米的大口径长输原油管道。该管道在 1988 年的输油量已经达到 1.1 亿吨，至今，该管道的年输油量仍保持在 9 000 多万吨，是世界上运量最大的石油管道。伊朗的阿瓦士→阿加贾里→加拉维管道，全长仅 248 千米，但其第一期工程年输油量就达到了 7 500 万吨。

中东地区比较重要的管道还有从伊拉克北方油田基尔库克到土耳其的地中海港口城市杰伊汉的跨国石油管道。伊拉克战争前，该管道每天的输油能力高达 90 万桶，2003 年伊拉克战争爆发后，该管道被迫关闭。2003 年 8 月该管道短暂重启时，曾导致国际油价每桶暴跌 1 美元左右。

（四）里海（中亚）地区管道

里海地处欧亚大陆接合部，位于中亚、外高加索和伊朗之间。里海沿岸及其大陆架蕴藏着丰富的石油和天然气，是世界上第三大油气资源富集区。据美国人估算，里海地区的石油储量在 200 亿~2 000 亿桶。欧洲人比较谨慎，他们认为里海地区的石油储量是 500 亿~1 000 亿桶。许多人认为，这里有可能成为 21 世纪的"第二个波斯湾"。即使是最保守的估计，也认为这一地区的石油开发潜力，跟科威特或伊朗这样的海湾富油国家不相上下。近 10 年来，里海地区向国际市场的供油量不断增加，逐渐成为世界重要产油区。里海石油主要供应欧洲市场，以及消费量日增的中国、印度和巴基斯坦市场。里海也因此成为国际资本激烈竞争的舞台，现已有约 100 亿美元被投向里海石油、天然气资源的勘探与开采，其中大部分来自西方各大跨国石油公司。为大力开发丰富的石油资源，石油管道的建设步伐也在加快。

全长 1 760 千米的里海石油管道已于 2005 年 5 月 25 日开通。在美国的斡旋下，阿塞拜疆、格鲁吉亚和土耳其三国的总统于 1999 年签署了管道建设协定，2002 年在伦敦宣布成立"巴库-第比利斯-杰伊汉石油管道公司"，其股东有阿塞拜疆、挪威、美国、土耳其、意大利、法国和日本等国的石油公司。英国石油公司持有这条管道经营集团30% 的股份。俄罗斯没有参与这条管道的建设。里海石油管道工程于 2002 年 6 月开工，耗资 32 亿美元。该管道始于阿塞拜疆首都巴库，经格鲁吉亚首都第比利斯，终点是土耳其地中海港口城市杰伊汉，因此又称为"巴库-第比利斯-杰伊汉"管道。该管道的设计输油能力为每年 5 000 万吨或每天 100 万桶，工程造价高达 29.5 亿美元。这条管道最大的获益者将是阿塞拜疆、格鲁吉亚和土耳其三国。阿塞拜疆将从石油运经该国时获得税收和石油占地使用费，而格鲁吉亚和土耳其将收取石油"过境费"。

（五）世界海底管道

除了陆上管道外，世界海底管道业也十分发达。目前世界上较长的海底管道多分布在北欧地区，运输从北海油田开发的油气资源。

挪威既是欧洲仅次于俄罗斯的第二大天然气出口国，也是世界上海底管道最多的国家之一。世界上已建成的最长的海底管道，就是从挪威开发的北海海上油田到比利时泽布吕赫的 Zeepipe 海底天然气管道，该管道全长 814 千米，管径 1 016 毫米。

1865 年，美国建成世界上第一条输油管道。蓦然回首，美国的潮水输油管在世界运输史上引发的一场运输业大革命，已经使油气管道运输成为继公路、铁路、空运、海运之外的世界第五大运输体系。

四、国际管道运输在我国的发展

目前，我国陆上油气管道运输的货物周转量为 6 000 多亿吨千米，已跻身于五大运输业之列，对国民经济的建设和发展发挥了重要作用，与此同时，管道运输技术也形成了相对独立的专业技术体系。与世界管道运输相比，我国的管道运输仍有较大不足：一是管道运输在我国综合运输体系中所占比例太低，管道规模小，覆盖面窄，最适合管道输送的成品油在我国仍然主要靠铁路运输；二是专用于油气管道的钢材、直缝制管、高效泵机组、阀门等几乎都要依赖进口；三是管道技术比较落后。在国家综合运输体系中，管道运输业缺少统一的规划和布局，以及与其他运输方式的合理分工。管道运输的发展相对于铁路、公路、水运、航空而言较慢。现在涉及管道运输的有陆上石油、海洋石油、石化、煤炭、冶金等部门和企业，各自都在为满足本行业的发展而行动。把适于管道运输的液体、气体、浆体介质运输分割在多个部门纵向管理，影响了管道运输业的发展。

发展我国管道运输事业，需要切实可行的有关体制和机制等方面的配套政策，具体建议如下：

（1）国家应将管道运输的发展纳入国家综合经济管理部门的议事日程，应设立专门机构，由国家宏观调控，统筹协调各种运输方式。

（2）应由国家综合经济管理部门按照中长期经济发展和建设国家综合交通运输体系的要求，统筹国内外原油、天然气、LPG 和 LNG 资源利用规划，统筹制订管道网络的建设规划及分期实施计划。

（3）按照社会主义市场经济的发展要求，进行管道建设投资和管道经营管理的体制改革，加大国家投资力度，积极采用国际投资方式，建立多元化、多渠道的投资体制和经营管理体制。

（4）国家应制定相应的法律、税收、运价等方面的扶持管道运输发展的政策。

（5）应重视和发挥管道运输行业协会的作用，组织全国管道专家和技术人员参与制定技术标准发展规划，并为国家提供决策论证和立法依据。

第六节　国际邮政物流

世界各国的邮政业务均由国家办理，而且均兼办邮包运输业务。国际上，各国邮政之间订有协定和公约。这些协定和公约，使邮件包裹的传递畅通无阻，形成全球性的邮政运输网，从而使国际邮政运输成为国际贸易中普遍采用的运输方式之一。

一、国际邮政运输的特点和作用

国际邮政运输是国际贸易运输中不可缺少的运输方式。国际邮政运输具有以下几个特点：

（一）具有广泛的国际性

国际邮政是在国与国之间进行的。在多数情况下，国际邮件需要经过一个或几个国家。各国相互经转对方的国际邮件，是在平等互利、协作配合的基础上，遵照国际邮政公约和协定的规定进行的。

为确保邮政运输安全、迅速、准确地传送，在办理邮政运输时，必须熟悉并严格遵守本国和国际的各项邮政规章和制度。

（二）具有国际多式联运性质

国际邮政运输通常需要经过两个或两个以上国家的邮政局，以及两种或两种以上不同的运输方式的联合作业。邮政托运人只要向邮政局照章办理一次托运，一次付清足额邮资，在取得一张包裹收据后，全部手续即告完备。至于邮件运送，交接、保管、传递等一切事宜，均由各国邮政局负责办理。

邮件运抵目的地后，收件人可凭邮政局到件通知和收据向邮政局提取邮件。所以，国际邮政运输就其性质而论，具有国际多式联合运输的性质。

（三）实现了"门到门"运输

世界各国的邮政局网络如繁星满天密布。邮件可在当地就近向邮政局办理，邮件到达目的地后，收件人也可在当地就近邮政局提取，所以，邮政运输实现了"门到门"服务。

（四）运输任务不同

相对于其他国际货运方式，国际邮政运输自有的特点集中反映在运输的任务上。国际邮政运输的任务，是通过国际邮件的传递，加强各国人民之间的通信联系，促进相互间的政治、经济、文化交流。这与国际贸易形成的大量货物运输差别明显。

（五）运送的标的不同

邮政运输只适用于重量轻、体积小的小商品，如精密仪器、机器零件、金银首饰、药品以及各种样品和零星物品等，而不宜运送成批量的货物。国际邮政对邮件的重量和体积均有限制，如每件包裹的重量不得超过 20 千克等。

二、万国邮政联盟组织

万国邮政联盟（universal postal union）简称"邮联"，其宗旨是根据《万国邮政联盟组织法》的规定，组成一个国际邮政领域的组织机构，以便相互交换邮件；组织和改善国际邮政业务，以便有利于国际合作的发展；推广先进经验，给予会员国邮政技术的援助等。

邮联的组织机构有：大会和执行理事会、邮政研究咨询理事会等机构。其中，国际局为邮联的中央办事机构，设在伯尔尼。国际局的主要任务是对各国邮政进行联络，提供情报和咨询，负责大会筹备工作和准备各项年度工作报告等。我国于 1972 年加入万国邮政联盟组织。

三、邮包种类、邮资和单证

（一）邮包分类

国际邮件按运输方法分为水陆路邮件和航空邮件，按内容性质和经营方式分为函件和包裹两大类。

按照我国邮政的规定，邮包又可以做如下分类：

1. 普通包裹

凡适于邮递的物品，除违反规定禁寄和限寄的以外，都可以作为包裹寄送。

2. 脆弱包裹

脆弱包裹指容易破损和需要小心处理的包裹，如玻璃器皿、古玩等。

3. 保价包裹

保价包裹指邮局按寄件人申明的价值，承担补偿责任的包裹。保价包裹一般适于邮递贵重物品，如金银首饰、珠宝、工艺品等。快递包裹、代收货价包裹、收件人免付费用包裹发展迅速。

包裹如以航空方式邮递，即分别称为航空普通包裹、航空脆弱包裹和航空保价包裹。邮政局在收寄包裹时，均给予寄件人执据，故包裹邮件属于给据邮件。给据邮件均可以办理附寄邮件回执。回执是邮件投交收件人，作为收到凭证的邮件。回执可以按普通挂号或航空寄送。

（二）邮资和单证

邮资是邮政局为提供邮递服务而收取的费用。各国对邮资采取的政策各有不同。有些国家把邮政收入作为国家外汇收入来源之一；有些国家要求邮政自给自足，收支大致相抵；有些国家则对邮政实行国家财政补贴，从而形成了世界各国不同的邮资水平。我国的邮资水平属于偏低类。

第七节　国际展览与展品物流

一、国际展览

（一）展览的含义

展览（exhibition）指公开陈列美术作品、摄影作品的原件或者复制件。展览会既是信息、通信和娱乐的综合，也是唯一的在面对面沟通中充分挖掘五官感觉的营销媒介。

（二）展览会的种类

综合展览会既展出工业品，也展出消费品；既吸引工商界人士，也吸引消费者。这类展览会一般规模相当大，往往按行业划分展区。

贸易展览会的展出者和参观者的主体是商人。他们参加或参观这类展览会的目的很多，包括进行市场调研、开拓销售管道、树立公司的产品形象、提高销售额等，但最终目的都是贸易。

消费展览会是面对公众消费者开放的展览会。这类展览会多具地方性质，一般是综合性质，比如理想家庭展览会。也有一些消费展览会是专业展，比如游艇展。展览会通过大众媒介，比如电视、电台、新闻报刊吸引观众，观众主要是消费者，他们需要买门票参观展览会。从理论上讲，两个以上国家参加的展览会都可以称作"国际展览会"。但是，在贸易展览业中，判断是否为"国际展览会"的标准是：

（1）20%以上展出者来自国外。

（2）20%以上的观众来自国外。

（3）20%以上的广告宣传费使用在国外。

国际博览会联盟规定具备上述标准之一的展览会就可称作"国际博览会"。

地方展览会一般规模不大，特征是以当地观众为主。但是展出者可能来自这一地区之外，甚至是国外。地方展览会的费用相对较低，但是观众的质量并不一定低。地方展览会可以为中小企业提供与潜在客户进行接触以及与大企业进行公平竞争的机会。对人力、财力有限的中小企业来说，地方展览会是首要考虑的营销手段。

欧美国家习惯上把农业展览会单独划分为一类，把林业、畜牧业、渔业、食品加工业等行业也包括在农业展览会的展出范围之内，展出内容有种子、牲畜、手工制品（比如草提篮）、化肥、农业机械、农业环境、农业技术等。大部分农业展览会具有较强的地区特色。

经济活动展览会的内容包括保险、银行、金融、租赁、投资等，也就是第三产业的展览会。

独家展览会是由单个公司为其产品或服务举办的展览会。单独举办展览的原因有：避开竞争对手，抢先开发市场，不让竞争对手了解自己的新产品和技术，产品市场不大，用户有限，无适合的常规展览会。独家展览会的好处是公司可以自主选择并决定展览时间、地点和观众。公司还可以充分发挥设计能力，提高特殊展示效果，而不受常规展览会的规定限制。

流动展览会是使用飞机、轮船、火车、卡车、拖车、组合房屋等作为展馆，在不同地点、不同时间展出相同内容的展览会。

国家贸易中心展览会通常是与办公设施配套的小型常设展览中心，由政府或贸易促进机构在国内外设立。贸易中心也可以组织常规的展览会。在贸易中心举办展览会的优势是宣传效果好，能够为展出者树立形象、扩大影响；劣势是展出费用高，因为需要长期租用场地和派遣常驻人员。

虚拟展览会也称在线展览会，这是一种通过国际互联网络，使用虚拟现实技术组织的展览会。

二、展品物流

展品运输既是筹办展览的主要业务工作，也是国际展览物流的最重要环节。展览运输大致可分为三个阶段：运输筹划、去程运输和回程运输。

（一）运输筹划

运输工作需要统筹策划。运输筹划涉及运输方式、运输路线、运输日程、运输费用、运输公司和代理等因素。

（二）去程运输

去程运输是指展品自展出者所在地至展台之间的运输，一个比较完整的集体安排的去程运输过程可以大致分为以下几个阶段：①展品集中；②装车；③长途运输；④交接；⑤接运；⑥掏箱；⑦开箱。

（三）回程运输

回程运输是指将展品运回至展出者所在地的运输，简称"回运"。对于安排统一运输的集体展出组织者而言，将展品自展台运至原展品集中地的运输称作"回运"，将展品自展品集中地分别运回给参展者所在地的运输称作"分运"。还有一种情况是将展品运至下一个展览地，也被称作"调运"。

三、有关的手续

展品运输需要办理一些手续，包括办理单证、办理海关手续、办理保险等。参加国内展览时，有关手续和单证要简单一些；参加国际展览时，有关手续要复杂得多，各国、各地区对单证的具体要求可能不一样，海关和保险手续的具体种类、具体程序也不尽相同。

课后思考

1. 简述国际货物运输的特点及选择运输方式时需要注意的因素。

2. 简述国际海上货物运输的业务种类及特点。

3. 简述国际铁路货物联运的特点和公路运输的要素。

4. 国际多式联运业务有哪些？

5. 内陆城市在选择海运方式和进行国际货运运输时应该符合哪些条件？应注意哪些事项？

6. 在掌握各种国际货物运输方式的基础上分析每种方式的优缺点。

第七章

国际多式联运

第一节　国际多式联运概述

国际多式联运既是在集装箱运输的基础上产生并发展起来的新型运输方式，也是近年来在国际运输业中发展较快的一种综合连贯运输方式。实践证明，国际多式联运不仅是实现"门到门"运输的有效方式，也是符合客观经济规律、取得较好经济效益的一种运输方式。

一、国际多式联运的概念

目前，《联合国国际多式联运公约》关于国际货物多式联运的定义最具有权威性和影响力。根据该公约，国际多式联运，是指按照多式联运合同，以至少两种不同的运输方式，由多式联运经营人将货物从一国境内接管货物的地点运至另一国境内指定交付货物的地点。

二、国际多式联运的基本条件

（一）必须具有一份国际多式联运合同

国际多式联运合同是多式联运经营人凭其收取运费，使用两种以上不同的运输工具，负责完成或组织完成货物全程运输的合同。

（二）全程运输必须使用一份国际多式联运单据

国际多式联运虽由多种运输方式共同完成一票货物的全程运输，但由多式联运经营人签发的多式联运单据应满足不同运输方式的需要，该单据是证明多式联运合同，以及证明多式联运经营人接管货物并负责按照合同条款交付货物的凭证。

（三）必须使用两种或两种以上的不同运输方式

运输方式的组成是一个非常重要的判断货物是否为多式联运的因素。航空运输长期以来依靠汽车接送货物，从形式上来看，航空运输已经包含了两种不同的运输方式，但这种汽车接送业务习惯上被视为航空运输业务的一个组成部分，只是航空运输的延伸，因此不属于国际多式联运。

（四）必须是国际货物运输

国际多式联运方式所承运的货物必须是从一个国家的境内接管货物地点运至另一国境内指定交付地点的货物。因此，即使采用两种以上不同运输工具所完成的国内货物运输，也不属于国际多式联运货物的范畴。

（五）必须由一个多式联运经营人对全程运输负责

在国际多式联运中，凡是有权签发多式联运单据，并对运输负有责任的人均可视为多式联运经营人，如货运代理人、无船承运人等。货物托运人将货物交给多式联运经营人或其代表接管之后，货物在整个运输过程中的任何运输区段所发生的灭失、损坏，多式联运经营人均以本人的身份直接负赔偿责任。

三、国际多式联运带来的运输特点

国际多式联运的运输组织形式所带来的最明显的运输特点是，它将传统的单一运输方式下的港、站之间的运输，发展为根据货方的需要而进行的"门到门"之间的运输。例如，国际海运"港到港"运输已发展成为"门到门"运输。

国际多式联运是一种比区段运输高级的运输组织形式，20世纪60年代末，美国首先试办多式联运业务，并受到货主的欢迎。随后，国际多式联运在北美、欧洲和远东地区开始采用；20世纪80年代，国际多式联运已逐步被发展中国家采用。目前，国际多式联运已成为一种新型的重要的国际集装箱运输方式，受到国际航运界的普遍重视。1980年5月，在日内瓦召开的联合国国际多式联运公约会议上产生了《联合国国际多式联运公约》。该公约的生效对国际多式联运的发展产生了积极的影响。

国际多式联运是今后国际运输发展的方向，这是因为开展国际多式联运具有许多优越性，主要表现在以下几个方面：

（1）简化托运、结算及理赔手续，节省人力、物力和有关费用。在国际多式联运方式下，无论货物运输距离有多远，由几种运输方式共同完成，且不论运输途中货物经过多少次转换，所有一切运输事项均由多式联运经营人负责办理。而托运人只须办理一次托运，订立一份运输合同，支付一次费用，办理一次保险，从而省去托运人办理托运手续的许多不便。

同时，由于多式联运采用一份货运单证，统一计费，因此也可简化制单和结算手续，节省人力和物力。此外，一旦运输过程中发生货损货差，多式联运经营人要对全程运输负责，从而也可以简化理赔手续，减少理赔费用。

（2）缩短货物运输时间，减少库存，减少货损货差事故，提高货运质量。在国际多式联运方式下，各个运输环节和各种运输工具之间配合密切，衔接紧凑，货物所到之处中转迅速及时，大大缩短了货物的在途停留时间，从根本上保证了货物安全、迅速、准确、及时地运抵目的地，因此也相应地降低了货物的库存量和库存成本。同时，国际多式联运是通过集装箱为运输单元进行直达运输的，虽然货物运输途中须经多次转换，但由于使用专业机械装卸，且不涉及槽内货物，因此货损货差事故大为减少，在很大程度上提高了货物的运输质量。

（3）降低运输成本，节省各种支出。由于国际多式联运可实行"门到门"运输，因此对货主来说，在货物交由第一承运人以后即可取得货运单证，并据以结汇。这不仅有利于加速货物占用资金的周转，而且可以减少利息支出。此外，由于货物是在集装箱内进行运输的，所以从某种意义上来说，国际多式联运可以相应地节省货物的包装、理货和保险等费用的支出。

（4）提高运输管理水平，实现运输合理化。对于区段运输而言，由于各种运输方式的经营人各自为政，自成体系，因此其经营业务范围受到限制，货运量也有限。一旦由不同的运输经营人共同参与多式联运，经营的范围可以大大扩展，同时可以最大限度地发挥现有设备作用，选择最佳运输线路组织合理化运输。

（5）其他作用。从政府的角度来看，发展国际多式联运具有以下重要意义：①有利于加强政府对整个货物运输链的监督与管理；②保证本国在整个货物运输过程中获得较大的运费收入分配比例；③有助于引进新的先进运输技术；④减少外汇支出；⑤改善本国基础设施的利用状况；⑥通过国家的宏观调控与指导职能，保证使用对环境破坏最小的运输方式达到保护本国生态环境的目的。

第二节　国际多式联运经营人

一、国际多式联运经营人的定义

对于国际货物多式联运经营人，《联合国国际货物多式联运公约》的定义如下："多式联运经营人是指其本人或通过其代表订立多式联运合同的任何人，他是事主，而不是发货人的代理人或代表或参加多式联运的承运人的代表人或代表，并且负有履行合同的责任。"

二、国际多式联运经营人的性质和法律特征

（1）国际多式联运经营人是"本人"而非代理人。他对全程运输享有承运人的权利，承担承运人的义务。

（2）国际多式联运经营人同时也可以"代理人"身份兼营有关货运代理服务，或者在一项国际多式联运业务中，不以"本人"身份而是以其他诸如代理人、居间人等的身份开展业务。

（3）国际多式联运经营人具有双重身份，他既以契约承运人的身份与货主（托运人或收货人）签订国际多式联运合同，又以货主的身份与负责实际运输的各区段运输的承运人（实际承运人）签订分运运输合同。

（4）国际多式联运经营人既可以拥有运输工具，也可以不拥有运输工具。当国际多式联运经营人以拥有的运输工具从事某一区段运输时，他既是契约承运人，又是该区段的实际承运人。

三、国际多式联运经营人应具备的条件

（1）多式联运经营人本人或其代表就多式联运的货物必须与发货人本人或其代表订立多式联运合同，而且合同要规定至少使用两种运输方式完成全程货物运输，合同中规定的货物是国际货物。

（2）从发货人或其代表那里接管货物时起即签发多式联运单证，并对接管的货物开始负有责任。

（3）承担多式联运合同规定的与运输和其他服务有关的责任，并保证将货物交给多式联运单证的持有人或单证中指定的收货人。

（4）对运输全过程所发生的货物灭失或损害，多式联运经营人首先对货物受损人负责，并应具有足够的赔偿能力。

（5）多式联运经营人应具有与多式联运相适应的技术能力，对自己签发的多式联运单证确保其流通性。

第三节　国际多式联运业务一般业务程序

一、国际多式联运业务及业务关系当事人

（一）国际多式联运业务

国际多式联运业务从多式联运经营人的角度出发，主要包括与发货人订立多式联运合同、组织全程运输、完成从接货到交货过程的合同事项等内容。国际多式联运具体业务主要包括以下内容：

（1）出运地货物交接，即托运人根据合同的约定把货物交至指定地点。

（2）多式联运路线和方式的确定，与分包方签订货物联运合同。

（3）货物出口安排。即对货物全程运输投保货物责任险和集装箱保险。

（4）通知转运地代理人，与分包承运人联系，及时做好货物过境或进口换装、转运等手续申办和业务安排。

（5）货物运输过程的跟踪监管，定期向发货人或收货人发布货物位置等信息。

（6）通知货物抵达目的地时间，并要求目的地代理人办理货物进口手续。

此外，国际多式联运业务还包括估算费用、集装箱跟踪管理、租箱与归还业务，以及货物索赔和理赔业务等。

（二）国际多式联运业务关系当事人

（1）国际多式联运经营人是与托运人进行签约，负责履行或组织履行联运合同，并对全程运输负责的企业法人和独立经营人。

（2）货物托运人与收货人在《联合国国际货物多式联运公约》中已有清楚定义。

但这里所述的托运人和收货人，是指货物实际托运人和实际收货人。托运人是多式联运的业务委托关系和合同当事方；收货人是多式联运合同涉及的第三方和在目的地有货物提运权的关系人。

（3）分合同方，包括区段承运人，如船舶所有人或经营人，铁路、公路、航空和江河运输经营人，以及非运载工具经营人，如集装箱场站、仓储经营人和转运代理人等。与多式联运经营人签订分合同的当事人应承担合同中所约定的责任。

（4）其他有关方主要指那些与货物和国际多式联运业务相关的其他关系方，包括与货物进出口业务相关的货物保险与货物检验，以及其他责任保险方、进出口贸易监管机构、外汇控制机构、海关等。

二、国际多式联运单据业务

国际多式联运单据，是国际货物多式联运合同，以及国际多式联运经营人接管货物并负责按照合同条款交付货物的证明。凡在我国境内签发的多式联运单据必须由多式联运经营人或其代理人报有关部门登记，并在单据右上角注明许可证编号。

三、货物接管和交付

国际多式联运经营人可以从发货人或其代理人手中接管货物，或根据接管货物地点适用的法律或规章，从负责管理运输的当局或其他第三者手中接管货物。国际多式联运经营人接管货物、安排全程运输、签发多式联运单据，在货物抵达目的地时，有义务通过其代理人按国际多式联运单据中收货人的地址通知收货人货物已抵达目的地，并按国际多式联运单据载明的交接方式交付货物给国际多式联运单据持有人。国际多式联运经营人向收货人交付货物时和在交货后规定时间内，收货人未将货物灭失或损坏的情况书面通知国际多式联运经营人的，则此项交付被视为国际多式联运经营人已经按照多式联运单据的记载交付货物的初步证据。除非货物在交付时已经让当事各方或其授权在交货地的代表联合调查或检验，则无须就调查或检验所证实的灭失或损坏送交书面通知。

四、索赔与诉讼

货物在国际多式联运过程中发生损害时，受损人按照国际公约和有关法规规定可以进行索赔。在实际业务中，收货人发现货物损害后，首先向国际多式联运经营人或区段承运人进行书面通知，同时通知货物投保公司，根据货物本身的保险范围，向保险公司索赔；保险公司赔付后凭由权益转让书所取得的代位权责任范围向责任区段的承运人或分合同方追偿。国际多式联运经营人若已投保货物责任险，则可在赔付后向所投保的保险公司索赔，其中如有属区段承运人或分合同方责任者的，保险公司再向他们追偿。

索赔不成可以按规定进行诉讼。依照公约与法规规定，索赔和诉讼都有一定程序和时效。《海商法》第八十一条和《国际集装箱多式联运管理规则》第三十三条的规定是，货损不明显时，整箱货自交付次日起连续十五天内，拼箱货自交付次日起连续七天内提交书面索赔通知，否则，所做的货物交付被视为国际多式联运经营人已经按照多式联运单据的记载交付以及货物状况良好的初步证据。诉讼，应依照公约或法规规定在具有管辖权或双方协议地点的法院进行。《联合国国际多式联运公约》规定的诉讼时效是两年，这与《1978 年联合国海上货物运输公约》的规定相同但与《海牙规则》和《维斯比规则》的规定不同。如果自货物交付之日起六个月内没有提出书面索赔通知，则会失去诉讼权利。我国《国际集装箱多式联运管理规则》规定了对多式联运经营人的诉讼时效期间，若多式联运全程包括海运段的，对多式联运经营人诉讼时效期间为一年。

第四节　国际多式联运的组织

一、国际多式联运的组织形式

国际多式联运是采用两种或两种以上不同运输方式进行联运的运输组织形式。这里所指的至少两种运输方式可以是海陆、陆空、海空等。这与一般的海海、陆陆、空空等形式的联运有着本质的区别。后者虽也是联运，但仍是采用同一种运输工具的运输方式。众所周知，各种运输方式均有自身的优点与不足。一般来说，水路运输具有运量大、成本低的优点；公路运输则具有机动灵活，便于实现货物"门到门"运输的特点；铁路运输的主要优点是不受气候影响，可深入内陆和横贯内陆，实现货物长距离的准时运输；航空运输的主要优点是可实现货物的快速运输。由于国际多式联运严格规定必须采用两种或两种以上的运输方式进行联运，因此这种运输组织形式可以综合利用各种运输方式的优点，充分体现社会化大生产、大交通的特点。

由于国际多式联运具有其他运输组织形式无可比拟的优越性，所以这种国际运输新技术已在世界各主要国家和地区得到广泛的推广和应用。

（一）海陆联运

海陆联运是国际多式联运的主要组织形式，也是远东/欧洲多式联运的主要组织形式之一。目前组织和经营远东/欧洲海陆联运业务的主要有班轮公会的三联集团、北荷、冠航和丹麦的马士基等国际航运公司，以及非班轮公会的中国远洋运输公司和德国那亚航运公司等。这种组织形式以航运公司为主体，签发联运提单，与航线两端的内陆运输部门开展联运业务，与大陆桥运输展开竞争。

（二）陆桥运输

在国际多式联运中，陆桥运输（land bridge service）起着非常重要的作用。它是远东/欧洲国际多式联运的主要形式。所谓陆桥运输是指采用集装箱专用列车或卡车，把横贯大陆的铁路或公路作为中间"桥梁"，使大陆两端的集装箱海运航线与专用列车或卡车连接起来的一种连贯运输方式。严格地讲，陆桥运输也是一种海陆联运形式。只是因为其在国际多式联运中的独特地位，所以将其单独作为一种运输组织形式。目前，远东/欧洲的陆桥运输线路有西伯利亚大陆桥和北美大陆桥。

1. 西伯利亚大陆桥

西伯利亚大陆桥是指使用国际标准集装箱，将货物由远东海运到俄罗斯东部港口，再经跨越欧亚大陆的西伯利亚铁路运至波罗的海沿岸如爱沙尼亚的塔林或拉脱维亚的里加等港口，然后采用铁路、公路或海运运到欧洲各地的国际多式联运的运输线路。西伯利亚大陆桥全年货运量高达 10 万标准箱（TEU），最多时达 15 万标准箱。使用这条陆桥运输线的经营者主要是日本、中国和欧洲各国的货运代理公司。其中，日本出口欧洲杂货的 1/3，欧洲出口亚洲杂货的 1/5 都是经这条陆桥运输的。由此可见，它在促进亚欧大陆国际贸易中所处的重要地位。

西伯利亚大陆桥的运输方式包括"海铁铁""海铁海""海铁公""海公空"四种运输方式。俄罗斯的过境运输总公司担当总经营人，它拥有签发货物过境许可证的权利，并签发统一的全程联运提单，承担全程运输责任。至于参加联运的各运输区段，则采用"互为托运、承运"的接力方式完成全程联运任务。可以说，西伯利亚大陆桥是较为典型的一条过境多式联运线路。西伯利亚大陆桥是目前世界上最长的一条陆桥运输线。它大大缩短了从日本、远东、东南亚及大洋洲到欧洲的运输距离，并因此节省了运输时间。从远东经俄罗斯太平洋沿岸港口去欧洲的陆桥运输线全长 13 000 千米，而相应的全程水路运输距离（经苏伊士运河）约为 20 000 千米。从日本横滨到欧洲鹿特丹，采用陆桥运输不仅可使运距缩短 1/3，运输时间也可节省 1/2。此外，在一般情况下，陆桥运输的运输费用还可节省 20%～30%，因此对货主有很大的吸引力。

西伯利亚大陆桥所具有的优势，使得它的声望与日俱增，也吸引了不少远东、东南亚以及大洋洲地区到欧洲的运输，使西伯利亚大陆桥在短短的几年时间内得到了迅速发展。但是，西伯利亚大陆桥的运输在经营管理上存在的问题，如港口装卸能力不足、铁路集装箱车辆的不足、箱流的严重不平衡以及严寒气候的影响等在一定程度上阻碍了它的发展。尤其随着我国兰新铁路与中哈边境的土西铁路的接轨，一条新的"欧亚大陆桥"为远东至欧洲的国际集装箱多式联运提供了又一条便捷路线，使西伯利亚大陆桥面临严峻的竞争形势。

2. 北美大陆桥

北美大陆桥是指利用北美的铁路从远东到欧洲的"海陆海"联运线路。该陆桥运输包括美国大陆桥运输和加拿大大陆桥运输。美国大陆桥有两条运输线路：一条是从西部太平洋沿岸至东部大西洋沿岸的铁路和公路运输线，另一条是从西部太平洋沿岸至东南部墨西哥湾沿岸的铁路和公路运输线。美国大陆桥于 1971 年年底由经营远东/欧洲航线的船公司和铁路承运人联合开办"海-陆-海"多式联运线，后来美国几家班轮公司也投入营运。目前主要有四个集团经营远东经美国大陆桥至欧洲的国际多式联运业务。这些集团均以经营人的身份签发多式联运单证，对全程运输负责。加拿大大陆桥与美国大陆桥相似，由船公司把货物海运至温哥华，经铁路运到蒙特利尔或哈利法克斯，再与大西洋海运相接。

北美大陆桥是世界上历史最悠久、影响最大、服务范围最广的陆桥运输线。据统计，从远东到北美东海岸 50% 以上的货物是采用双层列车进行运输的，因为采用这种陆桥运输方式比采用全程水运方式通常要快 1～2 周。例如，集装箱货从日本东京到欧洲鹿特丹港，采用全程水运（经巴拿马运河或苏伊士运河）通常需要 5～6 周，而采用北美大陆桥运输仅需 3 周左右。

随着美国大陆桥和加拿大大陆桥的成功营运，北美其他地区也开展了大陆桥运输。

墨西哥大陆桥（Mexican land bridge）就是其中之一。该大陆桥横跨特万特佩克地峡，连接太平洋沿岸的萨利纳克鲁斯港和墨西哥湾沿岸的夸察夸尔科斯港，陆上距离为182海里。墨西哥大陆桥于1982年开始营运，目前其服务范围还很有限，对其他港口和大陆桥运输的影响还很小。

在北美大陆桥强大的竞争面前，巴拿马运河可以说是最大的输家之一。随着北美西海岸陆桥运输服务的开展，众多承运人开始建造不受巴拿马运河尺寸限制的超巴拿马型船，从而放弃使用巴拿马运河。可以预见，随着陆桥运输的效率与经济性的不断提高，巴拿马运河将处于更为不利的地位。

3. 其他陆桥运输形式

北美地区的陆桥运输不仅包括上述大陆桥运输，而且包括小陆桥运输和微桥运输等运输组织形式。小陆桥运输从运输组织方式上看与大陆桥运输并无大的区别，只是其运送的货物的目的地为沿海港口。目前，北美小陆桥运送的主要是日本经北美太平洋沿岸到大西洋沿岸和墨西哥湾地区港口的集装箱货物，当然也要承运从欧洲到美国西海岸及海湾地区各港的大西洋航线的转运货物。北美小陆桥在缩短运输距离、节省运输时间上的效果是显著的。以日本/美东航线为例，从大阪至纽约全程水运（经巴拿马运河）的航线距离为9 700海里，运输时间为21～24天。而小陆桥的运输距离仅为7 400海里，运输时间为16天，可节省1周左右的时间。

微桥运输与小陆桥运输基本相似，只是其交货地点在内陆地区。北美微桥运输是指经北美东、西海岸及墨西哥湾沿岸港口到美国、加拿大内陆地区的联运服务。随着北美小陆桥运输的发展，新的矛盾出现了，这主要体现在：货物由靠近东海岸的内地城市运往远东地区（或反向）首先要通过国内运输，以国内提单运至东海岸交船公司，最后由船公司另外签发由东海岸出口的国际货运单证，再通过国内运输运至西海岸港口，然后海运至远东。货主认为，这种运输不能从内地直接以国际货运单证运至西海岸港口转运，不仅要增加费用，而且会耽误运输时间。为解决这一问题，微桥运输应运而生。进出美国和加拿大的内陆城市的货物采用微桥运输既可节省运输时间，也可避免双重港口收费，从而节省费用。例如，往来于日本和美东内陆城市匹兹堡的集装箱货，可从日本海运至美国西海岸港口（如奥克兰），然后通过铁路直接联运至匹兹堡，这样可完全避免进入美东的费城港，从而节省了在该港的港口费支出。

（三）海空联运

海空联运又被称为空桥运输（air-bridge service）。在运输组织方式上，空桥运输与陆桥运输有所不同，陆桥运输在整个货运过程中使用的是同一个集装箱，不用换装，而空桥运输的货物通常要在航空港换入航空集装箱。不过两者的目标是一致的，即以低费率提供快捷、可靠的运输服务。海空联运方式始于20世纪60年代，但到20世纪80年代才得到较大的发展。海空联运的运输时间比全程海运少，运输费用比全程空运便宜。20世纪60年代，人们将采用远东船运至美国西海岸的货物，通过航空运输方式运至美国内陆地区或美国东海岸，海空联运便出现了。当然，这种联运组织形式是以海运为主，只是最终交货运输区段由空运承担。1960年年底，苏联航空公司开辟了经由西伯利亚至欧洲的航空线；1968年，加拿大航空公司参加了国际多式联运。

目前，国际海空联运线主要有以下几种：

1. 远东→欧洲

目前，远东与欧洲间的航线以温哥华、西雅图、洛杉矶为中转地，也以曼谷、符拉迪沃斯托克为中转地。此外，远东与欧洲间的航线还以旧金山、新加坡为中转地。

2. 远东→中南美

近年来，远东至中南美的海空联运发展较快，因为此处港口和内陆运输不稳定，所以对海空运输的需求很大。该联运线以迈阿密、洛杉矶、温哥华为中转地。

3. 远东→中近东、非洲、澳洲

这是以曼谷等为中转地至中近东、非洲的运输服务。在特殊情况下，还有经马赛至非洲、经曼谷至印度等联运线，但这些线路货运量较小。

总的来讲，运输距离越远，采用海空联运的优越性就越大，因为与完全采用海运相比，其运输时间更短；与直接采用空运相比，其费率更低。因此，从远东出发将欧洲、中南美以及非洲作为海空联运的主要市场是合适的。

二、国际多式联运的组织方法

国际多式联运全程运输业务过程是由多式联运全程运输的组织者——多式联运经营人完成的，主要包括全程运输所涉及的所有商务性事务和衔接服务性工作的组织实施。其运输组织方法可以有很多种，但按其组织体制划分，国际多式联运可以分为协作式多式联运和衔接式多式联运两大类。

（一）协作式多式联运的运输组织方法

协作式多式联运的运输组织方法如图 7-1 所示。

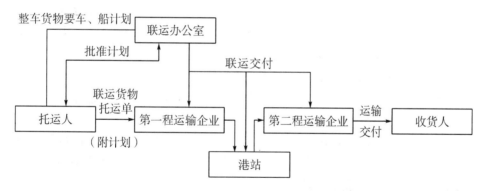

图 7-1　协作式多式联运的运输组织方法

（二）衔接式多式联运的组织方法

衔接式多式联运的组织方法如图 7-2 所示。

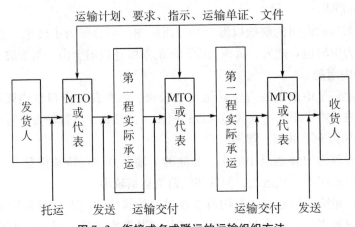

图7-2 衔接式多式联运的运输组织方法

注：MTO是指国际多式联运经营人，此处为简化图中的名字，用英文表示。

第五节 组织国际多式联运业务

一、国际多式联运业务流程

国际多式联运经营人从事多式联运业务时，大致需要经过接受托运申请，订立国际多式联运合同，空箱发放、提取及运送，出口报关，货物装箱及接收货物，向实际承运人订舱及安排货物运送，办理保险，签发多式联运提单，组织完成货物的全程运输，办理运输过程中的海关业务，货物交付，货运事故处理等环节。

（一）接受托运申请，订立国际多式联运合同

国际多式联运经营人根据货主提出的托运申请和自己的运输线路等情况，判定是否接受该托运申请。发货人或其代理人根据双方就货物的交接方式、时间、地点、付费方式等达成协议并填写场站收据，并将其送至国际多式联运经营人进行编号，国际多式联运经营人编号后留下货物托运联，将其他联交还给发货人或其代理人。

（二）空箱的发放、提取及运送

国际多式联运中使用的集装箱一般由国际多式联运经营人提供，这些集装箱的来源可能有三种情况：一是国际多式联运经营人自己购置使用的集装箱；二是向借箱公司租用的集装箱；三是由全程运输中的某一分运人提供。如果双方协议由发货人自行装箱，则国际多式联运经营人应签发提箱单或租箱公司或分运人签发提箱单交给发货人或其代理人，由他们在规定日期到指定的堆场提箱，并自行将空箱拖运到货物装箱地点，准备装货。

（三）出口报关

若多式联运从港口开始，应在港口报关；若从内陆地区开始，则应在附近内陆地海关办理报关出口。报关事宜一般由发货人或其代理人办理，也可委托国际多式联运经营人代为办理。报关时应提供场站收据、装箱单、出口许可证等有关单据和文件。

（四）货物装箱及接受货物

若是发货人自行装箱，发货人或其代理人提取空箱后在自己的工厂和仓库组织装箱，装箱工作一般要在报关后进行，并请海关派人到装箱地点监装和办理加封事宜。如须理货，还应请理货人员现场理货，并与其共同制作装箱单。

对于由货主自行装箱的整箱货物，发货人应负责将货物运至双方协议规定的地点，国际多式联运经营人或其代表在指定地点接受货物。如果是拼箱货，则由国际多式联运经营人在指定的货运站接收货物，验收货物后，代表多式联运经营人接收货物的人应在场站收据正本上签章，并将其交给发货人或其代理人。

（五）订舱及安排货物运送

多式联运经营人在合同订立后，应立即制订该合同涉及的集装箱货物的运输计划。该计划应包括货物的运输路线、区段的划分、各区段实际承运人的选择及确定各区段衔接地点的到达、起运时间等内容。

这里所说的订舱泛指国际多式联运经营人要按照运输计划安排确定各区段的运输工具，与选定的各实际承运人订立各区段的分运合同，这些合同的订立由国际多式联运经营人本人或委托的代理人办理，也可请前一区段的实际承运人代为向后一区段的实际承运人订舱。货物运输计划的安排必须科学并留有余地，工作中应相互联系，根据实际情况调整计划，避免彼此脱节。

（六）办理保险

发货人应投保货物运输保险，该保险由发货人自行办理，或由发货人承担费用而由国际多式联运经营人代为办理。货物运输保险可以是全程投保，也可以是分段投保。国际多式联运经营人应投保货物责任险和集装箱保险，国际多式联运经营人或其代理人向保险公司或以其他形式办理。

（七）签发多式联运提单，组织完成货物的全程运输

国际多式联运经营人的代表收取货物后，国际多式联运经营人应向发货人签发多式联运提单。在将提单交给发货人之前，应注意按双方议定的付费方式、内容、数量向发货人收取全部应付费用。

国际多式联运经营人有完成和组织完成全程运输的责任和义务。在接收货物后，国际多式联运经营人要组织各区段实际承运人、各派出机构及代表人共同协调工作，完成全程中各区段运输之间的衔接工作，并做好运输过程中所涉及的各种服务性工作和运输单据、档及有关信息等的组织和协调工作。

（八）办理运输过程中的海关业务

按照国际惯例，国际多式联运的全程运输均应视为国际货物运输。因此，该环节的工作主要包括货物及集装箱进口国的通关手续、进口国内陆段保税运输手续及结关等内容。如果陆上运输要通过其他国家海关和内陆运输线路，还应包括这些海关的通关及保税运输手续。

如果货物在目的地港交付，则结关应在港口所在地海关进行。如果在内陆地区交货，则应在口岸办理保税运输手续，海关加封后方可运往内陆目的地，然后在内陆海关办理结关手续。

（九）货物支付

当货物运往目的地后，目的地代理通知收货人提货，收货人需要凭多式联运提单提货。国际多式联运经营人或其代理人需要按合同规定，收取收货人应付的全部费用，收回提单签发提货单，提货人凭提货单到指定堆场和地点提取货物。

如果是整箱提货，则收货人要负责至掏箱地点的运输，并在货物掏出后将集装箱运回指定的堆场，此时，运输合同终止。

（十）货运事故处理

如果全程运输中发生了货物灭失、损害和运输延误，无论能否确定损害发生的区段，发（收）货人均可向国际多式联运经营人提出索赔，国际多式联运经营人根据提单条款及双方协议确定责任并做出赔偿。如果能确定事故发生的区段和实际责任者，可向其进一步索赔；如果不能确定事故发生的区段，一般按在海运段发生事故进行处理；如果已对货物及责任投保，则存在要求保险公司赔偿和向保险公司进一步追索问题。如果受损人和责任人之间不能取得一致意见，则需要在诉讼时效内通过诉讼和仲裁的方式来解决。

二、国际多式联运合同

（一）国际多式联运合同的概念

国际多式联运合同又称为"多式联合运输合同""混合运输合同"，是指以两种以上（含两种）的不同运输方式将旅客（及其行李）或货物运输到约定地点的运输合同。

（二）国际多式联运合同的主要内容

国际多式联运合同的主要内容如下：

（1）承运货物的名称、种类、包装、件数、重量、尺码等货物状况。

（2）承运人的责任范围，货物接收地和交付地。

（3）双方费用约定以及结算时间。

（4）承运人的除外责任。

（5）承运人的赔偿限额。

（6）违约责任规定。

（7）合同争议解决方式和适用法律。

国际多式联运合同模板

甲方：（托运人）

法定代表人：

法定地址：　　　　　　邮编：

经办人：　　　　　　联系电话：　　　　　　传真：

银行账户：

乙方：（承运人）

法定代表人：

法定地址：　　　　　　邮编：

经办人：　　　　　　联系电话：　　　　　　传真：

银行账户：

甲乙双方经过友好协商，就办理甲方货物多式联运事宜达成如下合同：

1. 甲方应保证如实提供货物名称、种类、包装、件数、重量、尺码等货物状况，由于甲方虚报给乙方或者第三方造成损失的，甲方应承担损失。

2. 甲方应按双方商定的费率在交付货物_____天之内将运费和相关费用付至乙方账户。甲方若未按约定支付费用，乙方有权滞留提单或者留置货物，进而依法处理货物以补偿损失。

3. 托运货物为特种货或者危险货时，甲方有义务向乙方做详细说明。未做说明或者说明不清的，由此造成乙方的损失由甲方承担。

4. 乙方应按约定将甲方委托的货物承运到指定地点，并应甲方的要求，签发联运提单。

5. 乙方自接货开始至交货为止，负责全程运输，对全程运输中乙方及其代理或者区段承运人的故意或者过失行为而给甲方造成的损失负赔偿责任。

6. 乙方对下列原因所造成的货物灭失和损坏不负责任：

（1）货物由甲方或者代理人装箱、计数或者封箱的，或者装于甲方的自备箱中；

（2）货物的自然特性和固有缺陷；

（3）海关、商检、承运人行使检查权所引起的货物损耗；

（4）天灾，包括自然灾害，例如但不限于雷电、台风、地震、洪水等，以及意外事故，例如但不限于火灾、爆炸、由于偶然因素造成的运输工具的碰撞等；

（5）战争或者武装冲突；

（6）抢劫、盗窃等人为因素造成的货物灭失或者损坏；

（7）甲方的过失造成的货物灭失或者损坏；

（8）罢工、停工或者乙方雇佣的工人劳动受到限制；

（9）检疫限制或者司法扣押；

（10）非由于乙方或者乙方的受雇人、代理人的过失造成的其他原因导致的货物灭失或者损坏，对于第（7）项免除责任以外的原因，乙方不负举证责任。

7. 货物的灭失或者损坏发生于多式联运的某一区段，乙方的责任和赔偿限额，应该适用该区段的法律规定。如果不能确定损坏发生区段的，应当适用调整海运区段的法律规定，不论是根据国际公约还是根据国内法。

8. 对于逾期支付的款项，甲方应按每日万分之五的比例向乙方支付违约金。

9. 由于甲方的原因（如未及时付清运费及其他费用而被乙方留置货物或滞留单据，或提供单据迟延而造成货物运输延迟）所产生的损失由甲方自行承担。

10. 合同双方可以依据《中华人民共和国民法典》的有关规定解除合同。

11. 乙方在运输甲方货物的过程中应尽心尽责，对于因乙方的过失而导致甲方遭受的损失和发生的费用承担责任，以上损失不包括货物因延迟等原因造成的经济损失。在任何情况下，乙方的赔偿责任都不应超出每件元人民币或每公斤元人民币的责任限额，两者以较低的限额为准。

12. 本合同项下发生的任何纠纷或者争议，应提交中国海事仲裁委员会，根据该会的仲裁规则进行仲裁。仲裁裁决是终局的，对双方都有约束力。

本合同的订立、效力、解释、履行、争议的解决均适用中华人民共和国法律。

13. 本合同从甲乙双方签字盖章之日起生效，合同有效期为天，合同期满之日前，甲乙双方可以协商将合同延长天。合同期满前，如果双方中任何一方欲终止合同，应提前_____天，以书面的形式通知另一方。

14. 本合同经双方协商一致可以进行修改和补充，修改及补充的内容经双方签字盖章后。视为本合同的一部分。

本合同正本一式_____份。

甲方：   乙方：

签字盖章   签字盖章

年 月 日

三、国际多式联运提单

（一）国际多式联运提单的定义

《联合国国际货物多式联运公约》对国际多式联运单证所下的定义："证明多式联运合同及证明多式联运经营人接管货物并负责按合同条款交付货物的单据。"在实践中，国际多式联运单证一般被称为"多式联运提单"，它是发货人与多式联运经营人订立的国际货物多式联运合同的证明；是多式联运经营人接管货物的证明和收据；是收货人提取货物和多式联运经营人交付货物的凭证；是货物所有权的证明，可以用来结汇、流通和抵押等。

（二）国际多式联运提单的签发

多式联运经营人在收到货物后，凭发货人提交的收货收据（在集装箱运输时一般是场站收据正本）签发多式联运提单，根据发货人的要求，可签发可转让或不可转让提单中的任何一种。签发提单前应向发货人收取合同规定和应由其负责的全部费用。

（三）国际多式联运提单的内容

根据《联合国国际货物多式联运公约》规定，国际多式联运提单应载明下列事项：

（1）货物的品类、识别货物所必需的主要标志。如属危险货物，危险特性声明、包件数、货物的毛重或其他方式表示的数量等，所有这些事项均由发货人提供。

（2）货物的外表状况。

（3）多式联运经营人的名称和主要营业场所。

（4）发货人、收货人（必要时可有通知人）的名称。

（5）多式联运经营人接管货物的地点和日期。

（6）交付货物的地点。

（7）双方明确协议的交付货物地点，交货的时间、期限。

（8）表示该提单为可转让或不可转让的声明。

（9）多式联运提单签发的地点和日期。

（10）多式联运经营人或经其授权的人的签字。

（11）经双方明确协议的有关运费支付的说明，包括应由发货人支付的运费及货币、由收货人支付的其他说明。

（12）有关运输方式、运输路线、转运地点的说明。

（13）有关声明与保留。

（14）在不违背签发多式联运提单所在国法律的前提下，双方同意列入提单的其他事项等。

第六节　国际多式联运责任划分

一、国际多式联运的责任类型

要确定多式联运经营人的责任，首先要确定多式联运中责任制的类型。所谓责任制（liability regime）类型，是指在多式联运当中如何划分或确定各个运输区段承运人责任和多式联运经营人责任，以及承运人和经营人之间责任关系的制度。目前，国际多式联运有四种责任类型。

（一）统一责任制

统一责任制（又称同一责任制）就是多式联运经营人对货主负有不分区段的统一原则责任，也就是说，多式联运经营人在整个运输过程中都使用同一责任向货主负责。多式联运经营人对全程运输中货物的灭失、损坏或延期交付负全部责任，无论事故责任是明显的，还是隐蔽的；无论事故是发生在海运段，还是发生在内陆运输段，多式联运经营人均按统一原则并按约定的限额进行赔偿。但如果多式联运经营人已尽了最大努力仍无法避免的或确实证明是货主的故意行为、过失等原因所造成的灭失或损坏，多式联运经营人则可免责。统一责任制是一种科学、合理、手续简化的责任制度。但这种责任制对多式联运经营人来说负担较重，因此统一责任制目前在世界范围内的采用还不够广泛。

（二）网状责任制

网状责任制（又称混合责任制）就是多式联运经营人对货主承担的全部责任局限在各个运输部门规定的责任范围内，也就是由多式联运经营人对集装箱的全程运输负责，而货物的灭失、损坏或延期交付的赔偿，则根据各运输方式所适用的法律规定进行处理。例如，海上区段发生的事故，按《海牙规则》处理；铁路区段发生的事故，按《国际铁路货物运输公约》处理；公路区段发生的事故，按《国际公路货物运输公约》处理；航空区段发生的事故，按《华沙公约》处理。在不适用上述国际法时，则按相应的国内法规定处理。同时，赔偿限额也是按各区段的国际法或国内法的规定进行赔偿，对不明区段的货物隐蔽损失，或作为海上区段并按《海牙规则》处理，或按双方约定的原则处理。

网状责任制是介于全程运输负责制和分段运输负责制之间的一种责任制，因此又称为混合责任制。也就是说该责任制在责任范围方面与统一责任制相同，而在赔偿限额方面则与区段运输形式下的分段负责制相同。目前，国际上大多采用的是网状责任制。我国自实施"国际集装箱运输系统（多式联运）工业性试验"项目以来，发展建立的多式联运责任制采用的也是网状责任制。

（三）修正性的统一责任制

修正性的统一责任制也被称为"可变性的统一责任制"，是由《联合国国际货物多式联运公约》所确立的以统一责任制为基础，以责任限额为例外的一种责任制度。根据这一制度，不管能否确定货运事故发生的实际运输区段，都适用公约的规定。但是，若货运事故发生的区段适用的国际公约或强制性国家法律规定的赔偿责任限额高于联合国公约规定的赔偿责任限额，则多式联运经营人应该按照该国际公约或国内法的规定限额进行赔偿。所以，在修正性的统一责任制下，统一责任制是多式联运经营人承担责任的总体规则，但对责任限额，则适用网状责任制形式。显然，《联合国国际货物多式联运公约》确立的责任制度有利于货主，而不利于多式联运经营人。而且这种责任制还产生了双层赔偿责任关系问题，即多式联运经营人与货主之间的赔偿责任关系，受《联合国国际货物多式联运公约》的约束；对多式联运经营人与其分包人（各区段承运人）之间的赔偿责任关系，《联合国国际货物多式联运公约》则未做出规定，这导致多式联运经营人和分包人之间责任承担可能不一致，很容易产生纠纷。

（四）责任分担制

责任分担制是指多式联运经营人和各区段承运人在合同中事先划分运输区段，并按各区段所应适用的法律来确定各区段承运人责任的一种制度。这种责任制实际上是单一运输方式的简单组合，并没有真正发挥多式联运的优越性，因此目前很少被采用。

二、国际多式联运的责任期间

在各种国际公约和国内法规中，关于多式联运的责任期间具有很高的一致性。《联合国国际货物多式联运公约》明确规定：多式联运经营人对多式联运货物的责任期间为接收货物时起至交付货物时止。这一规定表明不论货物的接收地和目的地是港口还是内陆，不论多式联运合同中规定的运输方式如何（但其中之一必须是海上运输），也不论多式联运经营人是否将部分或全部运输任务委托给他人履行，多式联运经营人都必须全程对货物运输负责，包括货物在两种运输方式下交换的过程。

课后思考

1. 阐述国际铁路货物运输的基本类型和特点，以及其进出口业务的基本流程。
2. 阐述国际公路货物运输的基本类型和特点，以及其进出口业务的基本流程。
3. 阐述国际多式联运的特点和组织方式。
4. 以我国的欧亚陆桥运输为例，分析国际多式联运的优势和劣势。

第八章

国际货运代理

■**学习目标**

了解国际货运代理人的业务范围；了解国际货运代理组织；

熟悉常见的几类国际货运代理业务类型；

掌握海上货代、航空货代、陆上货代、集装箱运输代理的业务流程。

第一节 国际货运代理人与行业组织

一、国际货运代理人

在国际货运代理中，根据《中华人民共和国国际货物运输代理业管理规定》第二条规定："国际货物运输代理业，是指接受进出口货物收货人、发货人的委托，以委托人的名义或者以自己的名义，为委托人办理国际货物运输及相关业务并收取服务报酬的行业。"《中华人民共和国外商投资国际货运代理业管理规定》规定："外商投资国际货物运输代理企业是指境外的投资者以中外合资、中外合作以及外商独资形式设立的接受进出口货物收货人、发货人的委托，以委托人的名义或者以自己的名义，为委托人办理国际货物运输及相关业务并收取服务报酬的外商投资企业。"

虽然世界各国货运代理业的历史发展、管理体制和法律文化等不同，对于货运代理人的称谓、定义也有所不同，但是基本上都认为货运代理人是受运输关系人的委托，为了运输关系人的利益，安排货物的运输，提供货物的交运、拼装、接卸、交付服务以及其他相关服务，并收取相应报酬的人。

国际货运代理人的业务范围有大有小，大的国际货运代理人兼办多项业务，如海陆空及多式联运货运代理业务，小的国际货运代理人则专办一项或两项业务，如某些空运货运代理和速递公司。较常见的货运代理主要有以下几类：

（1）租船订舱代理。这类代理与国内外货方有广泛的业务关系。

（2）货物报关代理。有些国家对这类代理应具备的条件规定较严，如美国规定必须向有关部门申请登记，必须是美国公民，并经过考试合格，发给执照才能营业。

（3）转运及理货代理。其办事机构一般设在中转站及港口。

（4）储存代理。包括货物保管、整理、包装以及保险等业务。

（5）集装箱代理。包括装箱、拆箱、转运、分拨以及集装箱租赁和维修等业务。

（6）多式联运代理。即多式联运经营人或称无船承运人，是与货主签订多式联运合同的当事人。

从事国际货运代理的企业需要通晓国际贸易环节，精通各种运输业务，熟悉有关法律、法规，业务关系广泛，信息来源准确及时；与各种承运人、仓储经营人、保险人、港口、机场、车站、堆场、银行等相关企业，与海关、商检、卫检、动植检、进出口管制等有关政府部门存在着密切的业务关系。货运代理企业不论对于进出口货物的收、发货人，还是对于承运人和港口、机场、车站、仓库经营人都起到了重要的作用。

二、国际货运代理的行业组织

（一）国际货运代理协会联合会

国际货运代理协会联合会，法文缩写为"FIATA"，中译名为"菲亚塔"。FIATA的宗旨是保障和提高国际货运代理在全球的利益。FIATA的最高权力机构是会员代表大会。会员代表大会每年召开一次，由主席负责召集。2006年FIATA年会在我国上海举行。

FIATA不仅起草了供各国立法时参考的《国际货运代理业示范规则》，以及推荐给各国货运代理企业采用的《国际货运代理标准交易条件》，而且制定了FIATA运送指示、FIATA货运代理运输凭证、FIATA货运代理收货凭证、FIATA仓库收据、FIATA托运人危险品运输证明、FIATA不可转让联运提单、FIATA可转让联运提单、FIATA发货人联运重量证明八种货运代理单证格式，培训了数万名学员，取得了举世瞩目的成就，被誉为"运输业的建筑师"。

（二）中国国际货运代理协会

中国国际货运代理协会的英文名称为"China International Freight Forwarders Association"，即CIFA。该协会由经国家主管部门批准从事国际货运代理业务并在中华人民共和国境内注册的国际货运代理企业自愿组成，是经国务院批准，在民政部登记的全国性行业协会，属于非营利性的社团法人并受商务部和民政部的指导和监督。2000年9月6日，CIFA在北京正式成立，2000年11月在民政部获准登记。2001年年初，中国国际货运代理协会代表中国国际货运代理行业加入CIFA。

CIFA的宗旨是维护我国国际货运代理行业利益，保护会员企业正当权益；促进我国国际货运代理行业健康发展，更好地为我国对外经济贸易事业服务。CIFA的业务范围及主要任务是：协助政府主管部门依法规范国际货运代理企业经营行为，整顿行业秩序，加强行业管理；开展行业市场调研，编制行业统计计划，为会员企业提供信息咨询服务，为政府制定行业发展规划和管理政策提供建议；组织相关学术研究，依据国家规定出版会刊和出版物；制定和推行行业统一单证和标准交易条款，建立货运代理责任保险制度，提高行业服务水平；组织行业培训，代表行业主管部门颁发上岗资格证书，制定本行业从业人员岗位规范；承担政府主管部门委托的部分职能及有关团体和会员委托的工作；代表全行业加入 FIATA，开展同业国际交流等。

第二节　国际海上货运代理业务

一、班轮货运代理

班轮货运代理人包括班轮运输船舶代理人与订舱代理人两种。

（1）班轮运输船舶代理人。班轮运输船舶代理人是指在班轮运输中，班轮公司在从事班轮运输的船舶停靠的港口委托的代理人。该代理人的责任通常由班轮代理合同的条款予以确定。代理人通常应该为班轮制作船期广告，为班轮公司开展揽货工作，办理订舱和收取运费，为班轮公司制作运输单据、代签提单，管理船务与集装箱工作，代表班轮公司就有关费率以及班轮公司营运业务等事宜与政府主管部门、班轮公会进行接触。总之，凡是班轮公司自行办理的业务都可通过授权，由代理人代办。

（2）订舱代理人。班轮公司为了使自己所经营的班轮运输船舶能在载重和舱容上得到充分利用，力争做到满舱满载，除了在班轮船舶挂靠的港口设立分支机构或者委托代理人外，还会委托订舱代理人，以便争取广泛的货源。订舱代理人通常与货主以及货运代理人有着广泛和良好的业务联系，因此能为班轮公司创造良好的经营效益，同时也能为班轮公司建立起一套有效的货运程序。

班轮货运代理的主要流程如下：

（1）船公司依照船期表将船舶行驶航线、船名、挂港、装港、船期、结载日期通过装货经纪人，即指定的货运代理或者是船舶代理传达给进、出口商，以招揽货源、满足满仓满载的需要。

（2）货运代理人（以下简称"货代"）或者出口商向船舶代理人（以下简称"船代"）或船公司托运，递交装货单，提出货物装运申请。

（3）船代或者船公司接受承运，制定船名签发装货单并将留底联留下后还给托运人。

（4）货代将货物送到装货码头，办理商检及海关申报手续，海关放行后在装货单上加盖海关放行章，同时，托运人将放行的装货单交给港口货运部门。

（5）船代编制货物装货清单送船上、理货公司与港口装卸公司。

（6）船方按照货物装货清单编制积载图，交给船代分发理货公司与港口装卸公司安排装船。

（7）货物装船之后，理货公司将装货单交给大副，大副核对无误后签发收货单。

（8）船代将装货单转给船公司或者由船公司签发提单。

（9）货运代理或者出口商付清运费之后，领取已装船清洁提单。出口人将提单连同其他单证送至议付银行进行结汇。议付银行将提单寄回国外开证银行。

（10）船代根据提单副本编制出口载货清单，在送给船长签字后向海关办理船舶出口手续，编制出口载货运费仓单以及提单副本送给船公司。卸货港代理需要的单据应该由货运代理寄给船公司的国外代理。

（11）船舶载货从发货港运至收货港，途中船方对货物负责照管。

（12）卸货港代理接到船舶抵港资讯之后，通知收货人做好提货准备。

（13）国外收货人到开证银行付清货款，取回提单。

（14）卸货港代理根据装货港代理寄来的货运单证，编制进口载货清单或者其他卸货单证，联系泊位做好准备。船舶抵达港后办理船舶进口报关手续，等船靠泊后开始卸货，货物在收货港储存保管。

（15）收货人或者委托货运代理向海关办理货物进口手续，缴纳关税。向卸货港船付清有关的港口费用后以正本提单换取码头提货单，凭借提货单换取提货卡片并且提取货物。

二、租船货运代理

租船货运代理人一般包括以下几种。

（1）船东代理人。船东代理人接受船东的委托，为船东代办与在港船舶有关的诸如办理清关，安排拖轮、引航员以及装卸货物等业务。此时，租约中通常规定船东有权在装卸货港口指派代理人。

（2）租家代理人。根据航次租约的规定，租家有权提名代理人，而船东（或船舶经营人）须委托由租家所指定的代理人作为自己所属船舶在港口的代理人，并且支付代理费及港口的各种费用。此时，代理人除了要保护委托方（船东或船舶经营人）的利益自己之外，还要对租家负责。

（3）船舶经营人代理人。根据航次租约的规定，作为期租租家的船舶经营人，有权在装卸货港口指派代理人，该代理人受船舶经营人的委托，为船舶经营人代办与在港船舶有关的业务。

（4）船务管理代理人。船务管理代理人为船舶代办诸如补充燃物料、修船、船员服务等业务，而这些代理业务是与船舶装卸货没有关系的。当船舶经营人为船舶指派了港口代理人之后，船东为了办理那些和装卸货物无关而仅仅与船务有关的业务时，如果船舶经营人代理人没有得到船舶经营人的委托，则不会为船东代办有关船务管理业务，此时，船东就会委托一个船务管理代理人来代办自己的有关业务。

租船货运代理注意事项如下：

（1）租船前应该熟悉贸易合同的有关运输条款，做到贸易条件与租船条款的紧密衔接。在货源方面，需要了解货物的品名、性质（易燃、易爆、危险、易腐等）、包装、尺码及其有关情况，如卡车的载重量以及尺寸、冷冻货物所需的温度、超长超重货物的重量和尺码等，以便洽租合适的船舶。在交货方面，也要了解装卸货港名称、装卸率、交货条件（船边交货、舱底交货等）、备货通知期限以及其他有关情况。

（2）必须弄清装货卸港的地理位置，港口性质，港口以及泊位水深，一般候泊时间（拥挤情况），实际装卸效率、捐税、港口使用费、港口习惯以及其他情况（如冰冻期等）。

（3）租船时需要考虑本国的有关政策及变化，以免错租与之断绝贸易往来的国家的船舶。

（4）选租船舶时需要首先要考虑船东的信誉及其财务状况，特别在航运业不景气的时期尤为重要。对船东的情况不清楚或者持有怀疑，要通过租船经纪人了解情况，摸清底细，以造成被动。一般不租二船东的转租船。此外，对只有一两条船的小船东也要提高警惕。

（5）一般应该注意选租船龄较新、质量较好的船舶，一般不租船龄在 15 年以上的超龄船。程租船要尽可能选租有自动舱盖、电动绞车的船。期租船要注意油耗、航速。

（6）报价前需要摸清类似航线的成交价，要计算期租船航次成本，掌握好程租与期租、大船与小船、好船与次船和不同航线的比价。

（7）对外租船要运用内紧外松的策略，利用船东之间、代理之间及不同船型的差别，争取有利条件达成交易。

第三节 国际航空货运代理业务

一、出口货物国际航空运输代理业务

出口货物空运业务流程可用图 8-1 表示。

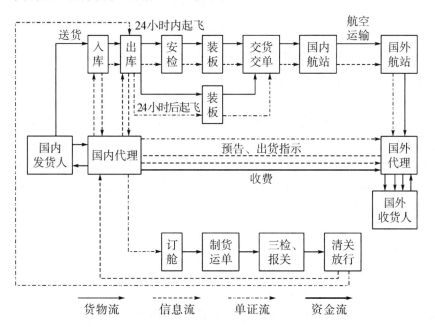

图 8-1 出口货物空运业务流程

出口货物航空货运代理作业是指航空货运代理从发货人手中接到货物并将货物交到航空公司发运的一系列活动，主要业务环节如图 8-2 所示。

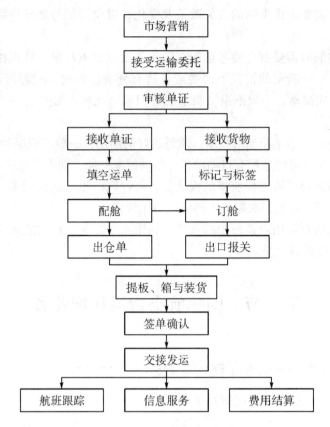

图 8-2　出口货物航空货运代理业务流程

下面就图 8-2 中的一些主要业务环节进行阐述。

（一）市场营销与接受运输委托

1. 市场营销

这里所说的市场营销就是通常所说的揽货，是指航空货运代理到有进出口经营权的企业去组织货源，销售航空公司的舱位。为承揽货物，航空货运代理需及时向托运人介绍本公司的业务范围、服务项目、各项收费标准，特别应向出口公司介绍优惠运价、公司的服务优势等。航空货运代理通过揽货，对符合收运条件的货物可以收运。

2. 接受运输委托

航空货运代理与货主（出口商）就出口货物运输事项达成意向后，航空货运代理向托运人提供所代理的航空公司的"国际货物托运书"。货主应向航空货运代理提交填好的国际货物委托书和出口合同副本及有关单证。对需要包机运输的大宗货物，货主应在发运货物前 40 天填写"包机委托书"送交航空货运代理。对需要紧急运送的货物或必须在中途转运的货物，应在委托书中说明，以便航空货运代理设法利用直达航班运送和安排便于衔接转运的航班运送。

国际货物托运书是托运人用于委托承运人或其代理人填开航空运单的一种表单，表单上列有填制航空运单所需的各项内容，并应印有授权承运人或其代理人代其在运单上签字的文字说明。国际货物托运书应由货主（托运人、发货人）自己填写，而且必须在上面签字或盖章，保证托运书所填写的内容准确无误。实际业务中，国际货物托运书也可由航空货运代理填写，但须由货主（托运人、发货人）在上面签字或盖章。航空货运代理在接受托运人委托后，要对托运书中的价格、航班日期等进行审查，审核无误后必须在托运书上签字并写上日期以表示确认。航空货运代理确认后，航空货运代理与托运人双方的委托关系即确立。

国际货物托运书上要写明货物名称、体积、重量、件数、目的港和要求出运的时间等内容。

（二）审核单证、接收单证、接收货物

航空货运代理审核、接收单证、接收货物，简称审单、接单、接货。

航空货运代理对托运人提交的国际货物托运书和随附单证，必须进行审核，如发现单证不符或缺少，应要求托运人尽快修改或补交。

航空货运代理接受托运人送交的已经审核确定的托运书及报关单和收货凭证后，与计算机中的收货记录和收货凭证进行核对，制作操作交接单，填上所收到的各种报关单证的份数，给每份交接单配一份总运单或分运单。如果货未到或未全到，则可以按照托运书上的数据填入交接单并注明，货物到齐后再进行修改。

接货就是航空货运代理和货主交接货物，并将货物运至航空货运代理公司仓库或直接运至航空公司仓库的过程。航空货运代理接货最重要的工作是根据货主提供的发票和装箱单清点货物，核对货物的数量、重量、品名、包装等是否与货运单据上列明的一致。如有遗漏或破损要及时与货主联系，整理补足后，与货主办理交接手续。如果货主通过空运或铁路从内地将货物运往出境地，航空货运代理可代为提货，如货主已在当地办理了清关手续，则应要求对方提供当地海关的关封。

航空货运代理接货后要填写收货单。收货单既是客户与航空货运代理之间收（交）货物的凭证，也是货运单上数据更改的依据。收货单的主要内容包括：客户名称、进仓编号、分运单号、货物目的地、收货日期、货物件数、重量、体积、收货人签名等。收货单分客户、仓库、出口业务部三联。

（三）填制航空运单

航空货运代理根据发货人提供的国际货物托运书，缮制航空运单，包括总运单，也称主运单和分运单。表8-1为航空运单样本。

表8-1　航空运单样本

999		999-	
Shipper's Name and Address	Shipper's Account Number	NOT NEGOTIABLE 中国民航 CAAC AIR WAYBILL（AIR CONSIGNMENT NOTE. ISSUED BY：THE CIVIL AVIATION ADMINISTRATION OF CHINA BEIJING CHINA）
		Copies 1, 2 and 3 of this Air Waybill are originals and have the same validity

表8-1(续)

国际物流与商务运作

Consignee's Name and Address	Consignee's Account Number	It is agreed that the goods described herein are accepted in apparent good order and condition (except as noted) for carriage SUBJECT TO THE CONDITIONS OF CONTRACT ON THE REVERSE HEREOF. THE SHIPPER'S ATTENTION IS DRAWN TO THE NOTICE CONCERNING CARRIER'S LIMITATION OF LIABILITY. Shipper may increase such limitation of liability by declaring a higher value for carriage and paying a supplemental charge if required. ISSUING CARRIER MAINTAINS CARGO ACCIDENT LIABILITY INSURANCE

Issuing Carrier's Agent Name and City		Accounting Information
Agent's IATA Code	Account No.	

Airport of Departure (Addr. Of First Carrier) and Requested Routing

to	By first carrier	Routing and destination	to	by	to	by	Currency	Charge Code	WT/VAT PPD	WT/VAT COLL	Other PPD	Other COLL	Declared Value for Carriage

Airport Destination	Flight/ for Carrier Date Use only	Flight /Date	Amount of Insurance	INSURANCE if carrier offers insurance, and such insurance is requested in accordance with conditions on reverse hereof, indicate amount to be insured in figures in box marked amount of insurance

Handling Information
(for USA only) Those commodities licensed by U. S. for ultimate destination ···Diversion contrary to U. S. law is prohibited

No. of Pieces RCP	Gross Weight	Kg/lb	Rate Class Commodity Item No.	Charge able Weight	Rate/Charge	Total	Declared Value for carriage
					e		

Prepaid Weight Charge Collect Valuation Charge	Other Charge
Tax	
Total Other Charges Due Agent	
Total Other Charges Due Agent	Shipper certifies that the particulars on the face hereof are correct and that insofar as any part of the consignment contains dangerous goods, such part is properly described by name and is in proper condition for carriage by air according to the applicable Dangerous Goods Regulations
Total Other Charges Due Carrier	
	Signature of Shipper or His Agent

Total Prepaid Total Collect	
Courrency Conversion Rates	CC Charges in Dest. Currency	Executed on (date) at (place) Signature of Issuing Carrier or His Agent
For Carriers Use only at Destination	Charge at Destination	Total Collect Charge	999−

1. 航空运单的作用

航空运单是托运人和承运人之间在承运人的航线上运输货物所订立运输契约的凭证，是托运人或其代理人所使用的最重要的货运档，其作用有：一是承运人与托运人之间缔结运输契约的凭证；二是承运人收运货物的证明档；三是运费结算凭证及运费收据；四是承运人在货物运输组织的全过程中运输货物的依据；五是国际进出口货物办理清关的证明档；六是保险证明。

2. 航空运单的特点和国际惯例

（1）一张货运单只能用于一个托运人在同一时间、同一地点托运的，由承运人承运的、运往同一目的站、同一收货人的一件或多件货物。

（2）航空运单可以代表航空公司身份，该货运单由航空公司印制。航空运单还可以是非航空公司印制的不代表任何一个航空公司的中性运单。

（3）运单的右上端印有"不可转让"（not negotiable）字样，其意义是指航空运单仅作为货物航空运输的凭证，所有权属于出票航空公司，与可以转让的海运提单恰恰相反。因此，任何 IATA 成员都不允许印制可以转让的航空运单，运单上的"不可转让"字样不可删去或篡改。

（4）空运交货方式下的航空运单不同于海运提单，不能通过转让单据来转让货物所有权。航空货运单不是货物所有权的凭证，也不能通过背书转让。收货人提货不是凭航空货运单，而是凭航空公司的提货通知单。

（5）《跟单信用证统一惯例》规定，航空运单只有在特别要求实际发运日期时，才以运单批注的发运日期为装运日期，否则均以签发日期作为装运日期。因此，航空运单签发日期不能超过交单的限期，否则会违反信用证的规定。

3. 航空运单的填制责任

根据《华沙公约》《海牙议定书》和承运人运输条件的条款规定，托运人有责任填制航空运单。其明确指出，托运人应自行填制航空运单，也可以要求承运人或承运人授权的代理人代为填制。托运人对货运单所填各项内容的正确性、完备性负责。航空运单所填内容不准确、不完全，致使承运人或其他人受到损失，托运人负有责任。托运人在航空运单上的签字，证明其接受航空运单正本背面的运输条件。在实务中，航空运单一般由托运人的货运代理或承运人或其代理代为填写。货主所托运的货物是直接发给国外收货人的单票托运货物，货运代理填写航空公司总运单即可。但如果货物属于以国外货代为收货人的集中托运货物，则货运代理必须先为每票货物填写分运单，再填写总运单，以便国外代理对总运单下的各票货物进行分拨。总运单下有几份分运单时，须制作航空货物清单，总运单上货物的件数必须与相对应的几份分运单的件数相同。

4. 我国的航空运单

我国的国际航空运单由一式 12 联组成，包括 3 联正本、6 联副本和 3 联额外副本。3联正本中，第一联正本交给货主；第二联由承运人（航空公司）留存，为运费账单和发票，作为各方费用结算的凭证；第三联注有"original for the consignee"字样，作为随机单据，到目的地后交收货人，作为核收货物的依据，此联也是收货人报关的主要凭证之一。

（四）做标记与标签、配舱、订舱

1. 刷上标记和贴上标签

在航空货物运输中，一定要刷上标记和贴上标签。标记是在货物外包装上的有关事项和记号，如托运人和收货人的姓名、地址、联系电话、传真、合同号、运输操作事项等内容。

标签是承运货物的标志。航空货运代理必须为每件货物拴挂或贴上有关的标签。对于一票货物，如果航空货运代理公司出具了分运单，则除了航空公司主标签外，还要加挂航空货运代理公司的分标签，对需要特殊处理或照管的货物要贴上指示性标签。

2. 配舱

航空货运代理配舱时要核对托运书上预报的数量与货物的实际件数、重量、体积的差异，根据预订的舱位、板箱合理搭配，按照各航班机型、板箱型号、高度、数量进行配载，对货物晚到、未到情况以及未能顺利通关放行的货物进行调整处理，为制作配舱单做准备。

3. 订舱

订舱是指航空货运代理公司将所接收的空运货物向航空公司正式提出运输申请并订妥舱位。首先，航空货运代理接到托运人的发货预报，向航空公司吨控部门领取并填写订舱单，同时提供相应信息，包括货物的名称、体积、重量、件数、目的地，要求出运的时间及其他运输要求。其次，航空公司接受订舱后，签发舱单，同时为装货集装箱领取凭证，以表示舱位已订妥。航空货运代理在订舱时，应依照托运人的要求选择最佳的航线和最佳的承运人，为托运人争取最低、最合理的运价。

（五）出口货物报检、报关

在发运货物之前，发货人或代理人要先填报报关单，向起运地或出境地海关办理出口货物报检报关手续。报检、报关工作可由航空货运代理代为办理。海关放行后，航空货运代理要将运单与货物一起交给航空公司，航空公司验收单、货无误后在交接单上签字。

（六）编制出仓单，提板、箱与装货

配舱方案确定后，就可编制出仓单。出仓单用于仓库安排货物出库计划及供装板、装箱部门作为仓库提货的依据和仓库交货的凭证，同时也是制作"国际货物交接清单"的依据。出仓单上应载明出仓日期、承运航班日期、装载板箱形式及数量、货物进仓顺序编号、总运单号、件数、重量、体积、目的地三字代码和仓库交货的凭证。

一般情况下，航空货物均以集装箱或集装板形式装运，因此，航空货运代理要根据订舱计划向航空公司申请板、箱并办理相关手续。提板、箱时，应领取相应的塑胶薄膜和网，对使用的板、箱要登记、销号。

（七）签单、交接发运

1. 签单

航空货运代理在货运单盖好海关放行章后，还应到航空公司签单，航空公司审核确定运价使用是否正确以及货物性质是否适合航空运输。只有签单确定后才允许将单、货交给航空公司。

2. 交接发运

交接发运是指航空货运代理向航空公司交单交货，航空公司接货，并安排运输。

交单就是将随机单据和应由承运人留存的单据交给航空公司，随机单据包括第二联航空运单正本、发票、装箱单、产地证明、质量鉴定书等。交货就是将与单据相符的货物交给航空公司。航空货运代理交货之前，必须贴上或拴挂货物标签。交货时要清点和核对货物，填制货物交接清单。大宗货、集中托运货，以整板、整箱称重交接。零散小货按票称重，计件交接。航空公司核对清点后，在交接清单上签收。

航空公司接单接货后，将货物存入出口仓库，单据交吨控部门，以便缮制舱单、吨位控制与配载。航空公司制订配舱方案后编制出仓单。

货物装机完毕，由航空公司签发航空总运单，货运代理公司签发航空分运单。

（八）航班跟踪、结算费用等发运后的事宜

1. 航班跟踪与信息服务

单、货交给航空公司后，航空公司可能会因为各种原因不能按预定时间运出，所以航空货运代理从单、货交给航空公司后就需要对航班、货物进行跟踪。

航空货运代理从接受发货人委托开始，就须在多个方面为客户做好信息服务。航空货运代理应向委托人提供的信息主要有：订舱信息、审单情况、报关信息（货主委托航空货代报关的情况下）、称重信息、仓库收货信息、集中托运信息、单证信息、一程及二程航班信息等。

2. 变更运输

因托运人的原因改变运输方式，被称为自愿变更运输。根据《华沙公约》，"托运人在履行运输合同所规定的一切义务的条件下，有权在始发地航空站或目的地航空站将货物退回，或在途中经停时中止运输，或在目的地或运输途中交给非航空货运单上所指定的收货人，或要求将货物退回始发地航空站，但不得因行使这种权利而使承运人或其他托运人遭受损失，并应偿付由此产生的一切费用"。

因天气、机械故障、货物积压、禁运和承运人的其他原因而改变已订妥的航班和运输路线，称为非自愿变更运输。

3. 结算费用

货主（出口商）凭航空货运代理签发的分运单向银行办理结汇。航空货运代理发货后与货主结算航空运费和地面服务费。航空货运代理在收讫运费后，在规定的时间内与航空公司结算航空运费。

4. 发出装运通知

货物装机后，货主即可向买方发出装运通知，以便对方准备付款、赎单、办理收货。

二、进口货物国际航空运输代理业务

进口货物空运业务流程可用图8-4表示。

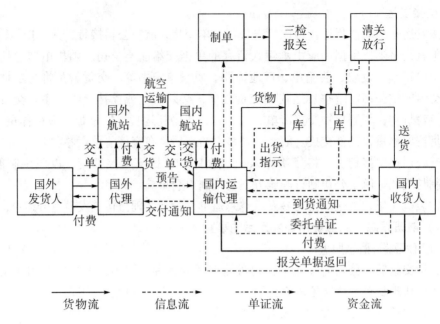

图 8-4　进口货物空运业务流程

进口货物航空货运代理业务是指航空货运代理接受收货人委托办理接货手续，完成货物从入境到提取或转运整个流程的各个环节所需办理的手续及准备相关单证的全过程。其主要业务环节如图 8-5 所示。

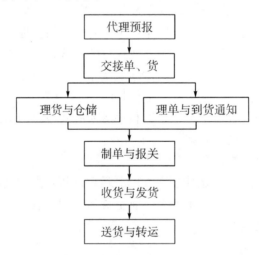

图 8-5　进口货物航空货运代理业务流程

（一）代理预报与交接单、货

在进口货物发运之前，航空货运代理的国外代理将运单、航班、件数、重量、品名、实际收货人名称及地址、联系电话等内容通过传真或电子邮件发给国内目的地的航空货运代理。

货物到达后，航空货运代理接到航空公司的到货通知时，应从机场或航空公司营业处或航空公司的地面代理取单（指航空运单第三联正本——original for the consignee）。航空公司的地面代理向航空货运代理交接的有国际货物交接清单、总运单、随机档与货物。航空货运代理与航空公司交接时要单单核对、单货核对。

航空货运代理提取货物，且未提出异议，即视为货物已经在完好状态下按照运输合同有效交付。交货时如发现缺少、残损等情况，航空货运代理应向航空公司索取商务记录，然后交货主向航空公司索赔，也可根据货主委托代办索赔。如货物包装外表完好，但内部货物的质量或数量有问题，则属于"原残"，应由货主向商检部门申请检验出证并向国外发货人交涉赔偿。此外，承运人按适用的法律，已将货物交付给海关或者其他行政当局的，应当视为有效交付。

（二）理货与仓储、理单与发到货通知、制单与报关

航空货运代理与航空公司进行单货交接后要理货、理单并向收货人发到货通知。航空货运代理公司的理单人员须将总运单、分运单与随机单证、国外代理先期寄达的单证进行审核、编配。单证齐全、符合报关条件的即转入制单、报关程序。如果单证不齐，应立即与货主联系，催其交齐单证，使之符合报关条件。

同时，货运代理应尽快发出到货通知。如货主自行报关，要提醒货主配齐有关单证，尽快报关，为货主减少仓储费，避免缴纳海关滞报金。

（三）收费与发货、送货与转运

办完报关、报检等手续后，货主凭进口提货单到所属监管仓库付费提货。航空货代公司仓库在发货前，一般先将费用收妥再发货。收费内容主要有：到付运费及垫付佣金、单证报关费、仓储费、装卸费、铲车费、航空公司到港仓储费、海关预录入及商检费等代收代付费用、关税及垫付佣金。

仓库发货时，须再次检查货物外包装情况，遇有破损、短缺，应向货主作出交代，应指导并协助货主合理安排安全装车，以提高运输效率，保障运输安全。

送货是指航空货代将进口清关的货物用汽车直接运送到货主单位，也叫送货上门。航空货代在货主的委托下将进口清关的货物用火车、飞机、汽车、水运、邮政等方式转运到货主所在地，这就叫作转运业务。

如一张运单上有两个或两个以上的收货人，则航空货运代理应按照合同或分拨单上的品名、数量、规格、型号，开箱办理分拨与分交。收货人应向航空货运代理出具收货证明并签字、注明日期。

第四节　国际陆上货运代理业务

一、国际铁路联运出口货物运输业务

国际铁路联运出口货物运输组织工作主要包括铁路联运出口货物运输计划的编制、托运和承运、国境站的交接和出口货物的交付等。

（1）编制出口货物运输计划。国际铁路货物联运出口货物运输计划一般是指月度要车计划，它是对外贸易运输计划的组成部分，包括对外贸易国际铁路货物联运的具体任务，也是日常铁路联运工作的重要依据。国际铁路货物联运月度要车计划采用"双轨（铁路、外贸）上报、双轨下达"的方法制订。

（2）托运和承运。托运与承运的过程实际就是铁路与发货人之间签订运输合同的过程。发货人在托运货物时，应向车站提出货物运单，以此作为货物托运的书面申请。车站接到运单后，应进行认真审核。对于整车货物办理托运，车站应检查是否有批准的月度、旬度货物运输计划和要车计划，检查运单上的各项内容是否正确。如确认可以承运，车站应予签证。运单上的签证，表示货物应进入车站的日期或装车日期，表示铁路已受理托运。发货人应按签证指定的日期将货物搬入车站或指定的货位。认为符合《国际货协》和有关规章制度的规定，车站方可接受货物，并开始负保管责任。整车货物一般在装车完毕后，始发站应在运单上加盖承运日期戳，即为承运。

（3）货物装车发运。货物办理完托运和承运手续后，接着是装车发运。货物的装车，应在保证货物和人身安全的前提下，做到快速进行，以缩短装车作业时间，加速周转和货物运送。

运输人员在发货后，要将发货经办人员的姓名、货物名称、数量、要件数、毛重、净重、始发站、到站、经由口岸、运输方式、发货日期、运单号、车号及运费等项目，详细登记在发运货物登记表内，作为原始资料。

如果货物发出后，发现单证或单货错误，要及时电告货物经由口岸的外运分支机构，要求代为修正；如发货后需要变更收货人、到站或其他事项的，要及时按规定通知原发站办理变更。

（4）联运出口货物在国境站的交接。出口货物在国境站交接的一般程序如下：

①出口国境站货运调度根据国内前方站列车到达预报，通知交接所和海关做好接车准备。

②出口货物列车进站后，铁路局会同海关接车，并将列车随带的运送票据送交接所处理，货物及列车接受海关的监管和检查。

③交接所实行联合办公，由铁路局、海关等单位参加，并按照业务分工开展流水作业，协同工作。铁路局主要负责整理、翻译票据，编制货物和车辆交接单，以此作为向邻国铁路局办理货物和车辆交接的原始凭证。外运公司主要负责审核货运单证，纠正出口货物单证差错，处理错发错运事故。海关则查验单、证、货是否相符，符合国家法令及政策规定的，即准予解除监督，验关放行。最后，双方铁路局具体办理货物和车辆的交接手续，并签署交接证件。

（5）联运出口货物的交付。国际联运出口货物抵达到站后，铁路局应通知运单中所记载的收货人领取货物。在收货人付清运单中所记载的一切应付运送费用后，铁路局必须将货物连同运单交付给收货人。收货人必须支付运送费用并领取货物。收货人只有在货物因毁损或腐坏而使质量发生变化，以致部分货物或全部货物不能按原用途使用时，才可以拒绝领取货物。收货人领取货物时，应在运报单上填记货物领取日期，并加盖收货戳记。

二、国际铁路联运进口货物运输业务

国际铁路联运进口货物的发运工作是由国外发货人根据合同规定向该国铁路车站办理的。根据《国际货协》规定，我国从参加《国际货协》的国家通过铁路联运进口货物，国外发货人向其所在国铁路办理托运，一切手续和规定均按《国际货协》和各国国内规章办理。我国有关订货及运输部门对联运进口货物的运输工作，主要包括联运进口货物在发运前编制运输标志，审核联运进口货物的运输条件，向国境站寄送合同资料，国境站的交接、分拨，进口货物交付给收货人以及逾期计算等。

（1）编制联运进口货物的运输标志。

运输标志又称唛头（mark），一般印制在货物外包装上，它的作用是为承运人运送货物提供方便，便于识别货物、装卸以及收货人提货。唛头必须绘制清楚醒目，色泽鲜艳，大小适中，印制在货物外包装显著位置。我国规定，联运进口货物在订货工作开始前，由商务部统一编制向国外订货的代号，作为收货人的唛头，各进出口公司必须按照统一规定的收货人唛头对外签订合同。

（2）审核联运进口货物的运输条件。

联运进口货物的运输条件是合同中不可缺少的重要内容，因此各部门必须认真审核，使之符合国际联运和国内的有关规章。审核联运进口货物运输条件的内容主要包括收货人唛头是否正确，商品品名是否准确具体，货物的性质和数量是否符合到站的办理种别，包装是否符合有关规定等。

（3）向国境站寄送合同资料。

合同资料是国境站核放货物的重要依据，各进出口公司在贸易合同签字以后，要及时将一份合同中文抄本寄给货物进口口岸的外运分公司。合同资料包括合同的中文抄本和它的附件、补充书、协议书、变更申请书、更改书和有关确认函电等。

（4）联运进口货物在国境站的交接与分拨。

联运进口货物的交接程序与联运出口货物的交接程序基本相同。其做法是：进口国境站根据邻国国境站货物列车的预报和确报，通知交接所及海关做好到达列车的检查准备工作。进口货物列车到达后，铁路局会同海关接车，由双方铁路局进行票据交接，然后将车辆交接单及随车的货运票据呈给交接所，交接所根据交接单办理货物和车辆的现场交接。海关则对货物列车执行实际监管。

三、国际公路联运代理业务

1. 公路货物运输合同的签订

在公路国际货运业务中，运单即是运输合同，运单的签发则是运输合同成立的体现。《国际公路货物运输合同公约》中对运单所下的定义是：运单是运输合同，是承运人收到货物的初步证据和交货凭证。

①公路货物运输合同以签发运单来确认。无运单、运单不正规或运单丢失不影响运输合同的成立及有效性。它对发、收货人和承运人都具有法律效力，也是贸易进出口货物通关、交接的重要凭证。

②发货人根据货物运输的需要与承运人签订定期或一次性运输合同运单均视为运输合同成立的凭证。当待装货物在不同车内或装有不同种类货物或数票货物，发货人或承运人有权要求对使用的每辆车、每种货物或每票货物分别签发运单。

③公路货物运输合同自双方当事人签字或盖章时成立。当事人采用信件、数据电文等形式订立合同的，可以要求签订确认书，签订确认书时合同成立。

2. 货物的承运与交接

（1）货物的承运。

①承运人不得超限超载（重货不得超过车辆的额定载重吨位，轻货不得超过车辆额定的有关长、宽、高的装载规定）。

②运输线路由承运人与发货人共同确定，一旦确认，不得随意更改。如果承运人不按约定路线运输，额外费用由承运人自己承担。

③运输期限由承运方和发货方共同约定并在运单上注明，承运人必须在规定时限内运达。

（2）货物的交接。

①承运人在运输约定货物之前要核对货物，如果发现货物和运单不符或者可能会给运输带来危险的，不得办理交接手续。

②货物运达目的地前，承运人要及时通知收货人做好交接准备。如果货物将运输到国外，则由发货人通知；如果是零担货物，在货到 24 小时内通知。

③承运人与发货人之间的交接，如果货物单件包装，则按件交接；如果采用集装箱以及其他有封志的运输方式，按封志交接；如果是散装货，则按磅或双方协商的方式交接。

④货物运达目的地以后，收货人应凭借有效单证接收货物，不得无故拒绝接收，否则承担一切损失。涉外运输如发生上述情况，应由发货人解决并赔偿承运人的损失。

⑤货物在交给收货人时，双方对货物的重量或者内容有疑义，均可以提出查验或者复核，费用由责任方承担。

第五节　集装箱运输代理业务

本书在第四、五两章讲述了集装箱的概念和集装箱运价等基本知识，本节内容将重点讲述集装箱运输方式和集装箱运输代理的业务流程。

一、集装箱运输方式

集装箱货物运输是以集装箱作为运输单位进行货物运输的一种现代化运输方式，它适用于海洋运输、铁路运输以及国际多式联运等。集装箱海运已经成为国际主要班轮航线上占有支配地位的运输方式。

根据货物装箱数量和方式，集装箱运输分为整箱运输和拼箱运输两种。

整箱（FCL）是指货主将货物装满整箱后，以箱为单位托运的集装箱。一般做法是：由承运人将空箱运送到工厂或仓库后，在海关人员监督下，货主把货物装入箱内，加封、铅封后交承运人并取得站场收据，最后凭站场收据换取提单。

拼箱（LCL）是指承运人或代理人接受货主托运的数量不足整箱的小票货物后，根据货物性质和目的地进行分类、整理、集中、装箱、交货等工作。这些工作均在承运人码头集装箱货运站或内陆集装箱转运站进行。

集装箱的交接方式大致有四类：FCL/FCL、LCL/LCL、FCL/LCL、LCL/FCL，其中

以整箱/整箱交接效果最好，也最能发挥集装箱的优越性。集装箱的交接地点归纳起来可以分为四种：门到门、门到站场、站场到门、站场到站场。

二、集装箱进出口货运代理业务

（一）出口流程

（1）委托代理。在集装箱运输业务中，发货人一般都委托货运代理人为其办理有关的货运业务。通常，作为委托人的货主提出委托，货运代理人接受委托后，双方代理关系建立。

（2）订舱。发货人（或其代理人）应根据贸易合同或信用证条款规定，在货物托运前一定时间内向船公司或其代理人，或者多式联运经营人或其代理人申请订舱。

（3）发放空箱。除货主使用自备箱外，整箱货通常使用的空箱由发货人或其代理人凭船方签署的提箱单到指定的码头（或内陆港站）的堆场领取空箱，并办理设备交接单手续。

（4）货物装箱。拼箱货发货人将货物交至集装箱货运站，由货运站根据订舱清单、场站收据和船方的其他指示负责装箱、加封并制作箱单，然后将重箱运至码头堆场；整箱货通常由发货人或发货人代理在发货人的仓库完成装箱、加封并制作箱单，然后将重箱运至码头堆场。

（5）货物交接。整箱货运至码头（或内陆港站）堆场，堆场业务员根据订舱清单、场站收据及装箱单验收货物，在场站收据上签字后退还给发货人。

（6）换取提单。发货人凭签署的场站收据向集装箱运输经营人或其代理人换取提单后，到银行结汇。

（7）装船运出。码头装卸区根据装船计划，将出运的集装箱调整到前方堆场，待船舶到港后装运出口。需要指出的是，如果发货人将货物委托给多式联运经营人运输，在发货人将货物交到多式联运经营人指定的地点后，则视为货物已经交接。

（二）进口流程

（1）委托代理。同出口代理操作流程一样，收货人与货运代理人通过订立代理协议明确双方的代理关系。

（2）做好卸船准备。在船舶抵达目的港前，起运港船舶代理人要将有关单证、资料寄（传）给目的港船舶代理人。目的港船舶代理人应及时通知各有关方（港口装卸方、海关、检验检疫机构、堆场、收货人等）做好卸船准备，并应制作交货记录。

（3）卸船拆箱。一般来讲，集装箱从船上卸下后，要先放在码头（或由集装箱运输经营人办理保税手续后继续运至内陆港站）堆场。整箱货可在此交付给收货人或其代理人，拼箱货由堆场转到集装箱货运站，拆箱分拨后准备交付。船舶代理人将交货记录中的到货通知书寄送收货人或其代理人。

（4）收货人付费换单。收货人接到货运通知单后，在信用证贸易下应及时向银行付清所有应付款项，取得有关单证（正本提单等），然后凭提单和到货通知书向船舶代理人换取提货单等提货手续。

（5）交付货物。整箱货物交付在集装箱堆场进行，拼箱货交付在集装箱货运站进行。堆场和货运站应凭海关放行的提货单，与收货人或其代理结清有关费用（保管费、再次托运费、滞期费、拆箱费）后交付货物，并由双方签署交货记录。由于整箱货是连同集装箱一起提取的，故整箱货提货时应办理设备交接手续。

（6）还箱。收货人从堆场提取的重箱运到自己的仓库拆箱后，应将空箱尽快运回堆场，凭设备交接单办理还箱手续。

上述说明的货运手续，不一定按顺序进行，有时也可以交替进行。

在多式联运方式下，多式联运经营人在卸货港的代理人将以收货人的名义办理上述某些事宜，实际收货人凭多式联运单据或运输行提单到上述地点提取货物。

三、集装箱拼箱货运代理业务

集拼经营人（货代企业）办理集装箱拼箱货的具体操作程序如下：

（1）A、B、C等不同货主将不足一个集装箱的货物交给集拼经营人。

（2）集拼经营人将拼箱货拼装成整箱货后，向班轮公司办理整箱货物运输代理手续。

（3）整箱货装船后，班轮公司签发 Master B/L 或其他单据给集拼经营人。

（4）集拼经营人在货物装船后也签发自己的子提单（House B/L）给每一个货主。

（5）集拼经营人将货物装船及船舶预计抵达卸货港等信息告知其卸货港代理，同时还将班轮公司的 Master B/L 及 House B/L 的副本等单据交卸货港代理，以便向班轮公司提货和向收货人交付货物。

（6）货主之间办理包括 House B/L 在内的有关单证的交接。

（7）集拼经营人在卸货港的代理凭班轮公司的提单等提取整箱货。

（8）D、E、F等不同的收货人凭正本的子提单 House B/L 等在货运站提取拼箱货。

课后思考

1. 常见的国际货运代理有哪几类？

2. 国际货运代理的行业组织有哪些？

3. 简述国际海运船舶的营运方式。

4. 简述航空货运代理进出口业务的主要流程。

5. 国际铁路联运出口货物运输组织的工作有哪些？

6. 集装箱运输方式主要有哪些？

7. 简述集装箱进出口货运代理业务流程。

8. 简述集装箱拼箱货运代理业务流程。

第九章

国际商务合同

■**学习目标**

了解国际商务涉及的主要法律法规及国际公约；

熟悉交易磋商的含义、形式及内容；

掌握询盘、发盘、还盘及接受等交易磋商的内容；

掌握合同的主要内容和基本条款。

第一节　基本概念

从一般意义上讲，国际商务合同是指涉及两国或两国以上业务的合同。对一国而言，国际商务合同也常称为涉外合同。按照合同内容的不同，国际商务合同可以分为国际贸易合同、国际工程承包合同、国际劳务合同、国际技术合同、国际投资合同、国际信贷合同、国际租赁合同、国际保险合同、国际担保合同、国际运输合同、国际仓储保管合同、国际管理合同等。

一、合同的概念和形式

（一）合同的概念

根据《中华人民共和国民法典》（以下简称《民法典》）第四百六十四条规定："合同是民事主体之间设立、变更、终止民事法律关系的协议。"

合同是民事主体之间设立、变更、终止民事关系的协议，但不是所有的协议都是合同。只有对当事人具有法律约束力的协议才是合同。什么样的协议才有法律效力？合同成立以后，要想具备法律效力，受法律保护，就必须具备合同的生效条件。合同生效的要件，一般包括：

（1）合同当事人在缔约时须具有相应的缔结合同的行为能力。缔结合同的行为能力，是指合同主体能以自己的行为实现订立合同的法律资格。

（2）合同当事人的意思表示真实。如果当事人的意思表示有误或是在受欺诈、胁迫的情况下订立的合同，即使双方达成了协议，合同也是无效或可撤销的。

（3）合同的标的和内容不得违反法律或社会公共利益。合同不违反法律是指合同不得违反我国现行的法律、行政法规和地方性法规中的强制性规范；不得违法还包括在没有法律调整的情况下，不得违反我国的国家政策的禁止性和命令性规范。

（4）合同的内容必须确定。合同的内容是确定合同各方当事人之间权利和义务的依据，合同的内容必须清晰、明确且能够执行。

（二）合同的形式

《民法典》第四百六十九条："当事人订立合同，可以采用书面形式、口头形式或者其他形式。书面形式是合同书、信件、电报、电传、传真等可以有形地表现所载内容的形式。以电子数据交换、电子邮件等方式能够有形地表现所载内容，并可以随时调取查用的数据电文，视为书面形式。"

1. 口头形式

口头形式的合同是当事人双方就合同内容协商一致达成的口头协议。社会生活中，大多数的合同是口头合同。法律没有规定当事人应采用书面形式或特定形式的合同，当事人可以采用口头形式的合同。我国"民间"的合同，多采用口头形式。只要能够证明合同的存在以及合同的内容，法律对"民间"合同原则上是给予认可和保护的。口头形式合同的优点是迅速、简便、节约缔约费用。但口头形式的合同在发生争议时，不易取证，不易分清是非，我们常用的成语"口说无凭"，可以说是对口头合同弱点的概括。另外，哪些是陈述，哪些是合同条款，对口头合同来讲是难以区分的。这对确定当事人之间的权利义务关系有一定难度。

2. 书面形式

在我国，合同法强调合同的书面形式，法律、行政法规规定采用书面形式的，以及当事人约定采用书面形式的，应当采用书面形式。合同采用书面形式具有一定的重要作用。

（1）确定性。

这种确定性体现为当事人的权利义务更加明确。正因为具有这种确定性，在发生争议时，书面合同具有证据的作用，可以作为强制执行的依据。即使在合同无效的情况下，合同不发生履行的效力，但无效合同仍可作为证据使用。它可以成为追究当事人缔约责任的依据。这种确定性还体现为对合同性质的认定。不同性质的合同，对当事人的意义并不相同。口头合同的内容在各执一词的情况下，往往难以认定。而书面合同，即使名义和内容不符，亦可在法律上确定它的性质和内容，从而为解决纠纷提供了依据。

（2）告诫性。

因书面形式是一种比较正规的形式，故对当事人有告诫作用。告诫是对当事人行使权利、履行义务的告诫。书面合同形式的存在，有助于加强当事人的责任感。

（3）公开性。

所谓公开性是指第三人对书面合同较口头合同更容易了解合同权利和义务的存在。

相关人可以检查合同对自身利益的影响。公开性还使合同管理机关、税务机关便于检查、监督，以保证正常的合同秩序和国家利益。

3. 电子合同

电子合同是指通过电子信息（电子记录）而形成的合同。这种合同在国际贸易货物买卖中已逐渐采用，由于表现载体不是纸张（书面形式），而是储存于信息系统，其内容具有可编辑性和不稳定性，因此就产生了电子合同在法律上是否有效的问题以及如何执行的问题。

联合国贸易法委员会《电子商务示范法》在其第5条和第11条第1款两处规定了数据电文的法律有效性，即通过电子信息（电子记录）形式订立合同的有效性和可执行性；并在其第6条中规定了采用数据电文满足书面要求的基本标准。这样，该示范法就把电子合同的特点与传统合同法对合同必须具有书面形式的要求作了协调处理。

目前，已有不少国家（地区）通过电子交易立法对电子合同的有效性以及电子签名（或数据签名）作了规定，解决了电子合同的订立、效力和执行问题。

二、国际商务合同的主要特征

国际商务合同作为连接具有跨国因素的当事人之间经济交往的基本形式，与一国国内的商务合同有明显差异。

1. 国际商务合同主体的国际性

国际商务合同主体是营业地处于不同国家或同一国家的不同法域区的自然人或者法人，国家和国际组织在一定条件下也可以成为国际买卖合同的主体。

例如，在国际货物买卖合同中，"国际性"可以采用不同标准。英国法律将"当事人营业地位于不同国家"即"营业地标准"作为认定销售合同"国际性"的基本标准，同时还要符合"货物跨国运输标准""缔约行为发生地标准""合同履行地标准"这三个标准中的任何一个，即英国法律在认定货物销售的"国际性"时确定了两个标准，只符合营业地标准的合同还不足以构成一个国际货物买卖合同。世界范围内影响较大的《联合国国际货物销售合同公约》和大部分国家的立法，是以"营业地标准"作为认定销售合同"国际性"的唯一标准的。当然，"营业地标准"也并非完美，虽然用单一标准可以减少法律适用的不确定性，减少当事人为适用自己喜好的法律寻求争议解决地，减少不必要的诉诸国际私法规则，但这种简化有时会造成法律适用不合理。

2. 合同的内容具有涉外因素

由于当事人的营业地处于不同国家，合同关系的产生、变更或消灭的法律行为可能在不同国家的境内完成。例如，合同标的物的跨国转移，带来了国内货物买卖合同未涉及的各种进出口海关的手续、许可证和国际支付结算以及工业产权的国际保护等问题。

3. 法律的适用范围广泛

在国际商务合同中，买卖双方必须要以相关的法律和惯例作为订立、履行合同和处理纠纷的重要依据。由于国际商务的跨国性质以及各国的法律体系和法律制度不同，双方对外缔结或参加的国际条约、对国际贸易惯例的选择与运用也不尽相同。一旦出现争议，该采取哪个国家的法律进行裁决就成了双方当事人所关心的问题。因此，买卖双方须在合同中订立有关的法律适用条款作为解决冲突的依据。

（1）适用于买卖双方当事人的国内法律。

国内法律是指由本国政府制定或认可并在本国主权管辖范围内生效的法律。例如，进出口合同双方当事人在从事进出口买卖交易时，都要分别遵守各自所在国家的国内相关法律，即合同内容符合双方国家制定或认可的法律的规定。如我国规定，订立合同（包括涉外合同）必须遵守中华人民共和国的相关法律。

（2）适用于与合同有最密切联系国家的法律。

如果当事人没有选择适用某个国家的法律，则适用于与合同有最密切联系国家的法律。在我国签订的进出口合同中，可以在合同中选择处理争议所适用的法律，既可以选择我国法律，也可以选择对方所在国的法律，还可以按双方同意的第三国法律或有关的国际公约来处理争议。

（3）适用于国际条约或协定条约。

国际条约或协定条约是指由两个或两个以上主权国家为确定彼此的政治、经济、贸易、文化、军事等方面的权利和义务而缔结的诸如公约、协定、议定书等各种书面协议的总称。在国际货物买卖中，双方必须遵守国家对外缔结或参加的有关国际贸易、国际运输、商标、专利、工业产权与仲裁等方面的国际条约。

第二节 国际法律法规简介

一、《中华人民共和国海商法》

《中华人民共和国海商法》（以下简称《海商法》）是为了调整海上运输关系、船舶关系，维护当事人各方的合法权益，促进海上运输和经济贸易的发展所制定的。《海商法》主要调整商船海事（海上事故）纠纷，但若发生海上船舶碰撞，则军舰、渔船、游艇等船舶以及水上飞机都在《海商法》调整范围之内。海商法的内容相当广泛，主要包括：船舶的取得、登记、管理，船员的调度、职责、权利和义务，客货的运送，船舶的租赁、碰撞与拖带，海上救助，共同海损，海上保险等。《海商法》于1993年7月1日起施行。

《海商法》具有以下几个特点：

（1）调整海上运输关系和船舶关系。海上运输是指海上货物运输和海上旅客运输，包括海江之间、江海之间的直达运输。但海上货物运输合同的规定，不适用于中华人民共和国港口之间的海上货物运输。船舶是指海船和其他海上移动式装置，但是用于军事的、政府公务的船舶和20总吨以下的小型船艇除外。船舶包括船舶属具。

（2）详细规定了海上货物运输合同、海上旅客运输合同、船舶租用合同、海上拖航合同、海上保险合同的成立，双方当事人的权利义务，违约责任等。

（3）实行海事赔偿责任限制原则，即船舶所有人、救助人，可依法规定限制赔偿责任。该法还规定"中华人民共和国缔结或者参加的国际条约同本法有不同规定的，适用国际条约的规定；但是，中华人民共和国声明保留的条款除外。中华人民共和国法律和中华人民共和国缔结或者参加的国际条约没有规定的，可以适用国际惯例"。

《海商法》属于国内民事法律，但为解决国际通航贸易中的船货纠纷，多年来已签订了许多国际公约和规则，主要包括：《统一提单若干法律规则的国际公约》（即《海牙规则》，1968 年修订称《维斯比规则》）、《联合国海上货物运输公约》（简称《汉堡规则》）、《统一有关海上救助的若干法律规则的国际公约》《国际海上避碰规则公约》《约克-安特卫普规则》《防止海上油污国际公约》。它们分别对承运货物的权利和义务、责任豁免、海上船舶碰撞、海上救助、共同海损等做了详细规定。

二、国际公约和规则

（一）《海牙规则》

《海牙规则》是《统一提单的若干法律规则的国际公约》的简称。我国虽未加入该公约，却把它作为制定我国《海商法》的重要参考。《海牙规则》自 1931 年生效实施后，得到了国际航运界普遍接受，它的历史作用在于使国际海上货物运输有法可依，统一了海上货物运输中的提单条款，对提单的规范化起到了积极作用，基本上缓和了当时承运方和托运方之间的矛盾，促进了国际贸易和海上运输事业的发展。

《海牙规则》规定了承运人最低限度义务、免责事项、索赔和诉讼、责任限制和适用范围以及程序性等几个方面。总体看来，《海牙规则》保护了承运方的利益，而对货主的保护则相对较少。这也是船货双方力量不均衡的体现。

从 20 世纪 60 年代开始，国际海事委员会着手修改《海牙规则》，并于 1968 年 2 月通过了《关于修订统一提单若干法律规则的国际公约的协定书》，简称《维斯比规则》，并于 1977 年 6 月生效。

1978 年 3 月 6 日至 31 日在德国汉堡举行由联合国主持的由 78 国代表参加的海上货物运输大会又通过了《汉堡规则》，即《联合国海上货物运输公约》（*United Nations Convention on the Carriage of Goods by Sea*），于 1992 年 11 月 1 日生效，《汉堡规则》进一步完善了海上货物运输规则。

（二）《维斯比规则》

《维斯比规则》是《关于修改统一提单若干法律规则的国际公约的议定书》的简称，于 1968 年 2 月 23 日在布鲁塞尔外交会议上通过，并于 1977 年 6 月 23 日生效。《维斯比规则》是《海牙规则》的修改和补充，故常与《海牙规则》合在一起，统称为《海牙-维斯比规则》。《维斯比规则》共 17 条，但只有前 6 条才是实质性的规定，并对《海牙规则》的第三、第四、第九、第十条进行了修改。

（三）《汉堡规则》

《汉堡规则》是《联合国海上货物运输公约》的简称。《海牙规则》是 20 世纪 20 年代的产物，曾发挥了重要的作用，但随着国际贸易和海运业的发展，要求修改《海牙规则》的呼声不断，对其进行修改也十分必要。

联合国国际贸易法委员会下设的国际航运立法工作组，于 1976 年 5 月完成起草工作，并提交 1978 年 3 月 6 日至 31 日在德国汉堡召开的有 78 个国家代表参加的联合国海上货物运输公约外交会议审议，最后通过了 1978 年《联合国海上货物运输公约》。

由于这次会议是在汉堡召开的，所以这个公约又称为《汉堡规则》。

《汉堡规则》全文共分 7 章 34 条条文，在《汉堡规则》的制定中，除保留了《维斯比规则》对《海牙规则》修改的内容外，对《海牙规则》进行了根本性的修改，是一个较为完备的国际海上货物运输公约，明显地扩大了承运人的责任。

《汉堡规则》适用于两个不同国家之间的所有海上货物运输合同，并且海上货物运输合同中规定的装货港或卸货港位于其一缔约国之内，或备选的卸货港之一为实际卸港并位于某一缔约国内；提单或作为海上货物运输合同证明的其他单证在某缔约国签发；提单或作为海上货物运输合同证明的其他单证规定，合同受该规则各项规定或者使其生效的任何国家立法的管辖。

同《海牙规则》一样，《汉堡规则》不适用于租船合同，但如提单根据租船合同签发，并调整出租人与承租人以外的提单持有人之间的关系，则适用该规则的规定。

三、《中华人民共和国对外贸易法》

1994 年 5 月 12 日，第八届全国人大常委会第七次会议通过了《中华人民共和国对外贸易法》（以下简称《对外贸易法》），这是规范我国外贸市场秩序的基本法律，并在 2004 年、2016 年进行了两次修正。

《对外贸易法》主要规定了国家对外贸易的基本原则、主要管理体系和维护外贸管理秩序的各项措施，包括总则、对外贸易经营者、货物进出口与技术进出口、国际服务贸易、与对外贸易有关的知识产权保护、对外贸易秩序等 11 章 70 条内容。

其中，总则包括以下七条内容：

（1）为了扩大对外开放，发展对外贸易，维护对外贸易秩序，保护对外贸易经营者的合法权益，促进社会主义市场经济的健康发展，制定本法。

（2）本法适用于对外贸易以及与对外贸易有关的知识产权保护。本法所称对外贸易，是指货物进出口、技术进出口和国际服务贸易。

（3）国务院对外贸易主管部门依照本法主管全国对外贸易工作。

（4）国家实行统一的对外贸易制度，鼓励发展对外贸易，维护公平、自由的对外贸易秩序。

（5）中华人民共和国根据平等互利的原则，促进和发展同其他国家和地区的贸易关系，缔结或者参加关税同盟协定、自由贸易区协定等区域经济贸易协定，参加区域经济组织。

（6）中华人民共和国在对外贸易方面根据所缔结或者参加的国际条约、协定，给予其他缔约方、参加方最惠国待遇、国民待遇等待遇，或者根据互惠、对等原则给予对方最惠国待遇、国民待遇等待遇。

（7）任何国家或者地区在贸易方面对中华人民共和国采取歧视性的禁止、限制或者其他类似措施的，中华人民共和国可以根据实际情况对该国家或者该地区采取相应的措施。

四、《中华人民共和国海关法》

海关法是关于海关管理进出口和征收关税、查缉走私、编制海关统计和办理其他海关业务的法律规范的总称。海关法一般包括：海关的任务和职责，关税制度，进出口监管，对违章和走私行为的处罚，海关权利等。中国现代史上第一部独立自主的海关法，是 1951 年 5 月 1 日起施行的《中华人民共和国暂行海关法》。

1987 年 1 月 22 日通过、自 1987 年 7 月 1 日起施行的《中华人民共和国海关法》（以下简称《海关法》）共 7 章。此后，《海关法》经历了多次的修订。

《海关法》的主要内容有：①海关的任务是依法监管进出境的运输工具、货物、行李物品、邮递物品和其他物品，征收关税和其他税、费，查缉走私、编制海关统计和办理其他海关业务。②进出国境货运的监管和转运货物的监管。规定货物进出国境的验放办法，货物承运人和保管人对海关应负的责任等。③进出口货物的报验、征税、保管和放行，规定货物的受、发货人及其代理人报关、纳税以及货物保管人的责任。④走私和违章案件及其处理。

另外，国务院于 1985 年 3 月 7 日发布了《中华人民共和国进出口关税条例》，于 1989 年 8 月 28 日批准了《海关对我出国人员进出境行李物品的管理规定》等条例，使中国海关法律体系日趋完善。

第三节　交易磋商

在签订国际贸易合同之前，双方需要进行反复的交易磋商。一般而言，交易磋商的过程包括询盘、发盘、还盘及接受等几个关键环节。其中，发盘和接受属于法律意义上的"要约"和"承诺"，是交易磋商最关键的两个步骤。

一、询盘

（一）询盘的含义

询盘（inquiry）是指准备开展国际贸易活动的进口商或出口商向潜在的交易方询问交易条件的一种活动或行为。询盘既可以针对贸易条件中的一项，也可以包含若干项，主要涉及的内容包括商品的质量、规格、数量、包装、价格、运输、收付款方式以及样品资料等。在国际贸易实务中，由于询盘的主要内容常常以商品的价格为核心，因此也被称为询价。

需要注意的是，询盘既不是国际贸易磋商的必须环节，也不具有法律约束力。接受询盘的一方既可以回复，也可以不回复。然而，询盘仍然具有重要的谈判价值，巧妙的询盘能够在打探贸易信息、了解贸易伙伴、试探交易诚意以及表达合作愿望等方面发挥出积极的作用。

1. 询盘的分类

（1）买方询盘。买方询盘是由国际贸易中的进口商所发出的向外国出口商询购商品的函电。由于这类询盘表现为进口商主动要求出口商说明售货条件，因此也被称为邀请发盘（invitation to make an offer）。买方询盘常见于"卖方市场"条件下，此时，商品销售供不应求，进口商需要主动打听货源、比较价格并择机成交。

（2）卖方询盘。卖方询盘是由国际贸易中的出口商所发出的向外国进口商征询购货意见的函电。由于这类询盘表现为出口商主动要求进口商说明购货条件，因此也被称为邀请递盘（invitation to make a bid）。卖方询盘多见于"买方市场"条件下，此时，商品销售供大于求，出口商需要主动联系买家、推销商品并择机成交。

2. 询盘的注意事项

首先，询盘可向多个交易对象同时发出。在国际贸易中，询盘也要注意"货比三家""择优成交"。通过提前调研，贸易商可以选择若干个来自不同国家或地区的潜在交易对象分别询盘，以便能够更加全面地了解国际市场行情并选出最优的贸易伙伴。例如，在我国的对外贸易实务中，就习惯采用"订一询三"的做法。

其次，询盘应合理选择需要了解的内容。询盘通常只是一种成交意愿的主观表达，与最终达成的贸易合同可能还有很大差距。询盘的核心是交易价格，诸如数量、包装、运输等其他交易条件则可根据实际情况进行筛选，从而尽量做到重点突出、简单明确。例如，对于一般的贸易商品询盘，对品名、规格及价格等关键条件进行询问即可，而对于规格复杂或指标繁多的商品询盘，则除了询问价格之外，还应询问商品的其他具体指标，从而避免因信息遗漏或错误而引起反复磋商。

再次，询盘的发出者应注重自身的商业信用。询盘是国际贸易的开端，特别是对于进行初次接触的进出口商而言，询盘的发出与回复更能给彼此留下良好印象，是建立友好关系的"第一次见面"。任何询盘的发出都是出于国际贸易的需要，除了商业目的之外，还具有合作、互惠等特殊意义。因此，虽然询盘对交易磋商的双方并没有法律约束力，但相关当事人仍然需要坚持诚实守信的基本原则，切忌反复出现询而不买或询而不卖等有损自身国际信誉的情况。

最后，询盘还应注意采用一定的谈判策略。询盘具有国际商务谈判中的探询作用，能够了解商业信息、搜寻合作伙伴。除此之外，在询盘过程中，询盘的发出者可以通过灵活应用一些具体的谈判技巧，提高询盘的回复率。例如，贸易商在询购较为紧俏的国际商品时，可同时要求对方对几种商品进行报价，从而暂时掩盖自己的真实购买意向，避免对方有针对性地提高报价。

二、发盘

（一）发盘的含义与类型

发盘（offer）也被称为发价、报价、报盘、递盘（bid），是指准备开展国际贸易活动的进口商或出口商向选定的交易方发出具体交易条件的一种活动或行为。

发盘在法律上被称为"要约"，《联合国国际货物销售合同公约》第十四条第一款规定，向一个或一个以上特定的人提出的订立合同的建议，如果十分确定并且表明发盘人在得到接受时承受约束的意旨，即构成发盘。在国际贸易实务中，发盘既可以由出口商发出，也可以由进口商发出。由进口商做出的发盘即为"递盘"。一方当事人既可以应对方的询盘做出回复性质的发盘，也可以在没有询盘的情况下直接向对方发盘。

发盘主要有实盘与虚盘两类。

1. 实盘

实盘（firm offer）是指发盘的内容十分明确、肯定和完整。实盘具有以下三个基本条件：

（1）实盘须有明确的有效期。发盘人在有效期内不得擅自撤销或变更发盘的内容，而受盘人在有效期内一旦表示接受，国际贸易合同便随即达成。

（2）实盘的内容必须完整、明确，一般应包括国际贸易商品的品名、质量、数量、包装及价格等各项关键内容。

（3）实盘的意思表达必须是肯定的、无保留条件的。实盘一旦送达受盘人，就会对发盘人产生法律约束力。此时，受盘人将掌握接受或拒绝该发盘的主动权。在国际贸易实务中，大多数发盘都属于实盘的范畴。

2. 虚盘

虚盘（non-firm offer）是指发盘的内容与条件对发盘人没有约束力。这类发盘仅仅是一种具体化、实际化的成交意愿，并不带有保证成交或承诺成交的性质。

一般而言，虚盘具有以下三个明显的特征：

（1）虚盘的内容并不十分明确或肯定。例如，在发盘中使用参考价格、适当数量、力争尽快交货等较为模糊的词句。

（2）虚盘的主要交易条件并不十分完整。例如，发盘中缺少运输条件、付款条件等重要信息。

（3）虚盘的接受并不意味着合同的达成。发盘人会在发盘中明确表达附带的保留条件。例如，使用须经我方确认、视我方进货情况而定等语句。

在国际贸易实务中，一方面，受盘人应准确识别一项发盘究竟是实盘还是虚盘，对于没有价值的虚盘应当果断放弃或拒绝。另一方面，发盘人则应根据实际需要灵活应用实盘和虚盘。虚盘在试探交易诚意、吸引潜在客户、调整贸易条件等方面仍然具有一定意义。

（二）发盘的注意事项

1. 发盘应当针对特定的人

发盘应当向一个或一个以上的特定受盘人提出，并明确表示希望与其订立合同的意愿。所谓特定的人，是指受盘人的名称与地址必须十分确定。在国际市场上，需要特别注意广告与发盘的区别，避免出现按宣传广告成交却无法满足商业要求的违约情况。

从世界各国的相关法律来看，宣传广告是否构成商业发盘并没有一致的结论。在英美法系中，宣传广告只要内容明确、条件具体，在买卖双方无异议的情况下，是可以作为发盘来对待的。在大陆法系中，由于宣传广告没有特定的接受对象，只相当于一种对发盘的邀请，而不能够被视为直接有效的发盘。《联合国国际货物销售合同公约》则采用了折中的规定，增加了一定的灵活性。例如，《联合国国际货物销售合同公约》第十四条第二款款定，非向一个或一个以上特定的人提出的建议，仅应视为邀请做出发盘，除非提出建议的人明确地表示相反的意向。可见，广告在一般情况下并不是发盘，除非广告中含有"本广告相当于发盘"等明确表示接受相关条件约束的词句。总之，发盘是特意向一些具体交易对象发出的交易条件，应当具有较强的针对性。

2. 发盘的内容必须十分确定

由于发盘是在开展国际贸易活动之前对各项交易条件的明确表述，因此发盘的内容必须"十分确定"。《联合国国际货物销售合同公约》第十四条第一款规定，"一个建议如果写明货物并且明示或暗示地规定数量和价格或规定如何确定数量和价格，即为十分确定"。可见，发盘应至少阐明贸易商品的品名、数量、价格以及相关的规定方法等关键内容。

在国际贸易实务中，为了保证贸易合同的顺利履行，发盘的内容应尽可能详细，最好将品名、质量、数量、包装、价格、交货时间、交货地点、收付款方式及其他重要条件一一列明。需要注意的是，发盘一旦被接受，相应的贸易合同便宣告达成，买卖双方在法律上的责任、权利与义务也随即产生。如果发盘的内容存在缺失、模糊或相互矛盾等情况，即使被对方接受，也不能达成合同。因此，无论是从传递的信息是否完整，还是从贸易合同是否生效的角度看，发盘的内容都必须明确。

3. 发盘人必须表明接受约束的意思

发盘人必须明确表示出一旦被受盘人接受，即受到发盘内容约束的意思。发盘在法律上被称为"要约"。发盘并非随意进行的交易磋商，而是一项具有法律意义、法律责任和法律后果的重要行为。

在国际贸易实务中，发盘人还可在发盘中使用一些具体的词句来强调接受约束的意愿。若发盘人在发盘中使用了诸如仅供参考、交货条件以实际情况为准等带有保留条件的文字，则该项发盘不是实盘，而是虚盘，仅可作为一种邀请发盘。因此，发盘人需要慎重提出发盘，并接受相应的法律约束。

4. 发盘必须送达受盘人

发盘由发盘人向特定的受盘人发出，但是否最终生效还取决于受盘人是否收到该项发盘。在国际贸易中，发盘人与受盘人就是从事商品进出口业务的贸易商。由于相关当事人往往分属相距十分遥远的不同国家或地区，因此一项发盘从发出到送达不仅需要一定的时间，而且最后能否送达受盘人也并不确定。《联合国国际货物销售合同公约》第十五条规定，发盘于送达被发盘人时生效。可见，无论出于何种原因，任何未能送达受盘人的发盘都是无效发盘。

另外，"送达"并不一定要求受盘人阅读发盘并作出回复，而是到达受盘人所能控制的范围内即可。例如，纸质版的发盘送达受盘人的邮政信箱，电子版的发盘进入受盘人的网络信箱。《联合国国际货物销售合同公约》第二十四条规定，发盘、接受声明或任何其他意旨表示"送达"对方，系指用口头通知对方或通过任何其他方法送交对方本人，或其营业地或通信地址，如无营业地或通信地址，则送交对方惯常居住地。

（三）发盘的生效时间与有效时间

1. 发盘的生效时间

在国际贸易实务中，"发盘于送达被发盘人时生效"将对后续进行的交易磋商过程产生其他两个方面的影响：其一，影响受盘人对发盘的接受是否有效。众所周知，发盘是否构成法律意义上的"要约"取决于受盘人是否收到该发盘，即任何没有送达或尚未送达的发盘都是无效发盘。例如，如果受盘人在发盘到达之前已经掌握了发盘的内容，此时，即使表示接受，贸易合同也不能成立。其二，影响发盘人对发盘的撤回或修改是否有效。《联合国国际货物销售合同公约》第十五条第二款规定，一项发盘，即使是不可撤销的，得予撤回，如果撤回通知于发盘送达被发盘人之前或同时，送达被发盘人。发盘一旦生效，发盘人就不能撤回或修改发盘，而只能撤销发盘。

2. 发盘的有效时间

发盘具有一定时间的有效期。在有效期内，受盘人可对发盘表示接受或拒绝；超过有效期，发盘自动失效，除另有约定的情况外。受盘人再对发盘表示接受一般将不再具有法律意义，也不构成合同关系。

在国际贸易实务中，通常有两种规定发盘有效期的方式。第一种方式为规定收到接受的最迟期限。例如，在发盘中注明，"限某月某日复到此地。"第二种方式为规定收到接受的一段时间。例如，在发盘中说明，"本发盘的有效期为15天""限8日内回复"等。《联合国国际货物销售合同公约》对此也有明确规定。例如，该公约第二十条第一款规定，发盘人在电报或信件内规定的接受期间，从电报交发时刻或信上载明的发信日期起算，如信上未载明发信日期，则从信封上所载日期起算。发盘人以电话、电传或其他快速通信方法规定的接受期间，从发盘送达被发盘人时起算。需要注意的是，有效时间并非构成有效发盘的必要条件。按照国际惯例，买卖双方应当在"合理时间"内对发盘做出及时地回复。

（四）发盘的撤回与撤销

1. 发盘的撤回

发盘的撤回（withdraw）是指一项发盘在由发盘人发出之后，尚未送达受盘人之前，发盘人对其做出了取消决定，以阻止其生效。显然，发盘的撤回发生在发盘生效以前。

对于发盘的撤回问题，不同法律体系有不同的规定。英美法系认为，发盘对发盘人没有约束力。发盘只要没有被明确接受，就可以被撤回或修改。大陆法系则认为，发盘对发盘人具有约束力，除非发盘中包含了不受约束力的说明，一经发出就不得撤回或修改。而在《联合国国际货物销售合同公约》中，发盘是可以被撤回的。因此，在国际贸易实务中，买卖双方应首先确定合同适用的法律体系，若按照我国法律和贸易惯例成交，一旦出现发盘有误或改变主意等情况，可适时撤回或修改发盘。

2. 发盘的撤销

发盘的撤销（revoke）是指一项发盘在由发盘人发出之后，并且已经送达受盘人生效，发盘人对其做出了取消决定，以终止其效力。显然，发盘的撤销发生在发盘生效以后。

对于发盘的撤销问题，不同法律体系有不同的规定。英美法系认为，发盘只要没有被明确接受，就可以被撤销，这是一种明显有利于发盘人的法律规定。大陆法系则认为，发盘一旦生效便不得随意撤销，这又是一种明显有利于受盘人的法律规定。《联合国国际货物销售合同公约》依然选择了折中的解释。《联合国国际货物销售合同公约》第十六条规定，在合同尚未订立之时，如果撤销通知在受盘人发出接受通知之前送达受盘人，则发盘可以撤销。同时，《联合国国际货物销售合同公约》也列出了两种不能撤销发盘的情况：其一，发盘写明了接受发盘的期限或以其他方式表示发盘是不可撤销的；其二，被发盘人有理由信赖该项发盘是不可撤销的，而且被发盘人已本着对该项发盘的信赖行事。

（五）发盘的失效

发盘的失效是指一项发盘失去了对发盘人和受盘人的法律约束力。失效的发盘不能被接受或拒绝，不能再成为订立合同的基本条件。

《联合国国际货物销售合同公约》第十七条规定，"一项发盘，即使是不可撤销的，于拒绝通知送达发盘人时终止"。

三、还盘

（一）还盘的含义

还盘（counter offer）也被称为还价，是指受盘人在收到发盘后，对原发盘的内容提出修改意见，并反馈给发盘人的一种活动或行为。《联合国国际货物销售合同公约》第十九条第一款规定，"对发盘表示接受但载有添加、限制或其他更改的答复，即为拒绝该项发盘，并构成还盘"。在国际贸易实务中，还盘的内容与发盘相对应，可以针对商品的质量、规格、数量、包装、价格及收付款方式等各项交易条件提出变更要求。还盘既可以采用口头方式，也可以采用书面方式，且法律和惯例都没有规定还盘的次数，还盘之后还可再还盘，且买卖双方可根据合同的具体内容采用一次性还盘或逐一还盘的方式来订立合同。

（二）还盘的实质

当受盘人收到发盘后，通常有三种处理方法：第一种做法是接受。受盘人发出接受通知，表示接受发盘的全部交易条件，合同也随即达成。第二种做法是拒绝。受盘人发出拒绝通知或不予回应，表示不会按照发盘的交易条件开展合作，合同便不会成立。第三种做法是还盘。受盘人表示"接受"发盘的邀请，但对原发盘的交易条件提出了修改意见。此时，合同能否成立取决于原发盘人的态度与决定。不难发现，还盘的实质是受盘人对原发盘的拒绝，受盘人再以发盘人的身份重新发出一项新的发盘，而原发盘人在新盘中成了受盘人。还盘在法律上并没有独立的含义，一般被视为一种反要约。还盘的构成要件、生效时间、有效时间、撤回、撤销及失效等与发盘基本一致。

（三）还盘的构成条件

在交易磋商中，对于发盘的修改究竟是否达到还盘的程度，法律上也做出了规定。《联合国国际货物销售合同公约》第十九条第二款规定，"对发盘表示接受但载有添加或不同条件的答复，如所载的添加或不同条件在实质上并不变更该项发盘的条件，除发盘人在不过分迟延的期间内以口头或书面通知反对其间的差异外，仍构成接受。如果发盘人不做出这种反对，合同的条件就以该项发盘的条件以及接受通知内所载的更改为准"。可见，只有对交易条件的实质性变更才可成为还盘。《联合国国际货物销售合同公约》第十九条第三款进一步规定，"有关货物价格、付款、货物质量和数量、交货地点和时间、一方当事人对另一方当事人的赔偿责任范围或解决争端等等的添加或不同条件，均视为在实质上变更发盘的条件"。

（四）还盘的注意事项

在使用还盘进行交易磋商时，需要注意的要点包括：其一，还盘是新的发盘。一项发盘一旦被还盘，原发盘也就自动失效。若原受盘人再对原发盘表示接受，能否成交则完全取决于原发盘人的意见。其二，还盘拥有特定的发盘人。一项发盘的还盘人只能是原受盘人，其他人对该项发盘的回复或修改无效。其三，还盘具有较强的灵活性。一项发盘的还盘既可以只针对原有交易条件中的一项或几项提出，也可在原有交易条件的基础上新增额外的交易条件。同时，还盘既可以是一项新的实盘，也可以是一项新的虚盘。例如，若在还盘中设置了保留条件或附加条件，则仅仅构成一项新的发盘邀请，而对原发盘人并不产生约束力。

四、接受

（一）接受的含义

接受（acceptance）是指受盘人在发盘的有效期内，明确表示完全同意发盘中的各项交易条件，并愿意就此签订合同的一种活动或行为。接受在法律上被称为"承诺"，发盘人一旦收到接受通知，合同随即成立。在法律上，任何合同的达成都必须经过"要约"和"承诺"两个环节，即必须完成发盘和接受两个步骤。发盘与接受既是国际贸易中的商业行为，也是需要承担责任的法律行为。

（二）接受的注意事项

（1）接受必须由受盘人提出。在国际贸易中，买卖双方会事先选定潜在的合作伙伴，然后在有限范围内进行有针对性的交易磋商。因此，发盘通常具有特定的受盘人，而只有特定的受盘人才有资格接受、修改或拒绝发盘。例如，甲国的 A 公司向乙国的 B 公司发盘，丙国的 C 公司在打探到发盘的具体内容后，向 A 公司表示"接受"，则此项接受无效。合同只能由 A 公司与 B 公司签订。

（2）接受的内容必须与发盘一致。接受是针对发盘的肯定回复，需要表明对发盘内容的全部接受或完全同意。然而，在国际贸易实务中，受盘人也常常会在表示接受的同时，提出一些或大或小的修改意见，进而很可能将接受转变为还盘或拒绝。按照《联合国国际货物销售合同公约》的规定，对于发盘内容的修改又可分为实质性变更和非实质性变更两种类型。凡是属于非实质性变更的修改意见，都不改变接受的法律意义，合同仍然可以成立。一般而言，对于小额的国际贸易，交易条件相对简单，为提高效率，相应的接受也可适当简化。受盘人可对发盘进行整体接受，而无须在接受中详细复述发盘的各项交易条件。对于大额的国际贸易，交易条件相对复杂，为预防争议，相应的接受则应尽量详细。受盘人应对各项交易条件进行逐一确认，若有修改还应专门说明。

（3）接受必须在发盘的有效期内完成。发盘的有效期往往具有两个方面的作用。其一，约束发盘人在有效期内不得随意撤销或变更发盘中的交易条件，确保了交易磋商的严肃性和公平性。其二，约束受盘人在有效期内尽快回复发盘人，受盘人只有在有效期内接受发盘，合同才能够成立。然而，在国际贸易实务中，常常出现接受通知不能按时送达发盘人的情况。在一般情况下，超过发盘有效期的接受是无效的，但《联合国国际货物销售合同公约》却对此做出了较为灵活的规定。《联合国国际货物销售合同公约》第二十条第二款规定，"在计算接受期间时，接受期间内的正式假日或非营业日应计算在内。但是，如果接受通知在接受期间的最后一天未能送到发盘人地址，因为那天在发盘人营业地是正式假日或非营业日，则接受期间应顺延至下一个营业日"。

（4）接受必须被明确表示。接受是具有肯定发盘的意思，且必须以一定方式被明确地表示出来。《联合国国际货物销售合同公约》第十八条第一款规定，"被发盘人声明或做出其他行为表示同意一项发盘，即是接受。缄默或不行动本身不等于接受"。可见，接受必须是一种申明或行动。按照国际贸易惯例，接受与发盘应相互对应，除了应注意在内容上保持一致外，在形式上也应基本相同。例如，对于口头形式的发盘，则应以口头形式表示接受；对于书面形式的发盘，则应以书面形式表示接受。受盘人一旦表示接受，交易磋商的基本流程也随即结束，买卖双方将进入签订和履行合同的环节。

（三）接受的生效时间

对于接受的生效时间，不同的法律体系做出了不同的规定。一方面，按照英美法系，有效的接受需要符合"投邮原则"。所谓投邮原则，是指在发盘的有效期内，只要发盘人将"接受通知"通过邮局或电报局发出，无论发盘人最终是否收到相关邮件或信息，该项接受已然生效。可见，接受的生效时间为受盘人发出接受通知的时间。另一方面，按照大陆法系，有效的接受需要符合"到达原则"。所谓到达原则，是指在发盘的有效期内，发盘人必须将"接受通知"送达发盘人，该项接受才能生效。可见，接受的生效时间为发盘人收到接受通知的时间。假如接受通知在邮寄的途中遗失，按照不同的法律体系，合同的成立与否将有不同的解释。

《联合国国际货物销售合同公约》采用了大陆法系的到达原则。《联合国国际货物销售合同公约》第十八条第二款规定，"接受发盘于表示同意的通知送达发盘人时生效"。至于是否采用信件或电报等书面形式，《联合国国际货物销售合同公约》第十八条第三款规定，"如果根据该项发盘或依照当事人之间确立的习惯做法和惯例，被发价人可以做出某种行为，例如与发运货物或支付价款有关的行为，来表示同意，而无须向发盘人发出通知，则接受于该项行为做出时生效"。

（四）逾期接受

逾期接受是指受盘人在发盘的有效期结束后所做出的接受。逾期接受本来是一种无效的接受，但根据国际贸易的实际情况，《联合国国际货物销售合同公约》及各国法律大多对此做出了较为灵活的规定。

其一，逾期接受是否有效，主要取决于发盘人的态度。《联合国国际货物销售合同公约》第二十一条第一款规定，"逾期接受仍有接受的效力，如果发盘人毫不迟延地用口头或书面将此种意见通知被发盘人"。

其二，逾期接受是否有效，还与产生逾期的原因有关。《联合国国际货物销售合同公约》第二十一条第二款规定，"如果载有逾期接受的信件或其他书面文件表明，它是在传递正常、能及时送达发盘人的情况下寄发的，则该项逾期接受具有接受的效力，除非发盘人毫不迟延地用口头或书面通知被发盘人：他认为他的发盘已经失效"。

总之，逾期接受的过错方是受盘人，而发盘人掌握了处理逾期接受的主动权。一旦发盘人表示拒绝或不予回复，则逾期接受依然为无效接受。

（五）接受的撤回

与发盘类似，接受也可以在生效之前被撤回。《联合国国际货物销售合同公约》第二十二条规定，"接受得予撤回，如果撤回通知于接受原应生效之前或同时，送达发盘人"。

需要注意的问题有两项：其一，撤回有不同的法律解释。特别是按照英美法系时，接受通知需要符合投邮原则。由于接受通知一经投邮合同便立即成立，因此也就没有了撤回接受的可能。其二，接受并没有撤销环节。受盘人一旦接受发盘，合同随即成立，撤销接受无异于撕毁合同。因此，相关当事人一般并不能撤销接受，而只能撤销合同。

第四节　合同主要内容及条款

一、合同的主要内容

合同是规定买卖双方经济权利与经济义务的法律文档。其内容通常包括约首、基本条款和约尾三部分。

（1）约首部分。一般包括合同名称、合同编号、缔约双方名称和地址、电报挂号、电传号码等内容。

（2）基本条款。这是合同的主体，它包括品名、质量规格、数量（或重量）、包装、价格、交货条件、运输、保险、支付、检验、索赔、不可抗力和仲裁等内容。商定合同，主要是指磋商各方如何规定这些基本条件。

（3）约尾部分。一般包括订约日期、订约地点和双方当事人签字等内容。

为了提高履约率，在规定合同内容时应考虑周全，力求使合同中的条款明确、具体、严密和相互衔接，且要与磋商的内容一致，以利于合同的履行。

二、合同的基本条款

合同的基本条款主要包括：品名和质量条款，数量和包装条款，货款收付条款，合同的检验、索赔、不可抗拒力和仲裁条款等几大类。

（一）品名和质量条款

1. 品名

所谓品名，就是指商品的名称。品名条款通常是在品名（name of commodity）的标题下具体列明双方当事人同意买卖的货物名称。有的合同中的品名条款不加标题，而只写明交易双方同意买卖某种商品的文句。当同类商品有多种不同规格、等级或型号时，有的合同为了明确和表达方便而将品名和质量规格结合在同一条款中。总之，品名条款无统一规定格式，合同当事人应当在协商的基础上确定。

2. 质量

质量是用来描述商品的内在质量和外观形态的。规定商品质量的方法有以文字说明表示和用实物表示两大类。前者又具体分为凭规格买卖（sale by specification）、凭等级买卖（sale by grade）、凭标准买卖（sale by standard）、凭商标或品牌买卖（sale by trademark or brand）、凭说明书和图样买卖（sale by descriptions and illustrations）以及凭产地名称买卖（sale by of origin）。后者具体分为看货买卖（sale by actual quality）和凭样品买卖（sale by sample）两种。

3. 质量条款

合同中的质量条款应包括商品的名称、货物以及表示商品质量的方法。对于一些质量容易产生误差或不太稳定的工业制成品和初级产品，可在质量条款中规定质量公差或质量机动幅度。例如，中国芝麻的含油量（最低）48%，水分（最高）9%，杂质（最高）1%。

（二）数量和包装条款

商品的数量是指一定的度量衡来表示商品的重量、面积、体积、容积、长度、个数的量。合同中的数量条款主要由计量方法和成交数量组成。

1. 计量单位

（1）表示重量（weight）的常用计量单位有：千克（kg）、公吨（t）、长吨（l/t）、短吨（s/t）、盎司（oz）、磅（lb）等。

（2）表示容积（capability）的常用计量单位有：升（l）、加仑（gal）、蒲式耳（bu）等。

（3）表示个数（numbers）的常用计量单位有：只（pc）、件（pkg）、台/套/架（set）、打（dozen）、辆（unit）等。

（4）表示长度（length）的常用计量单位有：码（yd）、米（m）、英尺（ft）、厘米（cm）。

（5）表示面积（area）的常用计量单位有：平方码（yd^2）、平方米（m^2）、平方英尺（ft^2）。

（6）表示体积（volume）的常用计量单位有：立方码（yd^3）、立方米（m^3）、立方英尺（ft^3）。

2. 计量方法

（1）毛重（gross weight）指货物本身的重量加皮重（tare），即货物重量加包装材料的重量。

（2）净重（net weight）即货物本身的重量。

（3）以毛作净（gross for net）。有些货物因包装的重量和本身的重量不便分别计算或因包装材料与货物本身差不多，在合同中规定按毛重计价。

（4）公量（conditioned weight）是指用科学方法抽取货物中的水分后，再加上标准含水量，所求得的重量。这种方法适用于水分不稳定的货物，如羊毛、生丝等。

（5）理论重量（theoretical weight）是指某些固定和统一规格的货物，其重量大致相同，其比重大致相当，根据其张数、件数可计算出的重量。

3. 数量条款

在数量条款中，对于大宗散装货物，如小麦、大豆、煤炭等还需要规定一个交货数量的机动幅度，一般规定"溢短装条款"或"约数"。"溢短装条款"是指合同明文规定卖方交货时允许多交或少交合同数量的百分之几。例如，"5 000 吨，卖方可溢装或短装6%"。"约数"是指在交易数量前面加一个"约"字，即允许卖方交货的数量与合同约定的数量之间可以有某些差异，如"数量150 长吨，卖方交货时可溢装或短装5%"。

4. 包装条款

包装条款是构成商品说明的重要部分。货物包装一般按作用分为运输包装和销售包装两类。

（1）运输包装。运输包装方式有单件运输包装，如箱（case）、包（bale）、捆（bundle），集合运输包装如托盘（pallet）、集装包（flexible container）和集装箱（container）。销售包装（sale package）一般根据商品的特点、市场习惯、消费心理来进行设计研究，尽可能做到装潢美观、引人注目，便于陈列挑选和携带。目前，许多国家普遍在商品的销售包装上印刷条形码（barcode）。凡标有690、691、692条形码的商品即表示是中国出产的货物。

（2）运输包装标志。运输包装标志是为了在运输过程中便于识别货物，而在商品的外包装上要刷制一定的包装标志。

（三）货款收付条款

国际货款的收付，通常都通过外汇来结算。货款的结算，主要涉及支付工具、支付时间、地点及支付方式。支付方式等内容，在第三章有详细介绍。交易洽商时，买卖双方必须对此取得一致意见并在合同中具体订明。合同中的支付条款是根据采用的支付方式来确定的。对于不同的支付方式，合同中规定支付条款的内容也不一样。

1. 汇付方式的规定方法

采用汇付方式时，应在合同中明确规定汇付的办法、汇付的时间、汇付的金额和汇付的途径等。

例如，在合同中规定："买方应于2021年6月30日之前将60%的合同金额用电汇的方式预付给卖方。"

2. 托收方式的规定方法

采用托收方式时，应在合同中明确规定托收种类、进口人的承兑和（或）付款责任以及付款期限等。

3. 信用证方式的规定方法

采用信用证方式时，应在合同中明确规定信用证种类、开证日期、信用证有效期和议付地点等。例如，在合同中规定"买方须于_____年_____月_____日前通过_____银行开出以卖方为受益人的不可撤销_____天期信用证，并注明在上述装运日期后_____天内在中国议付有效，信用证须注明合同编号"。

（四）合同的检验、索赔、不可抗拒力和仲裁条款

1. 商品检验

商品检验（commodity inspection）是指在国际货物买卖中，对卖方交付给买方的货物质量、数量和包装进行检验，以确定其是否符合合同规定；有的还对装运技术条件或货物在装卸运输过程中发生的残损、短缺进行检验和鉴定，以明确事故的起因和责任的归属。货物检验条款主要包括检验的时间和地点、检验机构的选定、检验证书等内容。

（1）检验时间和地点。

关于买卖合同中的检验时间与地点，通常有下列几种规定办法：在出口国工厂检验、在装运港检验，即称为"离岸质量、离岸重量"（shipping quality and shipping weight）；

目的港检验，即称为"到岸质量、到岸重量"（landed quality and sanded weight）；装运港检验重量和目的港检验质量，即称为"离岸重量、到岸质量"（shipping weight and landed quality）和在装运地检验和目的地复验。最后一种检验规定由于对买卖双方都比较方便而且公平合理，因此在国际贸易中被广泛采用。

（2）检验机构的选定。

检验机构的选定，关系交易双方的利益，因此交易双方应商定检验机构，并在买卖合同中订明。在国际贸易中，从事商品检验的机构多种多样，归纳起来，有下列几种：

①官方机构，是指由国家设立的检验机构。

②非官方机构，是指由私人或同业公会、协会等开设的检验机构，如公证人、公证行。

③生产制造厂商。

④用货单位或买方。

（3）检验证书。

检验证书（inspection certificate）是检验机构对进出口商品进行检验、鉴定后出具的书面证明。它是证明卖方所交货物的质量、数量、包装等内容是否符合合同规定的依据，是海关凭以验关放行和卖方凭以办理货款结算的一种单据，也是买方对货物的不符合点向卖方索赔和卖方理赔的主要依据。常见的检验证书有以下几种：质量检验证书、数量检验证书、重量检验证书、卫生检验证书、兽医检验证书、植物检验证书、消毒检验证书、产地检验证书、价值检验证书。除了上述内容外，有时合同中的检验条款还就买方对不符货物向卖方索赔的具体期限作出明确规定。

例如，在合同中规定"卖方在发货前由_____检验机构对货物的质量、规格和数量进行检验，并出具检验证明书""货物到达目的口岸后，买方可委托当地的商品检验机构对货物进行复检。如果发现货物有损坏、残缺或规格、数量与合同规定不符，买方须于货到目的口岸的_____天内凭_____检验机构出具的检验证明书向卖方索赔"。

2. 索赔

索赔是指受损方向违约方提出损害赔偿的要求。一般来说，买方向卖方提出索赔的情况较多。关于进出口合同中的索赔条款，通常有下列两种规定办法：

（1）异议与索赔条款。

异议与索赔条款多订在一般商品买卖合同中。该条款的内容，除规定一方如违反合同，另一方有权索赔外，还包括索赔期限、索赔依据和索赔办法等。例如，在合同中规定"如买方提出索赔，凡属质量异议须于货到目的口岸之日起_____天内提出；凡属数量异议须于货到目的口岸之日起_____天内提出。对货物所提任何异议应由保险公司、运输公司或邮递机构负责的，卖方不负任何责任"。

（2）违约金条款。

违约是指合同当事人一方未履行合同义务。

违约金条款一般适用于卖方延期交货，或者买方延迟开立信用证和延期接运货物等情况。违约金数额由交易双方商定，并规定最高限额。违约金条款一般应包括违约金的数额和违约金计算方法。

（3）索赔对象。

出现以下情况时，应该向卖方索赔：①货物质量、规格不符合合同规定；②原装数量不足；③包装不符合合同规定或因包装导致货物受损；④未按期交货或拒交货物。

出现以下情况时，应该向承运人索赔：①货物数量少于运单所载数量；②提单为清洁提单；③因承运人保管不当而造成货物短损。

属于投保险别的承保范围内的损失向保险公司索赔。

3. 不可抗力

不可抗力是指买卖合同签订后，不是合同当事人的过失或疏忽，而是发生了合同当事人无法预见、无法预防、无法避免和无法控制的事件，以致不能履行或不能如期履行合同，发生意外事故的一方可以免除履行合同的责任或推迟履行合同。因此，不可抗力是一种免责条款。

不可抗力条款的内容，主要包括不可抗力事件的范围、不可抗力事件的处理原则和方法、事件发生后通知对方的期限和通知方式以及出具事件证明的机构等。

（1）不可抗力事件的范围。

不可抗力事件的范围较广，通常可分为两种情况：一种是因"自然力量"引起的，如水灾、火灾、冰灾、暴风雨、大雪、地震等；另一种是因"社会力量"引起的，如战争、罢工、政府禁令等。

（2）不可抗力事件的处理原则和方法。

发生不可抗力事件后，应按约定的处理原则和办法及时进行处理。不可抗力的后果有两种，一是解除合同，二是延期履行合同。

（3）不可抗力事件的通知和证明。

不可抗力事件发生后如影响合同履行时，发生事件的一方当事人，应该按约定的通知期限和通知方式，将不可抗力事件情况如实通知对方。对方在接到通知后，应及时答复，如有异议也应及时提出。

例如，在合同中规定"如因人力不可抗拒的原因造成本合同全部或部分不能履约，卖方概不负责但卖方应将上述发生的情况及时通知买方"。

因战争、地震、火灾、雪灾、暴风雨或其他不可抗力事故，致使卖方不能全部或部分装运或延迟装运合同货物，卖方对于这种不能装运或延迟装运本合同货物不负有责任。但卖方须用电报或电传方式通知买方，并应在 15 天内以航空挂号信件向买方提供由中国国际贸易促进委员会出具的证明此类事件的证明书。

4. 仲裁

仲裁（arbitration）是国际货物买卖的交易双方解决争议的一种方式。买卖双方达成协议，自愿将有关争议交给双方所同意的仲裁机构进行裁决。

仲裁协议（arbitration agreement）通常作为合同条款包含在买卖合同之中，又称作"仲裁条款"（arbitration clause）。仲裁条款一般包括仲裁地点、机构、仲裁程序与规则、仲裁裁决的效力等内容。仲裁地点的选择与仲裁所适用的程序法甚至实体法有关。买卖双方当事人经商定可以选择在当事人一方所在国仲裁，也可以在第三国仲裁。

仲裁机构是指受理仲裁案件并作出裁决的机构，国际商事方面的仲裁机构有常设机构或临时性仲裁机构两种。常设机构如我国的中国国际经济贸易仲裁委员会。临时性仲裁机构指专门为审理某一争议案件而临时组成，双方当事人在选用临时性仲裁机构时，应在仲裁条款中就选定仲裁员的办法、人数，是否需要首席仲裁员等问题做出明确规定。例如，双方可以在合同中规定："凡因执行本合约或有关本合约所发生的一切争执，双方应协商解决。如果协商不能得到解决，应提交仲裁。仲裁地点在被告方所在国内，或者在双方同意的第三国"。

课后思考

1. 简述交易磋商的环节，并解释"要约"和"承诺"分别对应的环节。
2. 简述发盘的注意事项，以及发盘的生效时间与有效时间。
3. 简述接受的含义和注意事项。
4. 列举合同的主要内容和条款。
5. 试论述索赔环节在履行合同过程中的重要意义。

第十章

国际物流风险管理与保险

■**学习目标**

了解国际物流风险管理的意义；

掌握国际物流风险管理与投保方法；

了解国际物流保险的索赔办理程序。

国际物流的风险主要是指国际物流货物在运输过程中面临的风险。因此，本章重点讨论国际海运、国际陆运、国际航空运输、国际邮包运输、国际多式联运、管道运输中的风险与保险、国际物流投保方法和保险理赔等内容。

第一节 国际海运风险与保险

一、海运风险、损失与费用

在海运货物保险中，保险人的承保范围包括可保障的风险、可补偿的损失以及可承担的费用三个方面。

（一）海运风险

海上货物运输保险中的风险，即海运风险，可分为以下两大类：

1. 海上风险

海上风险是指船舶或货物在海上运输过程中所遇到的自然灾害和意外事故。自然灾害是指不以人的意志为转移的自然界的力量所引起的灾害，如恶劣气候、雷电、地震、海啸、火山爆发、洪水等引起的灾害。

意外事故是指人或物体遭受到外部突然的、非意料中的事故，如船舶搁浅、触礁、沉没、碰撞，以及火灾、爆炸等。

2. 外来风险

外来风险可分为一般外来风险和特殊外来风险两类。

一般外来风险是指因一般外来原因所造成的风险，主要包括破损、丢失、短少、渗漏、短量、碰损、钩损、生锈、雨淋、受热、受潮等。

特殊外来风险主要是指因军事、政治以及行政法令等原因造成的风险，如战争、罢工、交货不到、拒收等。

（二）海上损失

海上货物运输保险中的损失，即海上损失，简称为"海损"，是指货物在海运过程中因海运风险而造成的损失。海上损失包括与海运相关联的陆运和内河运输过程中的货物损失，按损失的程度可以分为全部损失和部分损失。

1. 全部损失

全部损失又称"全损"，是指被保险货物的全部遭受损失。全损又有实际全损和推定全损之分。实际全损是指货物全部灭失或全部变质而不再有任何商业价值。推定全损是指货物遭受风险后受损，虽然未达实际全损的程度，但实际全损已不可避免，或者为避免实际全损所支付的费用和继续将货物运抵目的地的费用之和超过了保险价值。推定全损需要经保险人核查后认定。

2. 部分损失

不属于实际全损和推定全损的损失，则称为部分损失。它按照造成损失的原因可分为共同海损和单独海损。

（1）共同海损是指载货船舶在运输途中遇到危及船货共同的危险，船方为了维护船舶和货物的共同安全或使航程得以继续完成，有意并且合理地做出某种特殊牺牲或支出的特殊费用。在船舶发生共同海损后，凡属共同海损范围内的牺牲和费用，均可通过共同海损清算，由有关获救受益方（船方、货方和运费收入方）根据获救价值按比例分摊，然后再向各自的保险人索赔。共同海损分摊涉及的因素比较复杂，一般均由专门的海损理算机构进行理算。

构成共同海损的条件有：

①导致共同海损的危险必须是真实存在的、危及船货共同安全的危险。

②共同海损的措施必须是为了解除船货的共同危险，船方人为地、有意识地采取的合理措施。

③共同海损的牺牲必须是特殊性质的，费用损失必须是额外支付的。

④共同海损的损失和费用必须是共同海损措施下的、直接的、合理的后果。

⑤船方所采取的抢救措施最终必须有效果。

（2）单独海损是指由承保风险直接导致的船舶或货物本身的部分损失，即货物受损后未达到全损程度，而且是船舶或货物所有人单方面的利益受损，并只能由该利益所有者单独负担的一种部分损失。单独海损是一种特定利益方的单方面的部分损失，不涉及其他货主或船方；单独海损仅指保险标的本身的损失，并不涉及由此所引起的费用损失。

按照保险条例，不论担保何种险种，由海上风险而造成的全部损失和共同海损均属保险人的承保范围。对于推定全损的情况，由于货物并未全部灭失，被保险人可以选择按全损或按部分损失索赔。倘若按全损处理，则被保险人应向保险人提交"委付通知"，把残余标的物的所有权交付保险人，经保险人接手后，可按全损得到赔偿。

（三）海上费用支出

海上风险还会造成费用支出，主要有施救费用、救助费用、续运费用、额外费用等。

1. 施救费用

所谓施救费用，是指被保险货物在遭受承保责任范围内的灾害事故时，被保险人或其代理人或保险单受让人，为了避免或减少损失采取各种措施而支出的费用。

2. 救助费用

所谓救助费用，是指保险人或被保险人以外的第三者采取了有效的救助措施之后，由被救方付给的报酬。

保险人对上述费用都负责赔偿，但以总和不超过保险金额为限。

3. 续运费用

续运费用是指运输工具遭遇海难后，为防止或减轻货物的损失，在中途港或避难港卸货、储存以及运送货物所产生的费用。

4. 额外费用

额外费用是指为了证明货损索赔成立而支付的费用，包括被保险货物受损后，对其进行检验、查勘、公证、理算或拍卖受损货物等支付的费用。

二、中国海洋运输货物保险条款

在国际货物运输业务中，保险是一个不可缺少的条件和环节。其中业务量大、涉及面广的是海运货物保险。中国人民财产保险股份有限公司制定的《海洋运输货物保险条款》所承保的险别，分为基本险和附加险两类。

（一）基本险

海运货物保险的基本险分为平安险、水渍险和一切险三种。

1. 平安险

平安险的责任范围主要包括以下内容：

（1）被保货物在运输过程中，由自然灾害造成整批货物的全部损失或推定全损。被保货物用驳船运往或远离海轮的，每一驳船所装货物可视为一整批。

（2）因运输工具遭受意外事故造成货物全部或部分损失。

（3）在运输工具已经发生搁浅、触礁、沉没、焚毁等意外事故的情况下，货物在此前后又在海上遭受自然灾害落海造成的部分损失。

（4）在装卸或转运时，因一件或数件货物落海造成的全部或部分损失。

（5）被保人对遭受承保范围内的货物采取抢救，防止或减少货损的措施而支付的合理费用，但以不超过该批被救货物的保险金额为限。

（6）运输工具遭难后，在避难港因卸货所引起的损失，以及在中途港、避难港因卸货、仓储以及运送货物所产生的特别费用。

（7）共同海损的牺牲、分摊和救助费用。

（8）运输合同订有"船舶互撞责任条款"，根据该条款规定应由货方偿还船方的损失。

以上八条属于"平安险"的范围。平安险责任范围有限，一般多适用于大宗、低值、粗装货物，如废钢铁、木材、矿石等货物的投保。

2. 水渍险

水渍险的责任范围除平安险的各项责任外，还包括被保货物因自然灾害造成的部分损失。水渍险扩大了平安险的责任范围，包括被保险货物在运输途中因恶劣气候、雷电、海啸、地震、洪水等自发灾害所造成的部分损失。

3. 一切险

一切险的责任范围除平安险和水渍险的各项责任，还包括被保货物在运输途中因一般外来原因所造成的全部或部分损失，但并不包括外来风险造成的损失。因此，一切险是平安险、水渍险和一般附加险的总和。

上述三种险别都有货物运输的基本险别，被保险人可以从中选择一种投保。同时，上述三种基本险别明确规定了除外责任，即保险公司明确规定不予承保的损失或费用。

（二）附加险

附加险是基本险责任的扩大和补充，它不能单独投保，附加险别包括一般附加险和特别附加险。

1. 一般附加险

一般附加险共有 11 种：①偷窃提货不着险（theft, pilferage and non-delivery risk, T. P. N. D.）；②淡水雨淋险（fresh water and/or rain damage）；③短量险（risk of shortage in weight）；④混杂、玷污险（risk of inter-mixture and contamination）；⑤渗漏险（risk of leakage）；⑥碰损、破碎险（risk of clash and breakage）；⑦串味险（risk of odour）；⑧受潮受热险（sweating and heating risk）；⑨钩损险（hook damage risk）；⑩包装破裂险（breakage of packing risk）；⑪锈损险（risk of rust）。

2. 特别附加险

附加险除上述一般附加险外，还包括特别附加险和特殊附加险。特别附加险所承保的风险，与国家行政管理、政策措施、航运贸易惯例等因素相关。而特殊附加险主要承保与战争、罢工等因素相关的保险。

（三）除外责任

除外责任是指保险人列明不负赔偿责任的风险范围。"责任范围""除外责任"分别列明了保险人、被保险人、发货人和承运人等有关方面损失或费用应负的责任，以便保险人的赔偿责任更加明确。海洋运输货物保险的主要除外责任有下列五项：

（1）被保险人的故意行为或过失所造成的损失。

（2）属于发货人责任所引起的损失。

（3）在保险责任开始前，被保险货物存在质量不良或数量短缺所造成的损失。

（4）被保险货物的自发损耗、本质缺陷、特性以及市价跌落、运输延迟所造成的损失或费用。

（5）海洋运输货物战争险条款和罢工险条款规定的责任范围和除外责任。

（四）责任起讫条款

保险的责任起讫，又称保险期间或保险期限，是指保险人承担责任的起讫时限，海洋货物运输保险是对特定航程的货物保险，因此保险责任的起讫除了指具体的开始与终止日期外，还指保险责任在什么情况下可以开始或终止。我国海运货物保险责任遵循了国际习惯行为，起讫以运输过程为限，采取"仓至仓"原则。具体而言，保险人承担责任的起讫地点，以保险单载明发货人仓库或储存处所开始运输时生效，在正常运输过程中继续有效，包括正常运输过程中的海上、陆上、内河和驳船运输在内，直到保险单载明的目的地收货人最后的仓库或储存处所或保险人用作分配、分摊或非正常运输的其他储存处所为止，货物进入仓库或储存处所后保险责任即行终止。

（五）被保险人的义务

投保后，被保险人为了获得保险赔偿，必须履行保险合同中规定的有关义务和支付保险费，如被保险人未恪尽职守履行其义务而影响了保险人的利益，对于保险货物的有关损失，保险人将有权拒绝赔偿。我国《海洋运输货物保险条款》中被保险人应承担的义务主要包括以下内容：

（1）及时提货义务。当货物运抵保险单所载明的目的地后，被保险人有义务及时提货。

（2）采取合理措施的施救义务。在保险货物遭受责任内的损失时，被保险人有义务迅速采取合理的抢救措施，防止或减少货物损失的进一步扩大。

（3）维护保险单的效力。如遇航程变更或发现载明的货物、船名或航程等内容有遗漏或错误时，被保险人有义务在获悉这种情况后立即通知保险人进行更正，如有必要须追加一定的保险费，以维护保险单证的效力，保险则继续有效。

（4）提供索赔单证义务。如果货物遭受损失，被保险人向保险人索赔时，必须提供下列单证：保险单正本、提单、发票、装箱单、磅码单、货损货差证明、检验报告以及索赔清单。如涉及第三者责任，被保险人还必须提供向责任方追偿的有关函电以及其他必要的单证或档。

（5）保险人在获悉有关运输合同中"船舶互撞责任"条款的实际责任时，须及时通知保险人。

（六）索赔期限

保险索赔期限又称保险索赔时效，它是被保险货物发生责任范围内风险造成损失时，被保险人向保险人提出索赔的有效期限。

我国《海洋运输货物保险条款》与《海商法》在索赔期限规定方面有一定差别。它们都规定时效期为两年，但《海洋运输货物保险条款》规定的起始时间为被保险货物在最后卸载港全部卸离海轮后，而《海商法》以保险事故发生之日起算。实务中，以《海商法》的规定为准。

三、《协会货物保险条款》

英国在 17 世纪成为世界贸易、船运、保险事业的中心，伦敦保险协会所制定的各种保险规章制度对世界各地有着深远的影响。目前世界范围内约 2/3 的国家都采用伦敦保险协会制定的《协会货物保险条款》。

（一）《协会货物保险条款》（A）条款的主要内容

1. 承保风险

该部分的内容包括三个条款，即风险条款、共同海损条款和"船舶互撞责任"条款。

（1）在风险条款中，（A）条款改变了以往"列明风险"的方式，采取"一切险减去除外责任"方式，声明承保一切风险造成的损失，对约定和法定的除外项，在"除外责任"部分全部予以列明，对于未列入除外责任的损失，保险人均予负责。

（2）共同海损条款，明确共同海损推算或救助费用确定应适用法律。条款规定，保险人不仅赔偿保险货物本身遭受的共同海损牺牲，还应承担共同海损分摊或救助费用分摊。

（3）"船舶互撞责任"条款。凡承运人根据"双方有责"条款索赔时，被保险人有义务立即通知保险人，使得保险人能够自担费用并以被保险人的名义对承运人的索赔进行抗辩。

总的看来，（A）条款责任范围广泛，承保了海上风险和一般外来风险。

2. 除外责任

协会条款除外责任采用列明的方法进行列举，主要包含四个条款：一般除外责任；不适航、不适货除外责任；战争除外责任和罢工除外责任。所有的除外责任不仅适用于保险标的的损失和损害，还适用于有关的费用。

（1）一般除外责任。①保险人故意行为造成的损失、损害或费用；②保险标的自渗漏、自损耗或自磨损造成的损失、损害或费用；③保险标的的包装或准备不足（不当）造成的损失、损害或费用；④保险标的的固有缺陷及特性所引起的损失、损害或费用；⑤因延迟所造成的损失、损害或费用；⑥由于船舶所有人、经理人、承租人或经营人破产或经济困难产生的损失、损害成费用；⑦由于使用任何原子核裂变或聚变或其他类似反应、放射性作用或放射性物质的战争武器产生的损失、损害或费用。

（2）不适航、不适货除外责任。该除外责任有两类：①船舶、驳船、运输工具、集装箱或大型船运箱对保险标的安全运输不适合，而且保险标的的装于其上时，被保险人或其雇员对此种不适航或不适货有私谋所造成的损失、损害或费用，保险人不予负责。②保险人放弃载运保险标的的到目的港的船舶不得违反默示适航或适货保证，除非被保险人或其雇员对此种不适航或不适货有私谋。

（3）战争除外责任。对以下原因造成的损失、损害或费用，保险人不予负责：①战争、内战、革命、造反、叛乱或由此引起的内乱或交战方之间的任何敌对行为；②捕获、拘留、扣留、禁运、押运（海盗除外）以及这种行动的后果或这方面的企图；③被遗弃的水雷、鱼雷、炸弹或其他被废弃的战争武器引起的损失。

（4）罢工除外责任。对下列原因造成的损失、损害和费用，保险人不予负责：①罢工者、被迫停工工人或参加工潮、暴动或民变人员造成的损失；②罢工、被迫停工、工潮、暴动或民变引起的损失；③任何恐怖分子或任何由于政治动机采取行动的人员造成的损失。

3. 保险期限（duration）

保险期限的规定体现在以下三个条款之中：

（1）运输条款。该条款规定保险责任起、始、持续和终止的条件，和我国《海洋货物运输保险条款》基本一致，均以"仓至仓"为限。

（2）运输合同终止条款。该条款的规定和我国《海洋货物运输保险条款》基本一致。

（3）航程变更条款。该条款规定，保险开始生效后，如被保险人事后变更其目的地，在被保险人及时通知保险人并另行缴费的条件下，保险继续有效。

但是，在保险责任开始前，如果被保险人航程叙述错误，导致承保航程从未开始，或保险责任从未开始，就不存在航程变更问题。

4. 索赔

被保险人在保险标的发生事故而向保险人索赔时，适用以下四个条款：

（1）保险利益条款。①发生损失时，被保险人对保险标的必须具备保险利益，否则不能获得保险赔偿。②除非另有规定，被保险人有权获得在保险期间发生的承保损失的赔偿，尽管该损失发生在本保险合同订立之前，除非当时被保险人知道该损失而保险人不知道。

（2）续运费用条款。该条款规定，因承保责任范围内的风险导致运输在非保险单载明的港口或处所终止时，保险人应赔偿由此产生的卸货、存仓及续运保险标的至保险单载明目的地而产生的合理的额外费用，但不包括被保险人或其雇佣人员的过错、疏忽、破产或经济困难引起的费用。

（3）推定全损条款。该条款规定，如果由于实际全损看来不可避免，或因为恢复、整理和续运保险标的到保险目的地的费用会超过其抵达目的地的价值，经过委付，被保险人可得到推定的全部赔偿。

（4）增值条款。投保货物因市价上涨而增值，买方按增值后价值与原投保金额之差，另行投保增值保险。如果被保险人在本项保险项下的保险投保了增值保险，则该货物的约定价值将被视为增至本保险与增值保险金额的总和。

5. 不得受益条款

该条款规定，承运人或其他受托人不得享受本保险的利益。

6. 减少损失

被保险人及其雇员和代理人对于保险项下的索赔，负有以下义务：①为避免或减少损失而采取合理措施；②保证适当地保留和行使对承运人、受托人或其他第三者的权利，即保证保险人的代位追偿权。

7. 避免迟延

被保险人在其所控制的一切情况下应合理迅速处置相关事故。

8. 法律与惯例

该款规定保险适用英国法律和惯例，明确《协会货物保险条款》受英国法律和惯例管辖。

（二）《协会货物保险条款》（B）条款主要内容

1. 承保风险

（B）条款的承保责任比（A）条款的小，它采用列明风险的方式将承保风险一一列举。

这些承保风险主要有：①火灾或爆炸；②船舶或驳船搁浅、触礁、沉没或倾覆；③陆上运输工具倾覆或出轨；④船舶、驳船或运输工具与水以外的任何外界物碰撞或接触；⑤在避难港卸货；⑥地震、火山爆发或闪电；⑦共同海损牺牲；⑧抛弃或浪击落海；⑨海水、湖水或河水进入船舶、驳船、运输工具、集装箱、吊装车厢或储存处所；⑩货物在装卸时落水或坠落造成的整件货物的全部损失。另外，因以上原因造成的共同海损分摊和救助费用也属于承保风险。

2. 除外责任

（B）条款的除外责任和（A）条款的除外责任大致相同，但有两点区别：①保险人对被保险人故意非法行为所致损失也不负责任；②战争除外责任包括了海盗行为。可以看出，（B）条款的除外责任多于（A）条款的除外责任。

3. 其他内容

（B）条款的保险期限、索赔、被保险人义务的约定等与（A）条款相同。

（三）《协会货物保险条款》（C）条款主要内容

（C）条款是（A）、（B）、（C）三种条款中保险人责任范围中最小的条款。（C）条款承保风险列举如下：

1. 承保风险

（C）条款仅对以下原因造成的保险标的损失负责：①火灾或爆炸；②船舶或驳船遭受搁浅、触礁、沉没或倾覆；③陆上运输工具倾覆或出轨；④船舶、驳船或其他运输工具与水以外的任何外界物体碰撞或接触；⑤在避难港卸货；⑥共同海损牺牲；⑦抛弃。另外，保险对以上原因所致的共同海损的分摊和救助费用负责赔偿。

可见，（C）条款仅对意外事故所致损失承保，对自发灾害造成的损失不予负责。

2. 其他内容

在其他方面，（C）条款与（B）条款一致。

除以上（A）、（B）、（C）条款外，其他保险条款还有战争险条款、罢工险条款、附加险条款、特种货物保险条款。

第二节　国际陆、空运输风险与保险

一、国际陆运货物风险与保险

国际货物陆上运输，主要有经铁路的火车运输和经公路的汽车运输两种方式。这种运输方式适用于陆路相通的毗邻国家之间的贸易。

陆上运输主要包括铁路运输和公路运输两种，其运输工具主要是火车和汽车。采用人口和牲口驮运的运输不属于保险范围。陆上运输保险的基本险别分为陆运险、陆运一切险以及陆运冷藏货物险。在附加险种中，陆运险与海运险基本一致。

（一）陆运险与陆运一切险

1. 陆运险与陆运一切险的责任范围

陆运险的承保责任范围与《海洋运输货物保险条款》中的"水渍险"相似。保险人负责赔偿被保险货物在运输途中受暴风、雷电、洪水、地震等自发灾害，或因运输工具遭受碰撞、倾覆、出轨，或在驳运过程中因驳运工具遭受搁浅、触礁、沉没、碰撞，或因遭受隧道坍塌、崖崩、失火、爆炸等意外事故所造成的全部或部分损失。此外，对遭受承保范围内危险的货物采取抢救、防止或减少货损的措施而支付的合理费用，保险人也负责赔偿，但以不超过该批被救货物的保险金额为限。

陆运一切险的承保责任范围与《海洋运输货物保险条款》中的"一切险"或《协会货物保险条款》（Ａ）条款相似。陆运险与陆运一切险的除外责任与海洋运输货物的除外责任基本相同。

2. 陆运险与陆运一切险的保险期限

陆上运输货物保险的责任起讫也采用"仓至仓"原则，与海运货物一致。陆上运输货物的索赔时效为：从被保险货物在最后目的地车站全部卸离车辆后起算，不超过两年。

（二）陆运冷藏货物险

1. 承保责任范围

陆运冷藏货物险是陆上运输货物险中的一种专门保险。其主要责任范围除负责陆运险所列举的自发灾害和意外事故所造成的全部或部分损失外，还负责赔偿因冷藏机器或隔离设备在运输途中损坏所造成的被保险货物解冻、融化而腐败的损失。

2. 保险期限

陆运冷藏货物险的责任自被保险货物离开保险单所载启运地点的冷藏仓库，装入运送工具开始运输时生效，包括正常陆运和其有关的水上驳运在内，直至货物到达目的地收货人仓库为止。

3. 陆运货物战争险

陆运货物战争险是陆上运输保险的一种附加险，只有投保了陆运险或陆运一切险，经过投保人与保险人协商后方可加保。这种加保只针对火车运输方式。

二、国际空运货物风险与保险

航空运输业发展较快，但空运险业务历史不长，迄今尚未形成完整独立的体系。国际空运货物保险，与海上货物运输一样，也包括相应的空运风险、空运损失和空运费用，物流公司可以投保相应的航空运输险。我国空运货物险主要有航空运输险和航空运输一切险。

（一）责任范围

航空运输险的承保责任范围与《海洋运输货物保险条款》中的"水渍险"大致相同。航空运输一切险的责任范围除航空运输险的全部责任外，保险公司还负责赔偿被保险货物因被偷窃、短量等外来原因所造成的全部或部分损失。航空运输险和航空运输一切险的除外责任与《海洋运输货物保险条款》的除外责任基本相同。

（二）保险期限

空运货物的两种基本险的保险责任也采用"仓至仓"条款，但与海洋运输的"仓至仓"责任条款有下列不同之处：

（1）如果货物运达保险单所载明目的地而未运抵保险单所载明的收货人仓库或储

存处所，则以被保险货物在最后卸载离飞机后满 30 天为止。

（2）因被保险人无法控制的运输延迟、绕道、被迫卸货、重新装卸、转运或承运人运用运输合同所赋予的权限所做的任何航线上的变更或终止运输契约，致使被保险人货物运到非保险单所载目的地时，在被保险人及时将获知的情况通知保险人并在必要时加缴保险费的情况下，保险仍继续有效。

第三节　其他国际货运风险与保险

一、国际邮包货运风险与保险

邮包运输货物保险是保险人承保邮政包裹在运输途中因自发灾害、意外事故或外来风险所造成的对包裹里物体的损失。由于邮包运送可能会同时涉及海陆空三种运输方式，因此保险人在确定承保责任范围时，必须考虑这三种运输风险。我国邮包运输货物保险可分为基本险和附加险，前者以邮包保险为主，后者包括邮包战争险。

（一）邮包保险

邮包保险属于邮政包裹保险中的基本险，包括邮包险和邮包一切险。

（1）邮包险的责任范围。邮包险的承保责任范围是被保险邮包在运输途中因恶劣气候、雷电、海啸、地震、洪水、自发灾害，或因运输工具搁浅、触礁、沉没、碰撞、出轨、倾覆、坠落、失踪，或因失火和爆炸等意外事故造成的全部或部分损失。另外，邮包险还负责被保险人对采取抢救货物，防止、减少货损的措施而支付的合理费用。

（2）邮包一切险的责任范围。邮包一切险的承保责任范围除包括上述邮包险的全部责任外，还负责被保险邮包在运输途中因一切险外来原因所致的全部或部分损失。

（二）邮包战争险

邮包战争险是邮包保险的一种附加险，只有在投保了邮包险或邮包一切险的基础上，经过投保人与保险人协商，方可加保。

二、管道运输保险

管道运输是使用管道运输液体物质的一种运输方式。目前，管道运输已形成了独立的技术门类和工业体系。管道运输所输送的货物主要是油品（原油和成品油）、天然油（包括油田）、天然气、煤浆以及其他矿浆。这些货物的管道运输，需要投保相应货物的管道运输险，如投保油气管道运输综合保险、扩展油气盗抢保险或扩展污染责任保险等附加险。

第四节　国际物流风险管理与投保

一、国际物流风险投保

在国际物流中，无论是进口货物还是出口货物，都涉及风险管理与投保的问题。

一般而言，国际物流风险管理过程包括风险评估、险别选择、投保人投保、保险人承保签发保单、保险索赔和理赔六个环节。因此，投保人和被保险人需要评估风险，选择投保险别，掌握投保技术，熟悉承保手续和保单种类，明确索赔方式。

（一）选择投保险别

在不同险别下，保险人的承保责任范围各不相同，保险费率也不相同。例如，在《海洋运输货物保险条款》中，平安险的责任最小，水渍险次之，一切险最大，与之对应，保险费率也相应增加。《协会货物保险条款》的（A）、（B）、（C）条款中，（A）条款的责任最大，（B）条款次之，（C）条款最小，费率也逐渐降低。另外，投保人也可以根据货物特点投保其他附加险和特保险。

投保人在选择险别时应根据货物特点，在险种和投保费率之间进行权衡，既要使货物得到充分保障，又要尽量节约保险费的支出，降低成本。

（二）选择合适的保险人

保险人的资信会直接影响损失发生时被保险人能否及时、足额得到补偿。选择保险人时应主要考虑：①保险人的经济实力和经营的稳定性；②保险商品的价格是否合理；③保险公司的理赔情况；④保险公司提供的服务。保险公司处理索赔是否公平、及时，是投保人选择保险人的一个重要影响因素。一些保险公司的展业承诺与理赔处理做法存在很大差异，这需要投保人在投保时进行多方比较，了解保险公司的理赔情况，选择资信较好的保险公司。

投保人需要了解保险公司保前、保中、保后的服务状况，评估保险人能否在保前提供全面、客观的有关保单的咨询；投保后，投保人的合理要求能否得到满足；保险标的受损后，保险理赔是否迅速、合理等。投保人应选择服务水平高、服务态度好的保险公司。

（三）保险金额的确定

保险金额是被保险人对保险标的实际投保金额，是保险人承担保险责任的标准和计收保险费的基础。在货物发生保险责任内的损失时，保险金额就是保险人赔偿的最高限额。因此，投保人投保运输货物保险时，一般应按保险价值向保险人申报保险金额。

海运货物保险一般是按 CIF 或 CIP 发票金额加一成（加成 10%）计算的，这主要是为了在货物发生损失时，不仅可以让货物的损失获得补偿，而且可以让已经支出的运费和保险费获得补偿。

保险金额的计算有两种情形：

（1）已知 CIF 下价格和加成率，计算保险金额。

$$保险金额 = CIF 价格 \times （1 + 加成率）$$

（2）如果已知 CFP 价格，则应把 CFP 价格按成本 CIF 价格，再加成计算保险金额，换算公式如下：

$$CIF 价格 = CFR 价格 \div [1 - 保险费率 \times （1 + 保险加成率）]$$

（四）投保手续

我国投保海运货物险应以书面方式订立合同关系，即投保单。从保险合同的成立来看，投保人填写的投保单是合同成立的要约，是投保人与保险人权利义务确定的依据。投保人必须准确、真实地填写保单下列项目：被保险人名称、标记、包装数量、货物名称、保险价值、保险金额、船名或装运工具、开船日期、提单或运单号码、航程或路程、航次、航班、发票号码和合同号码、承保险别、赔付地点、投保日期，以及投保签章企业的名称、电话等。

（五）投保方式

1. 进口货物的投保方式

按 FOB、FCA 或 CFR、CPT 价格成交的进口货物，货物的运输保险由国内买方办理投保，投保的方式有以下两种：

（1）订立预约保险合同。保险人填写"国际运输预约保险起运通知书"，保险公司依据此通知书作为投保人投保依据，代替保险单。

（2）逐笔办理保险。这种方式适用于不经常有货物进口的单位。

进口方在接到国外出口方的装船通知或发货通知后，应立即填写"装货通知"或投保单，注明有关保险标的物的内容、装运情况、保险金额和险别等交保险公司，保险公司接受投保后签发保险单。

2. 出口货物投保方式

按 CIF 和 CIP 条件成交的出口货物，由出口企业向当地保险公司逐笔办理投保手续。出口企业应根据合同或信用证规定，在备妥货物并确定装运日期和运输工具后，按约定的保险险别和保险金额，向保险公司投保。投保时，出口企业应填制投保单并支付保险费，保险公司凭此出具保险单或保险凭证。投保的日期应不迟于货物装船的日期，若合同没有明确规定投保金额，则应按 CIF 或 CIP 价格加成 10%。

保险单证是主要的出口单据之一。保险单证所代表的保险权益经背书后可以转让。卖方在向买方（或银行）交单前，应先行背书。

二、国际物流风险承保

承保业务中，保险人必须对投保人及相关因素进行充分评估，确定相应风险、成本与收益。一般来讲，承保工作包括风险因素的评估、保险单的编制、费率的确定、危险的控制与分散等。

（一）风险因素的分析评估

保险公司接到投保人的货运保险投保申请后要进行选择评估，以使保险费收入和承担的风险达到平衡。在评估中，保险公司要考虑的风险因素主要有货物的性质和特点、货物的包装、运输工具、运输路线及停滞港、运输季节、投保险别及投保人资信等。

（二）保险单的编制、批改和转让

1. 保险单的编制

保险单是保险公司根据投保人提供的投保单的内容而制作的，与投保人对保险的要求一致。保险单的构成要件包括以下内容：保险公司名称、保险单名称、保险单号次、被保险人的名称、发票号、包装及数量、保险货物项目、保险金额、保费、装载运输工具、开航日期、运输起讫地、承保险别，以及保险公司在目的地的检验、理赔代理人名称及详细地址、电话号码，赔款偿付地点、保单签发日期及保险公司代表签名。

2. 保险单的批改

在保单签发后，在货物运输过程中，可能遇到某些意外情况，如承运人根据运输合同赋予的权利改变航行路线、变更目的地、临时挂靠非预定港口或转船等，这些新的变化要求对保险单的内容进行变更或修改。

投保人或被保险人如果需要对保险单进行变更和修改，应提出书面申请。在保险条款规定范围内，保险人一般会予以批准。如果扩大保险范围，在追加保险条件下，保险人也可能予以批准。保险人批改保险单一般采用签发批单的方式进行。

3. 保险单的转让

保险单的转让是指保单持有人将保险单所赋予的要求损失赔偿的权利及相应的诉讼权转让给受让人，也即保险单权利的转让。转让保险单一般采用空白背书的方式办理。

（三）保险费的计算

投保人以支付保险费为代价换取受保险的权利。保险费既是保险公司经营业务的基本收入，也是保险公司用以支付保险赔偿的保险基金的主要来源。

货物运输险的保险费是以货物的保险金额和保险费率为基础计算的，其计算公式如下：

$$保险费 = 保险金额 \times 保险费率$$

（四）货运保险的承保方式

我国货物运输保险业务的承保方式分为直接业务、代理业务和预约统保业务三种。直接业务是由保险公司业务员直接接受投保人的投保申请并签发保险单的业务。代理业务是由保险代理人接受投保人的申请、并签发保单的业务。预约统保业务是保险公司和保户预先签订保险合同，根据此合同，保险公司对保户所有运输货物负有自动承保责任的业务。

第五节　国际物流保险索赔与理赔

对于国际物流货物在运输途中或仓储过程中遭受的损失，被保险人（投保人或保险单受让人）可向保险公司提出索赔，保险公司按保险条款所规定的责任进行理赔。

一、保险索赔

索赔主要程序如下：

1. 损失通知

被保险人获悉货损后，应立即通知保险公司或保险单上指明的代理人。后者接到损失通知后应立即采取相应的措施，如检验损失、提出施救意见、确定保险责任和签发检验报告等。

2. 向有关方面提出索赔

被保险人除向保险公司报损外，还应向承运人及有关责任方（如海关、理货公司）索取货损货差证明，如属承运人等方面责任的，应及时以"索赔函"形式提出索赔。

3. 采取合理施救措施

被保险人应采取必要的措施以防止损失的扩大，保险公司对此提出处理意见的，应按保险公司的要求办理。所支出的费用可由保险公司负责，但应与理赔金额之和不超过该批货物的保险金额为限。

4. 备妥索赔单证，提出索赔要求

索赔单证除正式的索赔函以外，应包括保险单证、运输单据、发票，以及检验报告、货损货差证明等。保险索赔的时效一般为 2 年。

5. 代位求偿

有时保险标的所遭受的损失是由第三人的行为引起的，被保险人当然有权利向肇事者就其侵权行为进行索赔。由于海事诉讼往往牵涉许多方面，诉讼过程旷日持久，保险人为方便被保险人，就按照保险合同的约定先行赔付，同时取得被保险人在标的物上的相关权利，代被保险人向第三人进行索赔。这种在国际海运保险业务中普遍存在的行为称为代位求偿。例如，同属于被保险人的两艘船相撞，即使全部责任应由另一艘船舶承担，保险人也无权起诉。为保证代位求偿的真正实现，被保险人应当向保险人提供必要的档和其所知道的情况，并尽力协助保险人向第三人追偿。

二、保险理赔

索赔与理赔是保险事故发生时一个问题两个角度的法律用语。索赔是被保险人依据保险合同所享有的重要权利，当保险标的发生保险合同项下的保险事故造成损失或对此损失负有责任时，被保险人有权向保险人要求赔偿或追偿。理赔是保险人在知悉发生保险事故并调查确认法律责任归属后，审查索赔材料，做出赔付、部分赔付或拒赔等决定的法律行为。理赔既是保险人应尽的保险义务，也是保险人完善经营管理的重要措施。

有关保险人理赔的程序和时限以及拒绝理赔通知、说明义务，《中华人民共和国保险法》（以下简称《保险法》）第二十三条规定：保险人收到被保险人或者受益人的赔偿或者给付保险金的请求后，应当及时作出核定；情形复杂的，应当在三十日内作出核定，但合同另有约定的除外。保险人应当将核定结果通知被保险人或者受益人。《保险法》第二十四条还进一步规定，保险人依照本法第二十三条的规定作出核定后，对不属于保险责任的，应当自作出核定之日起三日内向被保险人或者受益人发出拒绝赔偿或者拒绝给付保险金通知书，并说明理由。

一般来说，理赔的主要程序包括：损失通知、查勘检验、核实保险案情、分析理赔案情、确定责任、计算赔偿金额、支付保险赔偿。

课后思考

1. 什么是物流金融？如何进行风险管理？
2. 我国海运保险的除外责任包括哪些内容？
3. 国际空运保险有哪些险别？
4. 全损和推定全损有何区别？
5. 国际物流保险索赔有哪些主要程序？

第十一章

通关管理与保税政策

■**学习目标**

了解国际物流报关报检的基本概念以及货物报关报检的范围；

了解海关对进出口货物监管的范围；

掌握国际货物报关报检业务的基本程序；

掌握进出口税费的计算。

《关于推动物流高质量发展 促进形成强大国内市场的意见》指出，要深入推进通关一体化改革，建立现场查验联动机制，推进跨部门协同共管，鼓励应用智能化查验设施设备，推动口岸物流信息电子化，压缩整体通关时间，提高口岸物流服务效率，提升通道国际物流便利化水平。

第一节　国际物流报检报关概述

国际物流报检报关，不仅包括对进出口商品的报检报关，而且包括对出入境物流运载工具和设备状况的报检报关。对进出口商品的报检报关，只是国际物流报检报关的重要组成部分，但并不是全部。国际物流的报检报关，除了进出口商品的报检报关外，还有对船舶、集装箱、托盘和包装材料、包装状况、配载等有关物流要素的报检或报关。

一、国际物流检验的概念

国际物流检验，通常也称进出口商品检验，但它的含义不仅包括对进出口商品的检验，而且包括对出入境商品物流运载工具和设备状况的检验。进出口商品检验又简称商检，是由国家设置的检验管理机构，或由经政府注册批准的第三方民间公证鉴定机构，对进出口商品的质量、数量、重量、包装、安全、卫生、检疫以及装运条件等进行的检验、鉴定和管理工作。商检工作属于现代国际贸易的一个重要环节。所谓对装运条件的检验，就是指对出入境物流运载工具和设备状况的检验。

二、国际物流报检

（一）报检的概念

报检是指申请人按照法律、法规或规章的规定向检验检疫机构报请检验检疫工作的手续，报检也被称为报验。凡属检验检疫范围内的进出口商品，都必须报检。检验检疫机构接受申请人报检，是检验检疫工作的开始。

（二）报检范围

出入境检验检疫的报检范围主要包括四个方面：出入境法定检验检疫、出入境鉴定业务、对外贸易合同规定检验检疫的货物、其他检验检疫业务。具体的检验内容包括以下七个方面：

1. 进出口商品检验

凡列入《出入境检验检疫机构实施检验检疫的进出境商品目录》的进出口商品和其他法律法规规定须经检验的进出口商品，必须经过出入境检验检疫部门或其指定的检验机构检验。进出口商品检验包括商品质量、数量和重量的检验。

2. 进口商品安全质量许可检验

国家对涉及安全、卫生和环保要求的重要进口商品实施进口商品安全质量许可制度，并公布《实施安全质量许可制度的进口商品目录》。列入目录的商品须获得海关总署批准后方能进入中国。

3. 出口商质量许可检验

国家对重要出口商品实行质量许可制度，出入境检验检疫部门单独负责或会同有关主管部门共同负责发放出口商质量许可证的工作，未获得质量许可证书的商品不准出口。

4. 出口商品装运技术检验

（1）船舱检验，以确认其对所装货物的适载性。

（2）集装箱鉴定，即对装运易腐烂变质食品的集装箱实施强制性检验，以保证出口食品的卫生质量。

（3）对其他进出口集装箱，凭对外贸易关系人的申请办理鉴定业务。

（4）积载鉴定，即对出口商品装载情况进行鉴定。

（5）监视装载，即对装运出口货物的船舱、集装箱进行检验，以确认其适货性，同时审核承运人的配载计划是否符合货运安全的需要，监督承运人按商品的装载技术要求进行装载，并出具监视装载证书。

5. 出入境动植物检疫

依照《中华人民共和国进出境动植物检疫法》，对进出境、过境的动植物、动植物产品和其他检疫物，装载动植物、动植物产品和其他检疫物的装载容器、包装物及来自动植物疫区的运输工具，依法实施检疫。

6. 出入境卫生检疫

依照《中华人民共和国国境卫生检疫法》，出入境的人员、交通工具、集装箱、运输设备、尸体、骸骨以及可能传播检疫传染病的行李、货物、邮包等必须接受卫生检疫，经卫生检疫机关许可，方准入境或出境。

7. 进出口商品鉴定

进出口商品鉴定业务，须凭申请办理，不属于强制性检验范围。检验机构根据对外贸易关系人的委托，办理进出口商品鉴定业务、签发各种鉴定证书，供申请单位作为办理商品交接、结算、计费、通关、索赔等的有效凭证。如进出口商品质量鉴定（质量、数量、重量等）、装运技术条件鉴定（船舱检验、监视装载、积载鉴定等）、集装箱鉴定（装箱鉴定、拆箱鉴定、承租鉴定、测温鉴定等）。

（三）出入境检验检疫机构

出入境检验检疫机构，是主管出入境卫生检疫、动植物检疫、商品检验、鉴定、认证和监督管理的行政执法机构。在我国国家机构改革后，其出入境检验检疫管理职责和队伍由原来的国家质量监督检验检疫总局划入海关总署。海关总署主管检验检疫的职能部门包括卫生检疫司、动植物检疫司、商品检验司和进出口食品安全局。海关总署还下辖各地的海关机构，实行垂直管理体制。

除海关总署外，我国还有为进出口贸易提供检验服务的中介组织，如中国进出口商品检验总公司，该公司经国务院批准成立，是国家指定的实施进出口商品检验和鉴定业务的检验实体，它的性质属于民间商品检验检疫机构，其在全国各省份设有分支机构。

三、报关

（一）海关的概念

海关是国家设在进出境口岸的监督机关，在国家对外经济贸易活动和国际交往中，海关代表国家行使监督管理的权利。海关的监督管理职能，保证国家进出口政策、法律、法令的有效实施，维护国家的权利。

中华人民共和国海关总署为国务院的直属机构，统一管理全国海关，负责拟定海关方针、政策、法令、规章。国家在对外开放口岸和海关监管业务集中的地点设立海关。海关的隶属关系，不受行政区划的限制，各地海关依法行使职权，直接受海关总署的领导，向海关总署负责，同时受所在省份人民政府的监督和指导。

《海关法》是我国海关的基本法规，也是海关工作的基本准则。海关依照《海关法》维护国家主权和利益，促进对外经济贸易和科技文化的交流与发展。

（二）海关监管进出境货物的范围

凡应受海关监管的进出境货物和物品，统称海关监管货物。

海关监管货物主要包括：进出口贸易货物、进口保税货物、寄售代销、展销、维修、租赁的进口货物；来料加工、来件装配、来样加工、补偿贸易和合作以及合资经营进口的料件、设备及出口的产成品；过境货物、转运货物、通运货物；进出口展览品、礼品、样品、广告品和进口捐赠物资等。

海关监管货物的范围是：进口货物自进境起，到海关放行止；出口货物自向海关申报起，到出境止；加工装配、补偿贸易进口的料件、设备，生产的产成品以及寄售代销、租赁、保税货物自进境起，到海关办妥核销手续止；过境货物、转运货物、通运货物自进境起，到出境止。

（三）报关的概念

报关是履行海关进出境手续的必要环节之一，是进出境运输工具的负责人、货物和物品的收（发）货人或其代理人，在通过海关监管口岸时，依法进行申报并办理有关手续的过程。国际贸易和国际交流、交易活动往往都是通过运输工具、货物、物品的出入境来实现的。《海关法》规定："进出境运输工具、货物、物品，必须通过设立海关的地点进境或出境。"因此，从设关地进出境并办理规定的海关手续既是运输工具、货物、物品进出境的基本规则，也是进出境运输工具负责人、进出口货物收发人、进出境物品的所有人应履行的一项基本义务。

（四）报关的范围

按照《海关法》的规定，所有进出境运输工具、货物、物品都需要办理报关手续。报关的具体范围包括进出境运输工具、进出境货物和进出境物品。

第二节　国际货物报检业务

国际货物报检业务必须严格遵循进出口货物报检的规定和业务程序。目前，我国进出口货物报检业务的基本程序主要包括报检、抽样、检验和领取证书四个环节。

一、报检

进出口报检是指对外贸易关系人向检验检疫机构申请检验。凡属检验检疫范围内的进出口商品，都必须报检。

（一）报检的时限和地点

根据国家出入境检验检疫的有关规定，各地出入境检验检疫机构的检务部门是受理报检、签证放行和计费工作的主管部门，统一管理出入境检验或申报、计费、签证、放行、证单、签证印章等工作。出境货物最迟应于报关或装运前一周报检，对于个别检测周期较长的货物，应留有相应的实验室工作时间。对于报检30天仍未联系检验检疫事宜的，按自动撤销报检处理。

（二）报检的范围

（1）国家法律法规规定必须由检验检疫机构检验检疫的。

（2）输入国家或地区规定必须凭检验检疫机构出具的证书方准入境的。

（3）有关国际条约规定经检验检疫的。

（4）申请签发普惠制原产地证或一般原产地证的。

（5）对外贸易关系人申请的鉴定业务和委托检验。

（6）对外贸易合同、信用证规定由检验检疫机构或官方机构出具证书的。

（7）未列入《出入境检验检疫机构实施检验检疫的进出境商品目录》的入境货物经收、用货单位验收发现质量不合格或残损、短缺，须国家检验检疫机构出证索赔的。

（8）涉及出入境检验检疫内容的司法和行政机关委托的鉴定业务。

（9）报检单位对国家检验检疫机构出具的检验检疫结果有异议的，可申请复验。

报检人在报检时应填写规定格式的报检单，加盖报检单位印章，提供与出入境检验检疫有关的单证资料，并按规定缴纳检验检疫费。

二、抽样

检验检疫机构接受报检后，须及时派人到存货堆存地点进行现场检验鉴定。其内容包括货物的数量、重量、包装、外观等项目。现场检验一般采取国际贸易中普遍使用的抽样法（个别特殊商品除外）。抽样时须按规定的抽样方法和一定的比例随机抽样，以便样品能代表整批商品的质量。

为了切实保证抽样工作的质量，同时又要确保便于对外贸易，工作人员必须针对不同商品的不同情况，灵活地采用不同的抽样方式。常用的抽样方式有以下几种：生产过程中抽样；包装前抽样；出厂、进仓时抽样；登轮抽样；甩包抽样；翻垛抽样；装货时抽样；开沟抽样；流动间隔抽样。

三、检验

我国《进出口商品免验办法》规定，凡列入《商检机构实施检验的进出口商品种类表》和其他法律、行政法规规定须经商检机构检验的进出口商品，经收货人、发货人（以下简称"申请人"）申请，国家商检部门审查批准，可以免予检验。具体来说，凡具备下列情况之一者，申请人可以申请免验：

（1）在国际上获质量奖（未超过三年时间）的商品。

（2）经国家商检部门认可的国际有关组织实施质量认证，并经商检机构检验质量长期稳定的商品。

（3）连续三年出厂合格率及商检机构检验合格率100%，并且没有质量异议的出口商品。

（4）连续三年商检机构检验合格率及用户验收合格率100%，并且获得用户良好评价的出口商品。

（5）对进出口一定数量限额内的非贸易性物品和进出口展品、礼品及样品，申请人凭有关主管部门批件、证明及有关材料，也可申请免验和办理放行手续。

办理申请进出口商品免验、放行的基本程序如下：

（一）提出申请

凡要求免验且符合上述前四项条件的进出口商品，由申请人向国家商检部门提出书面申请。申请时，须提交下列材料：

（1）申请书。

（2）经填写的免验申请表（由国家商检部门提供）。

（3）有关证件，包括获奖证书、认证证书、合格率证明、用户反映、生产工艺、内控质量标准、检测方法及对产品最终质量有影响的有关档资料。

（4）所在地及产地商检机构的初审意见（限免验的出口商品）。

（二）专家审查

国家商检部门受理申请后，组织专家审查组对申请免验的商品以及其制造工厂的生产条件和有关资料进行审查，并对产品进行抽样测试。

（三）批准发证

专家审查组在审查及对产品检验的基础上，提出书面审查报告。国家商检部门批准后，发给申请人免验证书，并予公布。

（四）办理放行

获准免验进出口商品的申请人，凭有效的免验证书、合同、信用证及该批产品的厂检合格单和原始检验记录等，到当地商检机构办理放行手续，并缴纳放行手续费。对需要出具商检证书的免检商品，商检机构可凭申请人的检验结果，核发商检证书。

对于进出口一定数量限额内的非贸易性物品（无偿援助物品，国际合作、对外交流和对外承包工程所需的自用物品，外交人员自用物品，主要以出境旅客为销售对象的免税店商品，进出口展品、礼品和样品），申请人可凭人民政府有关主管部门或者国务院有关主管部门的批件、证明及有关材料，直接向国家商检部门申请核发免验批件，并按上述规定到商检机构办理放行手续。其中，对于进出口展品、礼品和样品，可由当地商检机构凭申请人提供的有关证明批准免验，并办理放行手续。

四、领取证书

对于出口商品，经检验部门检验合格后，报检员可以领取出境货物通关单并凭其进行通关。若合同、信用证规定由检疫部门出具，或国外要求取得检验证书，则应根据规定签发所需证书。

对于进口商品，经商检机构检验后凭签发的入境货物通关单进行通关。凡由收、用货单位自行验收的进口商品，如发现问题，应及时向检验检疫机构申请复验。如复验不合格，检验检疫机构即签发检验证书，以供对外索赔。

第三节　国际货物报关业务

国际货物的进出口报关必须严格按照国家海关监管部门的规定和业务程序进行。报关业务的基本程序是申报、海关查验、缴纳税费、提取或装运货物。

一、申报

申报是指进口货物的收货人、出口货物的发货人或其代理人在进出口货物时，在海关规定的期限内，以书面或电子数据交换（EDI）方式向海关报告其进出口货物的情况，随附有关货运和商业单据，申请海关审查放行，并对所报告内容的真实准确性承担法律责任的行为，即通常所说的"报关"。申报是进出口货物通关的第一个环节，也是关键的环节。

根据《海关法》规定，进口货物的报关期限为自运输工具申报进境起14日内。进口货物的收货人或其代理人超过14日期限未向海关申报的，由海关征收滞报金。滞报金的日征收金额为进口货物到岸价格的0.5%。进口货物滞报金期限的算起日为运输工具申报进境之日起第15日。邮运的滞报金算起日为收件人接到邮局通知之日起第15日；转关运输滞报金算起日有两个：一是运输工具申报进境之日起第15日，二是货物运抵指运地之日起第 15 日。两个条件满足一个即征收滞报金，如果两个条件均满足则要征收两次滞报金。进口货物自运输工具申报进境之日起超过三个月还没有向海关申报的，其进口货物由海关提取并进行变卖处理。如果属于不宜长期保存的，海关可根据实际情况提前处理。变卖后所得价款在扣除运输、装卸、储存等费用和税费后尚有余款的，自货物变卖之日起一年内，经收货人申请，予以发还，逾期无人申领的，上缴国库。

申报步骤包括接受报关委托、准备报关单证、报关单预录入、递单和海关审单。

（一）接受报关委托

当进出口货主需要物流公司代理报关时，物流公司应要求其出具报关委托书。委托书应载明委托人和被委托人双方的企业名称、海关注册登记编码、地址、法定代理人姓名以及代理事项、权限、期限、双方责任等内容，并加盖双方单位的公章。

（二）准备报关单证

在向海关办理报关手续前，应准备好报关必备的单证。报关单证可分为基本单证、特殊单证、预备单证三种。

1. 基本单证

基本单证是指与出口货物报关单及其相关的商业和货运单证，主要包括发票、装箱单、提（装）货凭证或运单、包装单、出口收汇核销单、海关签发的出口货物减税或免税证明。

2. 特殊单证

特殊单证是指国家有关法律法规规定实行特殊管制的证明，主要包括配额许可证管理证件（如配额证明、进出口货物许可证等）和其他各类特殊管理证件（如机电产品进口证明档，商品检验、动植物检疫、药品检验等主管部门签发的证件等）。

3. 预备单证

预备单证是指在办理进出口货物手续时，海关认为必要时需要查阅或收取的证件，主要包括贸易合同、货物原产地证明、委托单位的工商执照证书、委托单位的账册资料及有关单证。

一般来说，进口货物报关需要提供以下单证：

（1）由报关员自行填写的或由自动化报关预录入后打印的报关单。

（2）进口货物属于国家限制或控制进口的，应交验商务管理部门签发的进口货物许可证或其他批准档。

（3）进口货物的发票、装箱清单。

（4）进口货物的提货单（或运单）。

（5）减税、免税或免验的证明档。

（6）对实施商品检验、文物鉴定、动植物检疫、食品卫生检验或其他受管制的进口货物，还应交验有关主管部门签发的证明。

（7）海关认为必要时，需要调阅的贸易合同、原产地证明和其他有关单证、账册等。

（8）其他有关档。

出口货物报关时需要提供以下单证：

（1）由报关员自行填写的或由自动化报关预录入后打印的报关单一式多份，其所需份数根据各部门需要而定，出口退税时加填一份黄色出口退税专用报关单。

（2）出口货物属于国家限制出口或配额出口的，应提供许可证件或其他证明档。

（3）货物的发票、装箱清单、合同等。

（4）商检证明等。

（5）对方要求的产地证明。

（6）出口收汇核销单（指创汇企业）。

（7）其他有关档。

（三）报关单预录入

报关单预录入工作一般要满足以下条件：

（1）报关单位和报关数据录入服务单位须经海关批准方可负责电子数据录入工作。

（2）数据录入单位对录入电子计算机的报关单据的完整性和准确性承担责任。

（四）递单

报关单位在完成报关单的预录入后，应将准备好的报关随附单证及按规定填制好的进出口货物报关单正式向进出口口岸海关递交申报。

（五）海关审单

海关审单是指海关工作人员通过审核报关员递交的报关单及其随附有关单证，检查判断进出口货物是否符合《海关法》和国家的有关政策、法令的行为。海关审单的主要工作任务包括以下六个方面：

（1）检查判断报关企业及其报关员是否具备报关资格，有关证件是否合法有效。

（2）检查判断报关时限是否符合海关规定，确定是否征收滞报金。

（3）检查判断货物的进出口是否合法。凡符合国家有关对外贸易法律法规的即为合法进出；凡逃避海关监管，违反国家有关对外贸易法律、法规的，即为非法进出。

（4）检查判断报关单及其所附单证填制是否完整正确，单证是否相符、齐全、有效，为查验、征税、统计、放行和结关等工作环节提供必要、齐全、可靠的报关单证和数据。

（5）对通过计算机登记备案的加工贸易合同，要对有关加工贸易合同的每次进出口数据进行核对并在登记手册上登记。

（6）根据《中华人民共和国进出口关税条例》和国家其他有关的税收政策，确定进出口货物的征免性质。

二、海关查验

（一）海关查验的概念和方式

海关查验是指海关根据《海关法》确定进出境货物的性质、价格、数量、原产地、货物状况等与报关单上已申报的内容是否相符，对货物进行实际检查的行政执法行为。海关通过查验，核实有无伪报、瞒报、申报不实等走私、违规行为，同时也为海关的征税、统计、后续管理提供可靠的资料。

在海关查验时，进出口货物的收发货人或其代理人应当到场。海关查验的方式一般分为三种：

（1）彻底查验，即对货物逐件开箱（包）查验，将货物品种、规格、数量、原产地、货物状况等情况逐一与货物申报数据进行详细核对。

（2）抽查，即按一定比例对货物有选择地开箱（包）查验。

（3）外形核查，即对货物的包装、唛头等进行验核。

此外，海关还充分利用科技手段配合查验，如地磅和 X 光机等查验设施和设备。

海关认为必要时，可以依法对已经完成查验的货物进行复验，即第二次查验。在海关复验时，进出口货物收发货人或其代理人仍然应当到场，配合检查。

（二）海关查验的步骤

海关查验的一般步骤如下：接受查验通知、配合检查、确认查验结果和申请海关赔偿。进出口货物的收发货人或其代理人在海关查验时对货物是否受损坏未提出异议，事后发现货物有损坏的，海关不负赔偿的责任。

进出口货物的收发货人或其代理人申报海关赔偿时，应遵循以下流程：

1. 确定货物受损程度

海关进行查验造成货物损坏的，在场的货物存放场所的保管人员或者其他见证人应当与海关查验关员共同在海关查验货物、物品损坏报告书上签字。

2. 领取赔偿

进出口货物的收发货人或其代理人收到海关查验货物、物品损坏报告书后，可与海关共同协商确定货物受损程度；如有必要，可凭公证机构出具的鉴定证明来确定货物受损程度。赔偿金额确定以后，海关向进出口货物的收发货人或其代理人发出海关损坏货物物品赔偿通知书。进出口货物的收发货人或其代理人自收到通知书之日起三个月内凭其向海关领取赔偿。逾期要求赔偿的，海关不予受理。

三、缴纳税费

缴纳税费的一般步骤包括确定完税价格、计算关税、关税的申报、关税的缴纳、关税的退还五个环节。

（一）确定完税价格

进出口货物完税价格的确定，其实就是进出口成交价格的调整。进口货物与出口货物的价格构成要素有所不同。

1. 进口货物的完税价格

进口货物的完税价格是指以海关审定的成交价格为基础的到岸价格。它包括货价、货物运抵中华人民共和国关境内输入地点起卸前的运费、保险费和其他劳务费等费用。

（1）货价。货价指的是货物本身的价格，包括货物的生产成本和出口销售利润，基本上相当于货物的 FOB 价格。如果出口国对该货物征收出口税或手续费等费用，这些费用均应被包括在货价内。

（2）运费。进口货物的运费应当包括货物运抵中国关境内输入地点起卸前的运输费用。

（3）保险费。进口货物的完税价格中包括境外运输中实际支付的保险费。如果实际支付的保险费无法确定，可以根据该货物实际投保险种的保险费率，按下列公式直接计算出货物的 CIF 价格。当实际投保的险种或其保险费率也无法确定时，应根据有关保险机构确定的保险费费率（额）或按3%的保险费率，按下列公式直接计算出货物的 CIF 价格：

$$货物 CIF 价格 = （FOB 价格+运费）/ （1-保险费率）$$

如果旅客携带或邮寄进境的货物确实未支付保险费，则货物完税价格中同样也不应计入保险费。对于境内单位留购的进口货样、展览品和广告陈列品，基于上述运输费用同样原因，其保险费也不必计入货物完税价格。

（4）其他劳务费。凡未包括在有关货物价格中，在货物运抵中国关境内输入地点起前，为该货物进口而由买方支付的或由卖方支付后向买方收取的一切劳务费都应被包括在完税价格内。

除上述费用外，其他任何费用都不应计入货物的完税价格。如果货物的价格中包括了进口后发生的费用，如装卸、运输、仓储、保险等费用，海关应当从货物的价格中扣除。

2. 出口货物的完税价格

根据《中华人民共和国进出口关税条例》规定，出口货物应当以海关审定的货物售于境外的离岸价格除关税后的价格，作为完税价格。出口货物的价格构成要素与进口货物的价格构成要素完全不同，仅包括出口货物本身的价格。

（1）不应计入完税价格的费用。

①销售佣金。出口货物的价格中包括向销售代理人支付销售佣金的，向国外支付的销售佣金如果与货物价格分别列出，应从出口货物的价格中扣除。扣除的佣金应是实际支付的佣金。

②境外运输费。出口货物如果以包括货物国际运输运费的价格成交，价格中包括的实际支付的国际运输费应当予以扣除。计算扣除的运费时，应计算至出口货物装运出境的最后一个口岸。最后一个口岸是指出口货物被装上国际航行的运输工具的中国口岸。

③保险费。出口货物的价格若包括境外运输的保险费，则实际支付的保险费应予以扣除。当实际支付的保险费不能直接得到时，应以实际投保的险种的保险费率按下列公式直接计算 FOB 价格：

$$FOB 价格 = CIF 价格×（1-保险费率）-运费$$

按 CIF 价格加成投保的，应按下列公式直接计算 FOB 价格：

$$FOB 价格 = CIF 价格×（1-投保加成×保险费率）-运费$$

④出口税额。海关对出口货物征收关税应当以货物本身的价格，即货物在中国出口交货港口交货的价格为基础。如果出口货物采用包括出口关税的价格术语成交，则应当以出口货物的成交价格扣除应征出口关税后的价格作为货物的完税价格。其计算公式如下：

$$完税价格 = FOB 价格/ （1+出口关税税率）$$

出口货物离岸价格应以该项货物运离关境前的最后一个口岸的离岸价格为实际离岸价格。若该项货物从内地起运，则从内地口岸至最后出境口岸所支付的国内段运输费用应予以扣除。

（2）应当计入完税价格的费用。

货物的价格应包括货物的包装费。如果在出口货物价格之外，买方还另行支付货物的包装费，则应将其包装费计入货物价格。

（二）计算关税

应税货物的税则归类和进口货物原产地确定以后，即可根据应税货物的完税价格和适用税率来计算进出口货物的应纳关税税额。

从价关税税额的计算公式如下：

$$应纳关税税额=进出口货物完税价格×适用税率$$

从量关税税额的计算公式如下：

$$应纳关税税额=进口货物数量×单位税额$$

复合关税税额的计算公式如下：

$$应纳关税税额=从价关税税额+从量关税税额$$

（三）关税的申报

关税的申报是指海关根据纳税义务人对其进出境货品向海关进行的纳税申报，在审核、查验确认后做出征税决定的过程，也称申报纳税制。关税的纳税义务人或他们的代理人应在规定的报关期限内向货物进出境地海关申报，海关在对实际货物进行查验后，根据货物的税则归类和完税价格计算应纳关税和进口环节代征税费，填发税款缴纳证明。

（四）关税的缴纳

进出口货物的收发货人或者他们的代理人，应在海关填发税款缴纳证次日起七日内（星期日和节假日除外）向指定银行缴纳税款。逾期不缴的，除依法追缴外，由海关自到期之日起到缴清税款之日止，按日征收欠缴税款1%的滞纳金。关税缴纳有三种方法：现金缴纳、银行转账缴纳和贴印花税票缴纳。

中国关税的缴纳方式目前分为集中缴纳和分散缴纳两种。集中缴纳方式，是指应缴纳的关税由北京海关负责计征，通过中国银行营业部集中缴入中央金库并将缴纳的资金作为中央财政收入的方式。分散缴纳方式，是指应缴纳的关税在货物进出口地由当地海关就地征收，并通过地方中国银行将税款划入中央金库的方式。

（五）关税的退还

海关将原征收的全部或部分关税交还给原纳税义务人的行政行为被称为关税退还。在各国海关制度中，可以退还关税的情况大致有复进境退税、复出境退税和溢征退税三种。

1. 复进境退税制

当已经出境的货物在境外未经任何加工、制造或修配等作业，全部或部分按原状复运进境时，若该货物在出境时已完纳出口关税，则海关除不征收进口关税外，还准予退还其已纳出口关税。中国海关目前未实行复进境退税的制度，因某些原因原出境货物被退运而复进境，如果纳税义务人能证明进境货物确系退运的原出境货物，则海关可不征进口关税，但原征收的出口关税不能退还。

2. 复出境退税制

当已完纳进口关税的货物在境内经加工、制造、修理或储存后复运出境时，海关将其原已纳全部或部分进口关税退还给原纳税义务人。中国海关针对进料加工贸易项下某些不能按规定向海关办理核销手续的企业的货物适用该制度。实行加工贸易保证金台账管理制度以后，进料加工贸易项下的货物统一实行保证金台账管理，暂时停止适用该制度。

3. 溢征退税制

海关做出返还原溢征关税税额的决定的行政行为被称为溢征退税。根据《海关法》的规定，我国退还关税溢征的范围大致有以下几种：

（1）海关认定事实或适用法律错误或不适当。

（2）海关计征关税中出现技术性错误。

（3）海关核准免验的进口货物，税后发现有短缺情况，并不再补偿进口。

（4）进口货物征收关税后、海关放行前，发现国外运输或起卸过程中遭受损坏或损失、起卸后因不可抗力遭受损坏或损失、海关查验时发现非因仓库管理人员或货物所有人保管不当而导致货物破漏、损坏或腐烂，并不再无代价抵偿进口。

（5）海关放行后发现货物不符合规定标准，索赔不再无代价抵偿进口。

（6）已征出口关税的货物因故未能装运出口，申报退关。

（7）依法可以享受减免关税优惠，但申报时未能缴验有关证明，征税后补交有关证明。

当纳税人发生多纳税款时，可在规定的时间内由纳税人向海关申请退还多纳的税款。纳税人可自缴纳税款之日起一年内，书面申明理由，连同纳税收据向海关申请退税，逾期海关不予受理。

四、提取或装运货物

（一）提取货物和办理直接退运手续

1. 提取货物

进口货物的收货人及其代理人在依法办理了进口货物的申报、陪同查验和缴纳税费（或办理担保）等手续，获得海关放行后，便可以向海关领取签盖海关"放行章"的进口货物提货单、运单或特制的放行条。进口货物的收货人及其代理人凭海关签章的上述单证，到货物进境地的港区、机场、车站或其他地点的海关监管仓库或监管区提取进口货物。

进口货物的收货人及其代理人在取得海关放行，办结海关手续并提取货物以后，为了证明进口货物的合法性和有关手续的完备性，可以要求海关核发进口货物证明书。对属于付汇的进口货物，进口货物的收货人及其代理人在取得海关放行后，可以要求海关出具一份盖有海关"验讫章"的计算机打印报关单，以专门用于办理进口付汇核销手续。

2. 办理直接退运手续

直接退运是指进口货物所有人及其代理人在有关货物进境后海关放行前，由于各种原因依法向海关请求不提取货物而直接将货物全部退运境外的行为。直接退运的程序如下：

（1）进口货物的所有人及其代理人在规定的时限内向货物进境地海关书面提出直

接退运申请。

（2）经海关审批同意直接退运的货物，尚未向海关申报进口且退运在同一口岸办理的，进口货物的所有人及其代理人凭海关的一式两份审批单，同时向现场海关申报出口和申报进口，"贸易方式"栏都填"直接退运"。

（3）经海关审批同意直接退运的货物，尚未向海关申报进口且退运不在同一口岸办理的，进口货物的所有人及其代理人凭海关的一式两份审批单，先向出境地海关申报出口，再凭出境地海关的关封到进境地海关申报进口，"贸易方式"栏都填"直接退运"。

（4）经海关审批同意直接退运的货物，已申报进口组未放行的，进口货物的所有人及其代理人在办理"直接退运"的出口申报后，向进境地海关申请撤销进口申报的电子数据，再重新办理"直接退运"的进口申报。

（5）经海关审批同意直接退运的货物，进口货物的所有人及其代理人在办理直接退运的出口和进口申报时，不须验凭进出口许可证件，也无须缴纳税费及滞报金。

（二）装运货物和办理出口退关手续

1. 装运货物

出口货物的发货人及其代理人在依法办理申报、陪同查验、缴纳税费等手续，获得海关放行后，便可以向海关领取签盖海关"放行章"的出口货物装货单或运单或特制的放行条。出口货物的发货人及其代理人凭海关签章的上述单证之一，到货物出境地的港区、机场、车站或其他地点的海关监管仓库或监管区提取出口货物并将其装上运输工具运出。

出口货物的发货人及其代理人在取得海关放行，办结海关手续并装运货物后，为了证明出口货物的合法性和有关手续的完备性，可以要求海关出具出口货物证明书。对需要出口退税的货物，出口货物的发货人及其代理人在向海关申报时，增附一份浅黄色的出口退税专用报关单。在办结海关手续或装运货物后，向海关领取这份加盖有海关"验讫章"和海关审核出口退税负责人印章的报关单，以向税务机关申请退税。

2. 办理出口退关手续

出口退关是指出口货物的发货人及其代理人在向海关申报出口被海关放行后，因故未能将货物装上出境运输工具，请求将货物退运出海关监管区不再出口的行为。出口货物的发货人及其代理人应当在得知出口货物未装上运输工具并决定不再出口之日起的三天内向海关申请退关，经海关核准且撤销出口申报后方能将货物运出海关监管场所。对已缴纳出口关税的退关货物，可以在缴纳税款之日起一年内，提出书面申请，连同纳税收据和其他单证，向海关申请退税。

第四节　保税政策

综合保税区是开放型经济的重要平台，对发展对外贸易、吸引外商投资、促进产业转型升级等发挥着重要作用。按照规定，综合保税区在开展国际转口贸易、国际采购、分销和配送、国际中转、检测维修、商品展示、研发、加工等业务的同时，可以享受税收、贸易管制、保税监管和外汇管理四大方面的优惠政策。

一、保税区政策演变

1998 年，海关总署从国家制度层面确立了加工贸易保税制度。2012 年起，国务院整合优化现有保税区，并新增特殊监管区域并将其统一命名为"综合保税区"。2015 年开始，国家政策逐渐偏向于在原有的基础上拓展保税区的出口功能。2019 年以来，我国政策逐渐将重点放在推动综合保税区的发展上。

二、保税区规划类政策

1998 年以来，国务院和海关总署等多部门都陆续印发了支持、管理保税区的相关政策，内容涉及国际贸易、生产加工、物流仓储等内容。具体政策及重点内容解读如下：

（1）1998 年 5 月 6 日，海关总署颁布《中华人民共和国海关对进料加工进出口货物管理办法》，针对为加工出口商品而进口的料、件，海关按实际出口货物管理办加工复出口的数量，免征进口税、产品税（或增值税）。加工的成品出口，免征出口关税。这从国家制度层面确立了加工贸易保税制度。

（2）2012 年 4 月 30 日，国务院发布《关于加强进口促进对外贸易平衡发展的指导意见》，完善海关特殊监管区域和保税监管场所进口管理，鼓励企业在海关特殊监管区和保税物流中心设立采购中心、分拨中心和配送中心，促进保税物流健康发展；支持企业通过海关特殊监管区域和保税监管场所扩大相关商品进口。

（3）2012 年 11 月 2 日，国务院发布《关于促进海关特殊监管区域科学发展的指导意见》，整合优化现有保税区，并新增特殊监管区域"综合保税区"；完善保税等功能，规范税收政策，优化结转监管；拓展业务类型；鼓励在有条件的特殊监管区域开展研发、设计、创立品岸、核心元器件制造、物流等业务，促进特殊监管区域向保税加工、保税物流、保税服务等多元化方向发展。

（4）2012 年 12 月 1 日，国务院发布《关于印发服务业发展"十二五"规划的通知》，该政策促进保税物流中心向分拨中心、配送中心和采购中心发展；打造服务内地、连接港澳的商业服务中心、技术创新中心和教育培训基地，推动发展物联网等新兴产业，积极探索依托南沙保税港区建设大宗商品交易中心和华南重要物流基地，打造世界邮轮旅游航线著名节点。

（5）2014 年 9 月 25 日，国务院出台《关于依托黄金水道推动长江经济带发展的指导意见》，在基本不突破原规划面积的前提下，逐步将沿江各类海关特殊监管区整合为综合保税区，探索使用社会运输工具进行转关作业。在符合全国总量控制目标的前提下，支持具备条件的边境地区按程序申请设立综合保税区，支持符合条件的边境地区设立边境经济合作区和边境旅游合作区，研究完善人员免签、旅游签证等政策。

（6）2015 年 2 月 14 日，《国务院关于加快发展服务贸易的若干意见》出台，拟规划建设服务贸易功能区；拓展海关特殊监管区域和保税监管场所的服务出口功能，扩充国际转口贸易、国际物流、中转服务、研发、田际结算，分销、仓储等功能。

（7）2015 年 9 月 6 日，《国务院办公厅关于印发加快海关特殊监管区域整合优化方案的通知》正式发布，支持中西部和东北地区符合条件的大中城市设立综合保税区；推进海关特殊监管区域整合；促进海关特殊监管区域发展保税加工、保税物流和保税服务等多元化业务并优化贸易及监管方式。

（8）2016年1月4日，《国务院关于促进加工贸易创新发展的若干意见》实施，加快了海关特殊监管区域整合优化；促进了海关特殊监管区域发展保税加工、保税物流和保税服务等多元化业务。

（9）2019年1月25日，《国务院关于促进综合保税区高水平开放高质量发展的若干意见》出台，旨在打造加工制造中心、物流分拨中心、打造检测维修中心、打造销售服务中心，综合推动综合保税区高水平发展。

（10）2019年1月29日，海关总署颁发《关于支持综合保税区开展保税研发业务的公告》，经国家有关部门或综合保税区行政管理机构批准开展保税研发业务，能够对研发料件和研发成品实行专门管理的企也可在区内开展保税研发业务，并提出保税研发业务的相关要求。

（11）2019年4月29日，《海关总署、国家文物局关于优化综合保税区文物进出境管理有关问题的通知》正式发布要求创新综合保税区文物进出境服务，实施入区登记审核，缩短行政审批时限，便利文物进出境文化交流。

（12）2019年5月28日，《国务院关于推进国家级经济技术开发区创新提升打造改革开放新高地的意见》正式发布，要求提升开放型经济质量，支持符合条件的国家级经开发区申请设立综合保税区。

（13）2019年8月27日，《国务院办公厅关于加快发展流通促进商业消费的意见》正式发布，在综合保税区积极推广增值税一般纳税人资格试点，落实允许综合保税区内加工制造企业承接境内区外委托加工业务的政策；允许在海关特殊监管区域内设立保税展示交易平台。统筹考虑自贸试验区、综合保税区发展特点和趋势，扩大跨境电商零售进口试点城市范围，顺应商品消费升级趋势，抓紧调整扩大跨境电商零售进口商品清单。

（14）2019年10月12日，海关总署出台《关于综合保税区内开展保税货物租赁和期货保税交割业务》，在综合保税区内开展保税货物租赁和期货保税交割业务并说明设立货物租赁和期货保税交割业务的要求。

（15）2019年11月7日，《国务院关于进一步做好利用外资工作的意见》正式发布，要求提升开放平台引资质量；在确有发展需要且符合条件的中西部地区，优先增设一批综合保税区。

（16）2020年1月17日，《国务院办公厅关于支持国家级新区深化改革创新加快推动高质量发展的指导意见》正式发布，支持新区结合实际按程序复制推广自贸试验区改革创新经验；支持在确有发展需要、符合条件的新区设立综合保税区，建设外贸转型升级基地和外贸公共服务平台，推进关税保证保险改革；推动国际货运班列通关一体化，在有效监管、风险可控的前提下，研究依托内陆国家物流枢纽实行启运港退税的可行性。

（17）2020年5月13日，商务部、生态环境部、海关总署联合出台《关于支持综合保税区内企业开展维修业务的公告》。综合保税区内企业可开展航空航天、船轴、轨道交通、工程机械、数控机床、通信设备、精密电子等产品的维修业务。

（18）2020年7月17日，《国务院关于促进国家高新技术产业开发区高质量发展的若干意见》出台，支持符合条件的地区依托国家高新区按相关规定程序申请设立综合保税区。

（19）2020年11月9日，《国务院办公厅关于推进对外贸易创新发展的实施意见》实施，加大对加工贸易转型升级示范区和试点城市支持力度；提升加工贸易技术含量和附加值，延长产业链，由加工组装向技术、品牌、营销环节延伸；动态调整加工贸易禁止类目录。

（20）2021年12月30日，海关总署发布《关于扩大洋浦保税港区政策制度适用范围的公告》，支持海南深入推进中国特色自由贸易港建设，决定将洋浦保税港区监管办法和统计办法等制度扩大适用到海口综合保税区和海口空港综合保税区。

（21）2022年1月1日，海关总署发布《中华人民共和国海关综合保税区管理办法》，自2022年4月1日起施行。该办法固化综合保税区的政策措施，集成近年来海关总署出台的多个规范性档中的监管举措；体现机构改革后海关新职能，增加检验检疫相关规定要求；预留发展空间，适应综合保税区双循环发展实际要求；强调协同治理，海关在综合保税区依法实施监管，不影响地方政府和其他部门依法履行其相应职责。

三、综合保税区基本政策及内容

综合保税区的基本政策主要包括税收政策、贸易管制政策、保税监管政策、外汇政策等。具体内容如下：

（一）税收政策

（1）基建物资及设备进口免征进口关税和进口环节税。自国务院批准设立综合保税区之日起，入区企业进口自用的及其设备等，可免征进口关税和进口环节税。

（2）境内（指境内区外，下同）货物入区视同出口实行出口退税。

（3）区内货物进入境内销售按货物进口的有关规定办理报关手续，并按货物实际报验状态征税（经海关批准或授权的除外）。

（4）区内企业生产、加工并销往区外的保税货物，企业可以选择按其对应进口料件或者按实际报验状态缴纳进口关税。

（5）区内企业开展跨境电子商务网购保税进口业务可以享受跨境电子商务零售进口税收政策。

（6）区内企业之间货物交易免征增值税、消费税。

（7）区内企业（增值税一般纳税人资格试点企业除外）从区外购进并用于生产耗用的水（包括蒸汽）、电力、燃气视同出口货物实行退税。

（8）经批准或授权，赋予区内企业增值税一般纳税人资格等政策。

（二）贸易管制政策

除法律、行政法规和规章另有规定外，与境外之间进出的货物，不实行进出口配额、许可证件管理。区内生产制造的手机、汽车零部件等重点产品从自动进口许可证管理货物目录中剔除。

（三）保税监管政策

（1）区内保税存储货物不设存储期限。

（2）进口货物入区保税。

（3）区内企业之间保税货物可以自由流转。

（4）具有整车进口口岸的地级市行政区划内（含直辖市）的综合保税区可以开展进口汽车保税存储、展示等业务。

（四）外汇政策

进出区（境内区外）货物可用外币或人民币结算。

课后思考

1. 什么是报检？报检业务有哪些基本程序？

2. 什么是报关？报关业务有哪些基本程序？

3. 出口通关需要提供哪些必要的单证？如果单证不全导致货物不能按时装船，其责任由谁承担？

4. 简述综合保税区保税政策的演变过程。

5. 综合保税区的基本政策有哪些？

参考文献

［1］胡庚申，王春晖. 国际商务合同起草与翻译：汉英对照［M］. 北京：外文出版社，2001.

［2］朱文忠. 国际商务管理概论［M］. 北京：对外经济贸易大学出版社，2010.

［3］全国国际商务专业人员职业资格考试用书编委会. 国际商务理论与实务［M］. 北京：中国商务出版社，2005.

［4］查尔斯·希尔. 国际商务［M］. 王蔷，译. 北京：中国人民大学出版社，2014.

［5］何天立. 国际商务：视野与运作［M］. 杭州：浙江大学出版社，2017.

［6］林学军，刘霞. 国际商务［M］. 北京：清华大学出版社，2017.

［7］左世翔. 新编国际贸易理论与实务［M］. 成都：西南财经大学出版社，2020.

［8］杨长春，顾永才. 国际物流［M］. 北京：首都经济贸易大学出版社，2020.

［9］陈言国. 国际物流实物［M］. 北京：清华大学出版社，2020.